KB003152

잼공독서프로젝트

2편 독서교육 패러다임을 바꾸자!

독서에 프로젝트 수업을 더하다

재미교육연구소

잼공독서프로젝트
2편 독서교육 패러다임을 바꾸자!

독서에 프로젝트 수업을 더하다

1판 1쇄 인쇄 2020년 12월 1일
1판 1쇄 발행 2020년 12월 7일

지은이 | 재미교육연구소
펴낸이 | 모흥숙
펴낸곳 | 상상채널
출판등록 | 제2011-0000009호

_이 책을 만든 사람들
편집 | 김루리, 이지수
기획 | 박은성, 안나영
일러스트 | 김병용

종이 | 제이피시
제작 | 현문인쇄

주소 | 서울시 용산구 한강대로 104라길 3 내하빌딩 4층
전화 | 02-775-3241~4
팩스 | 02-775-3246
이메일 | naeha@naeha.co.kr
홈페이지 | http://www.naeha.co.kr

값 18,800원
ⓒ 정준환, 2020
ISBN 979-11-87510-17-8
ISBN 979-11-87510-13-0 (세트)

_〈상상채널〉은 "내하출판사"의 교육서 및 실용서 출판 브랜드입니다.
_이 책은 저작권법에 따라 보호받는 저작물이므로 무단전재 및 복제를 금합니다.
_잘못된 책은 바꾸어 드립니다.

아이의 흥미를 키우는
기적의 독서교육법!

잼공 project learning 10 series

잼공독서프로젝트

2편 독서교육 패러다임을 바꾸자!

독서에 프로젝트 수업을 더하다

재미교육연구소 저

상상채널

코로나19가 전 세계에 확산되면서 주목받은 소설들이 있다. 그 중에서 알베르 카뮈의 「페스트(LA PESTE)」가 대표적이다. 이 책은 tvN방송인 '요즘책방: 책 읽어드립니다'를 비롯해 다수의 유명 북튜버들에 의해 앞다투어 추천되기도 했다. 사람들의 흥미와 호기심을 제대로 자극한 소설 페스트는 서점가 베스트셀러 목록에 오랜 기간 이름을 올렸다. 다만 책을 구입했다고 해서 모든 사람이 처음부터 끝까지 읽는데 성공한 것은 아니다. 지금도 누군가는 책장에 진열된 「페스트」를 보며 기약 없는 재도전을 다짐하고 있을지 모른다. 아무리 독자의 흥미와 호기심을 자극한 책이더라도 그것 자체가 책 읽는 즐거움을 보장하진 못한다.

그래서일까. 재미없는 문학작품을 억지로 끝까지 읽게 만드는 노하우가 독서교육의 비법처럼 소개되곤 한다. 겉으로 흥미를 강조한 독서법이라도 실제 그것과 반대되는 해법을 담고 있는 경우가 많다. 의무에 의한 반복적인 독서, 독해력을 기르기 위한 독서를 말하면서 그것이 마치 책 읽는 즐거움과 연결된다고 포장하기까지 한다. 과연 재미없는 공부와 판박이로 닮은 독서교육에서 아이들이 책 읽는 즐거움을 경험할 수 있을까.

"최소한 3-4번은 반복해서 책을 읽도록 해야 합니다."

"책의 내용을 그대로 필사하고 반복해서 읽도록 하는 것이 좋습니다."

"책의 내용을 기억하지 못한다면 대충 읽은 것입니다. 그럴 땐 단호하게 다시 읽혀야 합니다."

기본적으로 독서교육은 '잼공(재미있는 공부)'이어야 한다. 책 읽는 행위만이 독서라는 생각에서 벗어나기만 해도 잼공이 될 가능성은 높아진다. 책을 소비(읽기)의 대상이 아니라 생산(만들기, 행동하기, 표현하기)을 위한 학습자원(재료)으로 본다면 잼공의 조건을 충분히 갖출 수 있다. 더욱이 이러한 잼공의 조건은 창의적인 생산성에 방점을 둔 프로젝트학습(Project Based Learning: PBL)을 통해 구체적으로 실현될 수 있다.

평소와 다름없던 그날, 철창에 갇혀 있던 야생동물들이 하나둘씩 이상한 행동을 보이며, 신음소리를 내기 시작했다. 털이 빠지고, 피부가 찢어져 피가 나는데도 쉴 새 없이 녹슨 철창에 몸을 비벼 댔다. 어제까지 멀쩡했던 동물들의 이상한 행동은 그렇게 반나절 계속됐다. 그리고 약속이라도 한 듯이 거의 동시에 잠잠해졌다. 그저 철창에 갇힌 동물들의 가쁜 숨소리만 희미하게 들릴 뿐이다. 오랑시장에 죽음의 그림자가 드리운 것은 바로 그날부터였다.

– 잼공독서 프로젝트❼ 「바이러스X」 시나리오 중 –

마치 '바이러스 X'라는 이름의 소설을 쓰는 과정에서 이야기 창작의 재료로 「페스트」가 활용되는 것처럼, 프로젝트학습은 생산적이며 창의적인 독서활동을 촉진하며 특별한 학습무대를 만들어준다. 이와 같은 상상력과 창조에 목적을 둔 독서교육에서 책이란 도구이며, 재료로서 가치를 지니며, 그것만으로도 자기주도성과 자율성에 기반한 학습환경이 되어준다.

여전히 독서는 공부의 연장선일 뿐, 그 이상의 의미를 찾지 못하는 경우가 많다. 공부와 무척이나 닮은 독서법들의 근본적 한계를 알면서도 현실을 탓하며 순응한다. 결과적으로 OECD 30개국 가운데 꼴찌를 기록한 '국민 1인당 평균주당독서시간', 성인 10명중 4명이 일 년에 책 한권을 읽지 않는다는 뼈아픈 통계를 받아들고 있다. 여전히 독서교육은 학교 공부의 수단으로, 각종 입시를 대비하기 위한 목적으로 활용되고 있다.

필자는 「잼공독서 프로젝트」 '1편 기존 독서상식을 비틀어 볼까'를 통해 독서교육의 이런 문제점들을 꼬집고, 해결방안을 제시한 바 있다. 1편에 수록된 「1부. 백약이 무효! 독서법은 넘쳐나는데 아무 소용이 없다」, 「2부. 그거 알아? 독서가 우리 아이의 뇌를 공격할 수도 있다고」, 「3부. 재미없는데 그냥 끝까지 읽으라고? 그게 가능해?」, 「4부. 책을 통째로 외운다고 해서 문해력이 남달라질까」, 「5부. 만화 좀 읽으면 어때? 그런 편협한 생각이 독서의 흥미마저 빼앗는 거야」, 「6부. 대강 읽어도 괜찮아. 강요한다고 정독하겠어?」를 통해 기존의 독서상식과 독서법을 비틀고, 창의적인 해법을 모색했다.

잼공독서 프로젝트의 두 번째 이야기 '독서교육 패러다임을 바꿔보자' 편은 「7부. 뇌 과학으로 풀어보는 독서타이밍」부터 시작된다. 우리 뇌의 기능과 작동원리를 무시한 학교공부에 독서까지 더해질 때 어떤 부작용이 나타나는지 아이의 인생에 다시없을 독서타이밍을 어떻게 놓치게 되는지 관련해 과학적인 설명이 제공된다. 이어지는 「8부. 재미있는 책, 스토리텔링의 힘이 결정한다」에서는 학교수업마저 완전히 다른 차원으로 만들어 버릴 이야기의 신비하고 마술적인 힘을 다룬다.

　　「9부. 자기목적적 경험이 독서를 놀이로 만든다」는 독서가 진지한 놀이가 되려면 어떤 조건을 갖춰야 하는지, 진정한 재미, 몰입(flow)의 의미를 성찰해본다. 그리고 문자를 읽고 해석하는데 중점을 두던 좁은 의미의 독서에서 멀티미디어 세상에 부합하는 보다 융합적인 독서교육을 강조한 「10부. 비주얼 리터러시, 읽는 독서에서 보는 독서로」로 이어진다.

　　아울러 이 책의 핵심철학이 담긴 「11부. 생산적인 독서활동을 통해 프로슈머로 거듭나다」에는 아이들을 창의적인 메이커로 만들 독서교육이 무엇인지 제시하고 있으며, 이를 실현하기 위한 시도들이 소개되고 있다.

　　특별히 「12부. 특명, 프로젝트학습을 통해 독서DNA를 깨워라!」에는 재미교육연구소(이후 잼랩) 연구원들이 공들여 개발한 '잼공독서 프로젝트' 프로그램들이 수록되어 있다. 이들 PBL프로그램들은 2020년 4-5월에 진행된 '메르헨랜드 입주청약' 온라인 프로젝트 활동을 통해 생산된 것이다. 덕분에 '잼공독서 프로젝트'로 명명된 다양한 빛깔의 PBL프로그램들이 만들어졌으며, 이 책에 수록될 수 있었다.

지금껏 잼랩(JamLab.)은 「재미와 게임으로 빚어낸 신나는 프로젝트학습(2015)」을 추구해 왔으며, 이를 위한 구체적인 연구와 실천 활동을 적극적으로 벌여 왔다. 박물관·미술관의 각종 전시물, 도서관·서점의 책을 재료로 삼아 프로젝트학습을 만들고 진지한 놀이를 벌이길 즐겨하는 연구원들, 지금 이 순간에도 교실뿐만 아니라 박물관, 미술관, 지역사회 등을 무대로 한 매력적인 PBL프로그램들이 탄생하고 있다. 앞으로 잼랩의 첫 번째 책인 '잼공독서 프로젝트' 2탄을 시작으로 매년 프로슈머(Prosumer)로, 메이커(Maker)로 활약하고 있는 잼랩 연구원들의 작품을 묶어낼 예정이다.

'잼공독서 프로젝트'라는 이름에 걸맞게 이 책은 독서교육과 프로젝트학습의 환상적인 콜라보를 실현하는데 유용한 가이드북이 될 수 있다. 무엇보다 가정이나 학교현장에 즉시 적용 가능한 총19개(1편(6)+2편(13))의 잼공독서 프로젝트 프로그램이 수록되어 있어서 의지만 있다면 누구든 실천할 수 있다. 더욱이 해법과 유용한 정보 등이 담긴 '잼공 SOLUTION'이 1편에 이어서 촘촘히 제공되고 있다.

아무쪼록 독서DNA를 깨울 만큼 매력적인 프로젝트학습 활동을 통해 '아이들의', '아이들에 의한' 그리고 '아이들을 위한', 독서교육이 온전히 실천되면 좋겠다. 잼랩 연구원의 변함없는 멋진 활약을 기대하며, 방방곡곡 생산적이고 창조적인 독서활동이 펼쳐지길 꿈꿔본다. Serious Fun! Serious Play! 독서교육과 프로젝트학습의 환상적인 콜라보! 망설이지 말고 시작해보자.

2020년 12월
재미교육연구소
소장 정 준 환

◆ CONTENTS ◆

7부

뇌 과학으로 풀어보는 독서타이밍!

지난번에 얘기했잖아. 그새 잊어버렸어?

내가 어떻게 설명해야 알아듣겠어.

공부를 가르치기 시작한 지
얼마 지나지 않아
부글부글 끓던 엄마가 폭발했다.

누굴 닮아서 이 모양인 거야. 옆집 철수 좀 본받아라!

날 닮았다고?

평소에 사용하지 않던
과격한 말이 쏟아진다. 답답한 마음에
내뱉은 말치고는 정도가 심하다.
하지만 괜찮다.
우리 아이가 특별하고 유능한
사람으로 성장하기 위해서는
이정도 고통은
감내할 수 있어야 하니까.

올바른 공부 습관을 형성하기 위해서라도
채찍은 불가피하다
주마가편이라는 말도 있지 않은가.
적어도 공부에 있어선 아이에게
엄격해져야 한다.

넌 도대체, 왜 이렇게 머리가 나쁜 거니. 답이 안 나온다.

우리 맞으면 아파용, 홍

펑!!

돌대가리, 이것도 모르니? 유치원생도 풀겠어.

"교육은 행동의 변화다"

어디선가 들어봤을 법한 교육의 정의는 오랜 세월이 흘렀음에도 우리의 의식 속에 뿌리 깊게 자리 잡고 있다. 책을 읽지 않던 아이가 독서를 하고, 공부를 하지 않던 아이가 책상에 앉기라도 하면, 게다가 시험점수까지 오르면 교육의 효과가 있다고 여긴다. 여전히 많은 부모들이 기존에 누리던 권리들을 박탈하겠다는 으름장에서부터 체벌까지, 때론 과도한 보상을 난발하며 아이들을 책상 앞에 앉히고자 노력한다. 회초리를 들더라도 공부 잘 하는 아이로 키우겠다는 부모의 의지 앞에 수단과 방법이 중요할리 없다. 설사, 그것이 잘못된 과정에 의한 것일지라도 결과(이를테면, 시험성적)만 좋다면 얼마든지 수용되고, 강도를 높여서 다시 적용될 뿐이다. PISA, TIMSS 등의 국제비교평가에서 1-2등의 성적을 기록하는 것과 달리 흥미도, 자신감, 만족감 꼴찌를 나타내는데도 대수롭지 않다. 학습의 본질이 왜곡되고, 의미와 가치가 훼손된다고 하더라도 우수한 성적이나 좋은 학벌의 쟁취라는 현실적인 목표 앞에 가려지기 일쑤다. 부모가 설정한 목표를 향해 앞으로만 내달리길 강요받는 아이들, 온갖 정신적 스트레스를 감수하며 하루하루를 버티고 있을 아이들의 상태가 정상일리 없다. 점차 수동적이고 무기력한 존재로 변해가는 만큼 아이들의 뇌도 타고난 고유의 학습기능을 상실해간다.

겉으로 드러난 변화가 중요하기 때문에 결과만 좋다면 과정이 어떻든 상관하지 않는 교육환경, 문제는 독서교육에도 그대로 이어져 아이들에게 부정적인 영향을 미치고 있다는 사실이다. 우리 뇌의 기능과 작동원리를 무시한 학교공부에 독서까지 더해지면서 각종 부작용이 나타난다. 아이들의 뇌가 상처받는 만큼, 매사에 포기와 회피, 무기력이 일상화되고, 감정기복과 분노조절을 하지 못한다. 그럼에도 불구하고 많은 부모들은 아이를 탓한다. 교육에 대한 근거 없는 자신감으로 아이의 뇌에 치명적일 수밖에 없는 선택을 멈추지 않으면서 말이다. 그러는 동안 아이의 인생에 다시없을 독서타이밍마저 놓치고 있다. 과연 이대로 괜찮을까.

잼공 SOLUTION 29 적어도 읽기의 맹수는 되지 말자!

"저는 자녀에게 책을 읽어주는 것이 중요하다는 글들을 써왔는데, 그 엄마는 그 글들을 다 읽었더군요. 순간 엄마는 저를 힐끗 보더니 곧바로 아기를 무릎에 앉히고는 책을 읽기 시작했습니다. 고음의 목소리로 위태롭도록 빠르게 읽어가더군요. 30쪽짜리 책을 전부 읽어줄 기세였지요. 그 아기는 물론 누가 보더라도 확연했습니다. 2분이 지나지 않아 아기가 꿈틀대기 시작했습니다. 이어 3분이 지나지 않아 아기는 찡찡거리며 손을 뻗어댔습니다. 그래도 별수 없자 4분이 지나지 않아 아기의 상태는 더 나빠졌습니다. 아이에게 가능하면 자주 많이 읽어줘야 한다는 의무감에 사로잡힌 밀레니얼 세대의 엄마를 막을 방법은 없어 보였습니다. 저는 읽기의 맹수를 만들었던 것입니다."

– 매리언 울프, 「다시, 책으로」(어크로스), 223–224쪽 본문 중

부모가 아이에게 책을 읽어줄 때, 뇌 신경회로에 많은 일들이 벌어집니다. 책 읽기는 부모와 자녀 간의 긴밀한 유대감뿐만 아니라 아이의 뇌 발달에 긍정적

인 영향을 미치는데요. 책을 통한 상호작용이 깊어질수록 읽기 활동 자체에 대한 긍정적인 감정이 형성됩니다. 하지만 아이에게 책을 읽어주는 행위가 무조건 긍정적으로 수용되는 것은 아닙니다. 매리언 울프(Maryanne Wolf)의 사례처럼 말이지요. 아이가 거부하는데도 불구하고 책을 읽어주는 것은 심리적 고통을 주는 행위이며, 그만큼 독서에 대한 부정적인 인식을 심어줍니다. 아이가 원하는 만큼만 읽어주면 됩니다. 굳이 이야기 전부를 읽어줄 필요가 없어요.

23 독서타이밍의 열쇠는 편도와 해마에게 있다

　해부하지 않아도 뇌 속을 들여다볼 수 있는 MRI(자기공명영상)가 도입되면서 뇌신경과학(Neuroscience)분야의 비약적인 발전이 이루어졌다. 베일에 가렸던 뇌의 비밀들이 하나둘씩 규명되면서 그전까지 몰랐던 뇌의 여러 기능들이 밝혀지고 있다. 그리고 이런 뇌의 기능들을 수행하기 위해 우리 몸이 소비하는 에너지의 20%가량을 소비하는데, 성인 몸무게의 약 2%에 불과한 뇌의 무게를 감안할 때, 놀라운 수치다. 이는 우리 뇌의 발달이 학습을 통해 이루어지며, 학습을 해야만 고유한 기능들이 유지되는 것과 관련이 깊다. 뇌의 입장에서 학습이란 새로운 자극(지식, 경험, 환경 등)을 처리하는 과정으로 이를 통해 시냅스(Synapse)라 불리는 신경망이 끊임없이 재구성된다. 쉽게 말해 학습이 이루어져야 시냅스가 생성되고, 뇌 발달과 건강을 유지할 수 있다.

　그러나 우리가 흔히 '학습'이라고 믿고 있는 방식 가운데는 뇌 발달을 억제하고 건강을 해치는 경우가 생각보다 많다. 뇌는 그것을 학습이 아닌 위협으로 인지하기까지 한다. 신경세포(뉴런)와 시냅스의 발달로 이어질

진짜 학습은 글루타메이트, 세로토닌, 도파민, 엔드로핀, 옥시토신 등 각
종 뇌신경전달물질들이 관여와 관련이 깊다. 더욱이 이러한 뇌신경전달물
질은 편도의 작용과 밀접하게 연결되어 있다. 일명 '감정의 뇌'라 불리는
편도의 활성화 정도로 학습의 효과를 판가름해볼 수 있는 이유다. 그럼
'감정의 뇌' 편도와 '기억의 저장소'로 불리는 해마의 관계를 만화를 통해
좀 더 명확하게 이해해보자.

편도와 해마에 대해 알게 되면
독서에 대한 생각이 바뀔 거야.

우리 뇌 안쪽에는 편도와 해마라는
친구가 있지.
절대 떼려야 뗄 수 없는 사이라고 보면 돼.

편도는 인간의 정서와 깊은 관련이 있어.
그래서 '감정의 뇌'라고 불리기도 하지.

해마는 기억과 밀접한 관련이 있어.
그래서 일종의 '장기기억장치'라고도
이해할 수 있어.

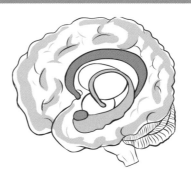

그런데 궁금하지 않아?
둘이 너무 붙었어.
붙어도 너무 붙었단 말이야.

난 해마.

난 편도.

신기한 건,
해마는 편도를 통해 작동한다는 거야.
해마에게 편도는 스위치와 같은 존재,
그 이상이라고 볼 수 있지.

편도가 활동하면 기억을 담당하는 해마의
자기증강(LTP: Long Term Potentiation)
이 커진다는 사실이 밝혀졌어.

자기증강, LTP란 기억을 담당하는 해마의
시냅스 결합의 증강이 장기적으로 지속되면
서 기억을 용이하게 하는 현상을 말합니다.

사랑할수록 그에 대해
더 알고 싶어.

그녀에 대해
알면 알수록
사랑스러워.

이런 사실이 뭘 의미하는 것일까?
편도와 해마의 심상치 않은 관계가
독서와 무슨 관련이 있을까?

아련한 추억을 떠올려 볼까?
오래된 기억일수록 감정과 관련이
깊다는 것을 쉽게 알 수 있어.

한마디로 감정 없이는 독서가 불가능해.
감정을 가지고 독서를 해야 한다는 것이지.

우리 아이들이 감정이 배제된
냉철한 이성보다는 감성이 녹아든 따뜻한
지성인이 돼야 하지 않을까?

그렇다면
어떤 감정으로
독서를 해야 할까?

감정은 인류가 환경에 적응하고
생존하는 데 절대적인 영향을 미쳐왔어.

부정적인 감정은 그 강도에 따라
차이는 있지만 '즉각 중지'와 '회피',
'탈출' 등을 알리는 빨강색 경고등과 같아.

이거 완전 재미있어. 우리 또 하자!

좋아, 좋아!

반대로 긍정적인 감정은 '지속적인 실천'과 '끊임없는 도전', '자발적 참여' 등을 촉진하는 파란색 주행등과 같아.

허탈해. 공허해. 창살 없는 감옥이야.

부정적인 감정을 가지고 독서를 하게 되면 결국, 남는 것이 하나도 없어. 감정은 즉각적인 중지를 요구하는데 계속 무시하며 공부하다보니 후유증만 남게 되지.

아이에게 실패에 대한 과도한 두려움이 생기고, 자신에 대한 확신은 점점 사라지고. 그냥 독서가 싫어지게 되는 거야. 버티고 버티다 결국 무기력증에 빠져 버릴 수도 있어.

그런데 말이지. 긍정적인 감정은 독서를 계속 하게 만들어.

공룡이 너무 좋아. 공룡에 대해 모조리 알고 싶어.

나는야 공룡박사!

긍정적인 감정은 학습에 대한 자발적인 동기를 불어넣어주고. 이러한 경험이 많을수록 자기 확신이 커져서, 결과적으로 자존감을 높여줘.

이제 이쯤하면 아이들이 무슨 감정으로 독서해야 하는지 감이 오지? 인지와 정서의 하모니가 연주되는 독서환경을 구현해보자!

우리는 편도와 해마의 민감기가 전두엽1) 피질이 한창 자라는 시기인 만 3-5세와 일치한다는 점에 주목할 필요가 있다. 이때가 뇌가 발달하는 기간 중 가장 예민한 시기지만 책에 대한 긍정적인 감정을 형성시켜줄 절호의 타이밍이기도 하다. 이 시기만 잘 잡으면 책이 장난감만큼이나 갖고 싶은 대상이 될 수 있다. 최소한 책을 억지로 읽게 하거나 부모의 부정적인 감정을 표현하며 스트레스를 지속적으로 주는 상황만큼은 피해야 한다. 스트레스 호르몬으로 불리는 '코르티솔(Cortisol)'의 수용체가 많이 분포된 해마의 특성을 보더라도 부정적인 감정에 매우 취약하기 때문이다. 이처럼 편도와 해마에 대한 이해를 통해 뇌에 적합한 학습이 무엇인지, 독서가 어떠해야 하는지 분명히 알 수 있다. 감정을 무시한 채, 적용되는 독서교육이 실패할 수밖에 없는 근본적인 이유도 여기서 찾을 수 있다.

1) 대뇌의 앞부분에 위치한 전두엽 피질에 관한 내용은 「잼공독서 프로젝트 1편」 '2부. 그거 알아? 독서가 우리 아이의 뇌를 공격할 수도 있다고'에서 다룬 바 있다.

잼공 SOLUTION ③ 아이의 독서주도권을 빼앗는 대화가 문제다

"오늘은 이 책을 읽어라! 1시간 동안 최소한 ○○쪽까지 읽어야 해."

명령이나 지시는 아이의 독서주도권을 빼앗아 버립니다. 일방적인 지시뿐만 아니라 부모의 기대가 담긴 의견도 여기에 해당될 수 있습니다. 이를 테면, 아이가 만화책을 재미있게 읽는 모습을 보고, 줄글로 된 책을 많이 읽기 바라는 마음에 자신도 모르게 "만화책만 보지 말고 다른 책도 읽으렴" 이라고 내뱉는 경우처럼 말이죠. 여기엔 자녀가 은연중에 자신의 의견을 따랐으면 하는 기대가 깔려있습니다. 만일 부모의 기대에 아이가 부응하지 않는다면 실망하고, 부정적인 피드백을 주게 될 것입니다. '좋은 말할 때 들어라!'라는 표현이 여기에 해당될 수 있겠죠. 아이의 자기주도성과 자율성을 존중하는 독서환경을 구현하고자 한다면, 직접적이든 간접적이든 일방적인 명령이나 지시를 해선 안 됩니다. 특히 금지 혹은 부정적인 언어표현은 절대 금물입니다. '그 책은 그만 읽어.', '쓸데없는 책 좀 보지마라!', '만화책 읽는 건 안 돼.', '나이에 맞는 책 좀 읽어.', '수준 낮은 책을 언제까지 볼래?' 등등 일상에서 쉽게 내뱉는 질문과 대화들로 인해 독서에 대한 부정적인 감정이 형성됩니다. 편도와 해마의 고유기능에 역행하는 명령과 지시, 부정적인 표현은 결과적으로 독서를 기피하게 만들 뿐입니다. 그렇다면 아이의 독서주도권을 강화시켜줄 대화는 어떠해야 할까요? '잼공 SOLUTION 31'에서 공개하겠습니다.

24 | 시냅스 급증기에 형성된 독서습관이
평생을 좌우한다

두뇌발달이 집중되는 민감기에 인간의 뇌는 예민하고 불안정할 수밖에 없다. 이는 아이의 뇌가 끊임없이 변화하며 성장하기 때문이다. 그 어느 때보다 왕성한 뇌 활동을 벌이다보니 소모하는 에너지도 상당하다. 성인의 뇌를 기준으로 볼 때, 4세 아동의 뇌가 소비하는 포도당은 2배에 이른다.

두뇌발달이 집중되는 시기에 에너지가 쓰일 곳이야 많겠지만, 필자는 이중에서 시냅스Synapse 수의 급증에 주목한다. 출생 직후 성인을 기준으로 1/4크기에 불과한 뇌는 만3세 무렵에 3/4 크기 이상으로 성장하는데, 이때 시냅스의 양도 급증하게 된다. 약1000조개로 추정되는 시냅스의 수는 성인 뇌가 가진 시냅스의 2배에 달할 정도로 엄청난 양이다. 만3세까지 급증한 시냅스의 수는 이후 7년가량(만10세까지) 비슷한 수준의 밀도를 유지하며, 높은 수준의 포도당 소비와 신경전달물질 분비 등을 지속한다. 일단 시냅스의 수가 성인에 비해 2배에 달한다는 자체만 보더라도 생물학적으로 만3-10세가 매우 중요한 시기임을 알 수 있다.

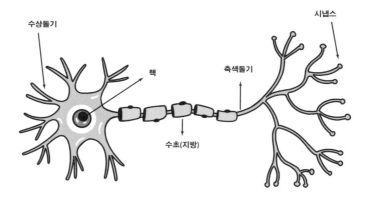

수상돌기　　핵　　축색돌기　　시냅스　　수초(지방)

　　이쯤하면 시냅스가 도대체 우리 뇌에서 어떤 역할을 수행하는지 궁금할 것이다. 결론부터 말하자면, 학습과 시냅스는 떼려야 뗄 수 없는 관계다. 독서를 비롯해 어떤 종류의 학습이든 필연적으로 시냅스의 생성으로 이어지고, 이를 통해 신경세포 간의 결합이 이루어지면서 고유한 뇌신경 회로망이 끊임없이 만들어진다. 만일 책읽기가 시냅스 생성으로 이어지지 못했다면, 그것은 실질적인 독서가 이루어지지 않았음을 의미한다.

　　그렇다면 아이의 독서가 시냅스의 생성으로 이어졌는지 어떻게 알 수 있을까. MRI 등을 이용한 뇌 단층 영상을 촬영해야지만 알 수 있는 부분일까. 물론 특수 영상장비로 뇌 안을 들여다보는 것만큼 확실한 방법은 없겠지만, 시냅스의 생성에 관여하는 뇌신경전달물질들 덕분에 어느 정도의 파악은 가능하다. 이는 각종 뇌신경전달물질들이 편도와 반응하면서 감정의 종류와 강도를 결정하기 때문에, 아이가 독서를 통해 느낀 감정을 파악하면 시냅스의 생성유무뿐만 아니라 활성화 정도도 짐작할 수 있게 된다.

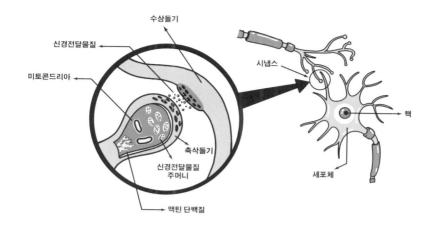

이렇듯 각종 뇌신경전달물질들의 하모니가 만들어낸 감정들이 시냅스 생성의 열쇠를 쥐고 있는 셈이다. 우리의 오래된 기억들을 떠올려보면 알 수 있듯이 이들 대부분은 환희, 기쁨, 행복, 만족, 공포, 두려움, 고통 등의 감정들과 연결되어 있다. 어찌 보면 우리 인간은 감정을 기억하고, 감정의 성격에 따라 그것을 재현하거나 회피하는데 필요한 지식과 정보들을 기억하도록 진화해왔는지 모른다. 이처럼 다양한 감정은 비슷한 유형의 경험이나 학습을 지속시켜 기존의 시냅스를 강화시키고, 새로운 시냅스를 더해 신경회로망을 더 견고하게 만든다. 여기엔 무섭거나 두려운 감정들도 포함된다. 위협이 아닌 도전 상황에서 겪는 모든 부정적인 감정들은 극복의 대상이며 이를 통해 긍정적인 감정을 경험하기도 한다. 공포영화를 보거나 테마파크 유령의 집에 들어가려는 심리 등이 여기에 해당한다. '자율성', '자발성', '자기주도성'이 보장된 환경에서 겪는 부정적인 감정들은 긍정적인 스트레스(유스트레스)를 유발하고 재미로 수용된다.

그러나 부정적인 감정이 아이의 의견과 상관없이 일방적으로 주어질 때,

게다가 수동적인 환경에서 강제적으로 진행되는 활동이라면 얘기가 달라진다. '자율성', '자발성', '자기주도성'이 보장되지 않는 가운데 느끼는 온갖 감정들은 그 색깔대로 부정적인 스트레스(디스트레스)로 이어질 가능성이 높다. 이런 상태가 지속되면 학습은 불가능해지며, 회피성향과 무기력 증세가 두드러진다. 기존의 시냅스들이 소멸되는 만큼, 뇌 신경회로망에 파괴적인 영향을 미치기도 한다. 결국 시냅스의 형성과정에서 자신이 처한 환경을 어떻게 바라보느냐가 중요하다. 아무리 유익한 독서환경이라도 아이가 그것을 위협으로 인식하고 부정적인 감정을 빈번하게 경험하고 있다면, 부정적인 결과로 이어질 수밖에 없다.

긍정적인 감정이 수반되는 독서경험이라야 바람직한 독서습관형성도 기대할 수 있는 법이다. 긍정적인 감정과 연결된 독서경험이 반복될수록 기존 시냅스가 강화되고, 새로운 시냅스 생성도 활발히 이루어진다. '습관'으로 불릴 정도로 독서가 아이 삶의 일부로 자리하는 만큼, 평생 유지될 정도의 견고한 뇌 신경회로망이 조직된다. 독서와 관련된 수많은 시냅스와 촘촘하게 엮인 뇌 신경회로망이 튼튼한 독서근육을 만들어낸다. 우리 뇌는 어떤 지식이나 정보를 단순히 기억하는 것보다 패턴을 학습하는 데 최적화되어 있다. 독서라는 동일한 상황을 반복적으로 경험할수록 이와 관련한 숙련된 학습구조를 갖게 되는데, 그만큼 책에 담긴 지식과 정보, 이야기 등을 신속하고 정확하게 처리할 수 있게 된다.

다만 시냅스 수가 감소하기 시작하는 만10세 이후부터 점점 독서습관을 형성하기가 어려워진다. 시냅스 생성보다 소멸이 많아지면서 튼튼하지 못한 신경회로망 순으로 사라지기 때문이다. 성인의 2배에 달하던 시냅스 수가 절반으로 줄어드는 기간 동안 견고하지 못한 독서패턴은 유지되기 어렵다. 이 기간 독서습관이 제대로 형성되지 못한 아이들의 경우, 책읽기를 회피하려는 경향이 점점 노골화된다. '세 살 버릇이 여든까지 간다'라는 속담처럼, 시냅스의 생성이 왕성한 만3세-10세 사이가 독서습관을 형성시킬 최적의 타이밍인 셈이다. 이 시기에 형성된 독서습관이 평생을 간다.

잼공 SOLUTION ③1 아이의 독서주도권을 강화시켜줄 대화를 하라!

"오호, 재미있겠는걸, 어떤 책인지 소개해줘. 아빠도 읽어보게"

아이의 독서주도권을 인정하는 대화라고 해서 특별한 것은 아닙니다. 아이의 독서에 대해 관심을 표현하는 것인데요, 다만 독서라는 행위에 대한 관심보다는 아이가 읽고 있는 책에 대한 관심표현이 효과적입니다. 특히 아이가 자율적으로 선택해 읽고 있는 책에 대한 관심표현과 선택 자체에 대한 긍정적인 피드백이 중요합니다. "엄마는 우리 아들이 책 읽을 때가 제일 예쁘더라"라고 말하는 것이 독서행위를 강화시켜줄 것 같지만, 책읽기 싫은 감정을 숨긴 채 독서하는 시늉에 머물 가능성을 높입니다. 그것보다는 "○○(책제목)? 제목부터 느낌이 다르다. 근래 우리 딸이 선택하는 책들이 예사롭지 않은걸.", "요즘 엄마가 재미있는 책 좀 읽고 싶은데 추천 부탁할게.", "엄마친구 ○○알지? 너 또래가 읽으면 좋을 책에 뭐가 있을까?", "우와, 이 책은 정말 오랜만에 본다. 아빠가 어릴 때 읽은 책이야. 정말 탁월한 선택!", "아니 벌써 이런 책을 읽다니 독서하는 차원이 다른데…" 등등 아이가 직접 선택해 읽거나 읽고 있는 책에 대한 긍정적인 피드백이 독서주도권을 강화시켜줍니다. 대화만으로도 독서에 대한 아이의 태도를 바꿀 수 있습니다. 꼭 실천해보세요.

25 전전두엽을 자극할 독서환경
코르티솔 억제가 우선이다

   앞서 살펴보았듯, 시냅스의 생성이 왕성한 두뇌 발달집중기가 독서습관을 형성하는데 매우 중요함을 확인했다. 그러나 우리 뇌에 대한 이해가 부족한 대다수의 사람들은 별생각 없이 이 시기를 놓치는 경우가 많다. 이미 지나가 버린 황금보다 귀한 시간을 후회하며 한숨 짓는다고 되돌릴 방법은 없다. 지나간 것은 지나간 대로 보내고 다음 스텝을 밟아야 한다. 만일 잘못된 접근으로 인해 중요한 독서타이밍을 놓쳤다하더라도 낙심하거나 포기하긴 이르다. 측두엽, 두정엽, 후두엽 대뇌피질의 발달시기에 맞는 독서교육을 통해 만회할 수 있으니 말이다. 특히 이 중에서 후두엽 발달시기를 주목할 필요가 있다. 이 시기에 후두엽과 전두엽의 협업으로 읽기능력과 상상력(창의력) 등이 비약적으로 발달하게 되는데, 바로 이때가 중요한 독서타이밍이다. 그중에서 전전두엽의 민감기인 만14-16세가 무척 중요하다.

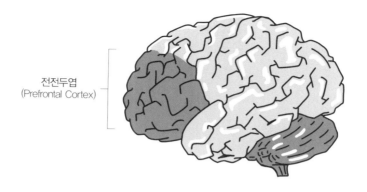

전전두엽
(Prefrontal Cortex)

　전전두엽은 전두엽에서도 맨 앞에 위치해 있다고 해서 붙여진 이름이다. 이곳은 전두엽 중에서도 고차원적(창의적·비판적)사고를 주로 맡고 있으며, 메타인지의 중추에 해당한다. 더욱이 전전두엽이 감정과 사고, 행동 조절에 깊이 관여하는 만큼, 독서타이밍을 결정짓는 편도와 해마의 기능과도 연관되어 있다. 편도와 해마의 활성화가 전전두엽의 발달을 촉진하고, 전전두엽의 활성화가 편도와 해마의 자기증강(LTP: Long Term Potentiation)[2]을 이끌어낸다. 이는 전전두엽의 민감기가 학습뿐만 아니라 독서에 대한 내적 흥미를 불어넣을 절호의 시기임을 알 수 있는 대목이다.

　어쩌면 중학교 2학년에서 고등학교 1학년 사이, 유독 학업 포기자가 급증하는 것도 전전두엽 민감기에 적합한 교육환경을 경험하지 못했기 때문일 수 있다. 단순히 독서량이 부족하고 언어능력이 떨어져 공부를 포기한다기보다 편도(감정)를 철저히 배제하고, 해마(장기기억)와 전전두엽(창의

2) 자기증강, LTP란 기억을 담당하는 해마의 시냅스 결합의 증강이 장기적으로 지속되면서 기억을 용이하게 하는 현상을 말한다(LeDoux, 1996).

적·비판적 사고)에 역행하는 방식의 공부(독서) 환경에 문제의 원인을 찾을 수 있다. 독서타이밍을 제대로 잡고 싶다면, 전전두엽, 편도와 해마 간의 상호작용이 활성화될 두뇌 친화적인 학습환경을 구현해내야 가능하다.

자, 그렇다면 두뇌 친화적인 독서환경은 어떻게 구현하는 것이 좋을까. 아주 정교하게 계산된 전문가적인 솔루션을 적용하면 우리 뇌가 좋아할 독서환경을 만들 수 있는 걸까. 분명한 것은 그것이 어떤 방법이 됐든 코르티솔의 분비를 증가시키는 결과로 이어진다면 두뇌 친화적인 독서환경이 될 수 없다는 사실이다. 참고로 코르티솔은 부정적인 자극을 받았을 때 분비되는 스트레스 호르몬이며, 공격 및 회피 반응을 일으키는 화학적 자극제 중 하나다.

일상에서 아이들의 창의적이고 비판적인 문제제기들이 기존의 견해(부모, 교사, 교과서 등)와 다를 때 쉽사리 배척당하곤 하는데, 그 강도에 따라 '코르티솔'의 분비량이 결정되곤 한다. 폭력적인 언어사용뿐만 아니라 한심하게 쳐다보는 얼굴표정, 냉소적인 눈길, 한숨소리 등등 모든 종류의 부정적인 반응이 뇌에 코르티솔 분비를 촉진시킨다.

"아이고~, 맨날 TV야? 좋은 말 할 때, 책 좀 읽어라!"

"엄마, 잔소리 좀 그만해! 듣기 싫단 말이야."

"다 널 위해서야. 공부도 안하고 책도 안 읽고 나중 뭐 되려고 그러니?"

"아무거나 될 테니 신경 꺼요!"

"엄마한테 하는 말버릇 봐라. 내가 틀린 말 했니?"

책 읽으라는 말만 나오면 아이가 화를 낸다. 좋은 뜻으로 얘기했는데, 이렇게 나오다니 정말 어찌할 바를 모르겠다.

그래서 우리 뇌는 칭찬보다 비난에 더 큰 영향을 받는다. 칭찬을 받을 때 분비되는 옥시토신(Oxytocin)의 화학반응이 5분도 채 되지 않는 것에 비해 코르티솔은 한 시간 이상 지속되는 것만 봐도 알 수 있다. 어느 유명한 독서방법을 실천하는 것보다 아이의 뇌에 코르티솔 분비를 억제하기 위한 실천이 우선되어야 하는 이유다. 기본적으로 독서와 관련된 부정적인 피드백을 줄이도록 노력해야 하며, 무엇보다 아이의 자존감을 해치는 공개적인 모욕, 거절, 조롱, 비난 등은 철저히 삼가야 한다.

아이의 독서태도를 바로잡겠다는 이유로 비난의 강도를 높여가며 내뱉는 온갖 언사들은 도움은커녕 아이의 뇌에 회복하기 힘든 상처를 남길 뿐이다. 코르티솔의 수용체가 많이 분포된 해마의 특성을 보더라도 독서와 관련된 온갖 부정적인 자극들은 장기기억으로 남아 책 자체에 대한 회피를 강화시킨다. 오랜 기간 동안 코르티솔이 분비되는 독서환경에 꾸준히 노출된 아이가 부모의 책 읽으라는 말 한마디에 쉽사리 흥분하고, 공격적인 행동을 보이는 것도 어찌 보면 당연한 결과다.

두뇌 친화적인 독서환경은 거창한 실천이나 방법에 의해 구현되는 것이 아니다. 마치 독서가 강제 노동처럼 억지로 꾸역꾸역 해야 하는 일로 느끼지 않도록 하는 것만 해도 절반은 성공이다. 적어도 독서에 있어서 상명하복의 수직적인 관계(교사와 학생, 부모와 자식 등)가 아닌 상호존중에 의한 수평적인 관계에서 대화하는 것이 필요하다. 독서하는 아이에 대한 부모(교사)의 따뜻한 시선, 미소, 칭찬 등의 긍정적인 피드백이 일관성 있게 제공되기만 해도 이상적이다.

잼공 SOLUTION ㉜ 부모를 향한 자녀의 기대감에 귀 기울여 주세요.

자녀에 대한 부모의 기대감에 대한 논의는 활발하게 이루어져도 부모에 대한 자녀의 기대감에 대해서는 언급하는 경우가 상대적으로 적습니다. 양육의 책임자인 부모의 입장을 살피다보니 그런 것도 있지만, 근본적으로 부모 중심의 교육관이 크게 작용하는 면이 있습니다. 그런데 내용은 달라도 부모 못지않게 아이들도 엄마와 아빠에 대한 기대감이 상당합니다. 어떤 면에서는 부모보다 더 절실할 수 있습니다

낯선 두 남녀의 첫 만남도 서로에 대한 기대감이 형성되지 않으면 지속될 수 없는 것처럼, 부모와 자녀 간에 기대감이 없다면 좋은 관계가 형성될 수 없습니다. 어느 한쪽이라도 기대감을 거두게 되면 관계의 균열이 생길 수밖에 없는 것이죠. 자녀를 향해서만 부모의 기대감을 내세우지 말고, 아이들이 부모를 향해 갖고 있는 기대감이 무엇인지 파악해 보도록 합시다. 부모에 대한 자녀의 기대감이 여전히 살아있다면 독서, 공부를 비롯해 어떤 것도 늦지 않았습니다. 서로의 기대감을 인정하고 충족시켜줄 때 가족이라는 울타리가 더 공고해질 것입니다. 더 나아가 가족 안에서의 기대감 충족은 삶의 다른 영역까지 확대되기 마련입니다.

지금껏 부모로서 자녀의 기대감에 얼마만큼 귀 기울이고 있나요? 나는 과연 이 세상 최고의 보물인 자녀의 기대감을 얼마만큼 충족시켜주고 있는 부모일까요? 아무쪼록 자신의 기대감만 앞세우는 욕심 많은 부모가 아니라 아이의

기대감을 소중하게 여길 줄 아는 좋은 부모가 되어주길 바랍니다. 아무쪼록 독서만큼은 부모의 기대감이 아닌 자녀의 기대감에 의해 채워지도록 해봅시다.

다시금 강조하지만, 독서든, 공부든 편도(긍정적인 감정)와 해마(장기기억)의 작용에 의해 지속되고 강화된다. 상상의 나래를 맘껏 펼칠 자유로운 독서환경 속에서 전전두엽의 활성화도 기대할 수 있지 않을까. 편도와 해마, 시냅스, 전전두엽에 대한 이해를 토대로 실천 가능한 두뇌 친화적인 독서환경을 구현해 보자.

8부

재미있는 책,
스토리텔링의 힘이
결정한다

한 달 전, 근처 야산에서 신원미상의 백골의 변사체가 발견됐습니다. 뜻밖에 변사체는 사람들이 자주 오가던 산책로에서 불과 10m 정도밖에 떨어져 있지 않았습니다. 이상한 것은 많은 사람들의 왕래가 있었음에도 불구하고 시체의 부패 냄새를 느끼지도 못했고, 수상하게 여겨지는 사람도 목격하지 못했다는 점입니다. 변사체가 백골이 진행되는 동안 근처에 지나던 어느 누구도 인지하지 못했다는 건, 상당히 이례적인 일입니다.

사건이 자칫 미궁 속으로 빠져들고 있던 찰나에 다행히 결정적인 단서가 포착됐다고 합니다. 인근 치과병원의 치아기록을 살피던 중 변사체와 일치하는 기록을 찾았다는 소식입니다. 사람마다 치열이나 치아의 모양, 보존상태가 다르기 때문에 백골로 진행된 변사체의 신원을 확인하는 것은 시간문제라고 할 수 있습니다.

이제 과학수사대의 핵심요원인 당신에겐 사건이 발생한 여러 정황을 꼼꼼히 살펴보고, 변사체의 사망시기와 원인을 과학적으로 규명해야 하는 임무가 부여됩니다. 사건번호 601, 백골로 발견된 변사체, 그가 말하는 사건의 실체는 과연 무엇일까요? 진실에 다가갈 수 있는 열쇠는 바로 당신이 쥐고 있습니다.

필자는 프로젝트학습(Project Based Learning; PBL)을 교육현장에 실천할 때마다 스토리텔링의 힘을 실감하곤 한다. 이야기에 몰입한 아이들은 어김없이 예상을 뛰어넘는 수준의 놀라운 학습결과물을 만들어냈다. 신원미상의 변사체가 발견되며 시작되는 「사건번호 601」 PBL수업도 그랬다. 학생들은 이야기 속 과학수사대의 핵심요원으로서 난해한 수수께끼를 하나둘씩 풀어내며 변사체의 사망원인을 규명하고자 애썼다.

[사건번호601 중간수사결과발표장면 및 활용된 자료]

예상을 깨는 이야기 전개 덕분이었는지, 사건번호 601은 ❶탄 진실에 다가가다, ❷탄 용의자, ❸탄 반전으로 이어지며 학생들에게 큰 호응을 얻었다. 평소 글쓰기를 싫어하던 학생들조차도 자정을 넘긴 시간까지 추리소설을 썼고, 불가능할 것만 같았던 영화까지 완성해냈다.

제목이 '반전'이었던 것만큼 정말 반전의 연속이었다. 범인인줄 알았던 K와 Y가 저수지에서 사체로 발견되고, 쾌락을 느낄 수 있게끔 머리 부분에 꽂아 넣은 장치, 그리고 진범의 정체. 퀘스트 하나하나가 진행될수록 머릿속은 엉망이 되어 갔다.

— 2014.11.28. 김○영 성찰저널 중

[학생이 만든 사건번호 601 영화작품: X, 그를 향한 진실]

이처럼 이야기에는 학교수업마저도 완전히 다른 차원으로 만들어 버릴 힘을 가지고 있다. 그러나 우리는 이야기의 신비하고 마술적인 힘을 과소 평가할 때가 많다. 책 선택에 있어서도 이야기 자체보다 유용성에 초점을 두다보니 독서의 즐거움은 뒷전이다. 학교공부, 입시, 논술 등의 다른 목적을 강조하며 독서의 효용성을 따지는 독서법들의 근본적인 한계가 여기에 있다.

잠공 **SOLUTION ㉝** 스토리텔링 교육이 궁금하다면, 바로 이 책!

스토리텔링 기법이 프로젝트학습에만 유효한 것은 아닙니다. 어떤 공부방법이든 접목가능하며 실제 구현했을 때 부모와 아이 모두가 만족스러울만한 좋은 결과로 이어지곤 합니다. 현실적인 문제는 정작 스토리텔링을 어떻게 접목시켜서 활용할 지에 대해서 막막하다는 점입니다. 글쓰기 교육과 입학사정관 전형에서 중요한 자기소개  서 작성, 그리고 사회생활의 입사지원서까지 '스토리'의 힘은 점점 중요해지는데 말입니다. 이와 관련하여 조정래 교수는 스토리텔링 교육법의 목적은 '스스로 변화하도록 도와주는 것'에 있다고 강조합니다. 스토리텔링을 통해 학생들이 스스로 느끼고 깨우치게 하는 데 있다고 하면서. 자기발견, 자기혁신을 이끌어 가는 데 유용한 도구가 될 수 있다고 설명합니다. 그의 스토리텔링 교육법이 궁금하다면, 「스토리텔링 교육의 모든 것」을 참고하세요.

26 스토리텔링(Storytelling)의 핵심은
소통과 공감이다

어린 아이에게 '똥' 이야기를 늘어놓
기라도 하면 열광하며 좋아하는 모
습을 보인다. 그저 억지로 똥만 집어
넣었는데도 자지러질 정도로 웃는다.
'똥떡', '똥국', '똥나라', '똥꿈', '똥빵',
'똥머리' 등등 똥만 들어가도 어린 아

이들은 즐거운 상상의 세계로 곧장 빠져들곤 한다.

'왜, 똥으로 떡을 만들게 됐을까?'

'똥떡을 먹게 된 이후 어떤 사건이 벌어졌을까?'

'된장 항아리에 똥을 눈 범인은 누굴까?'

'된장대신 똥을 넣어 만든 국의 맛은 어땠을까?'

'똥'이 '떡'과 '국'을 만나면서 머릿속 질문으로 바뀌고, 이들 질문들은 아이들의 상상력과 만나 새로운 이야기로 그려진다. 이 과정에서 '똥'으로 시작한 다양한 스토리텔링이 지적호기심을 자극하고, 활발한 소통과 정서적 공감의 재료로 활용된다. 코끼리의 배설물을 이용해 종이를 만들었던 경험부터 할아버지로부터 들었던 재래식 화장실에 얽힌 이야기까지 듣고, 보고, 체험했던 다채로운 스토리텔링이 소통과 공감의 테이블 위에 올려진다.

"우리 학원에서 제안하는 연령별 필독서만 하면 공부를 잘하는 아이가 될 수 있어요."

"영·유아 때부터 책을 많이 읽히면 한글을 빨리 깨우칠 수 있습니다."

"매일 2시간씩 독서, 논술활동을 하면 학교성적이 많이 오를 겁니다."

"어휘 수준이 높은 책을 읽어야 공부를 잘할 수 있어요. 억지로라도 꾸준히 읽히는 것이 중요합니다."

그러나 초등학교 취학연령이 다가올수록 독서에 대한 부모의 태도가 달라지기 시작한다. 아이가 읽고 싶어 하는지, 좋아하는지를 책 선택의 기준으로 삼던 태도에서 자녀의 공부에 얼마나 유용한지를 우선 따진다. '옆집 아이', '친구 아들'에게 뒤처지지 않도록 하기 위해 남들 읽는 수준(?)에 책들을 늘어 넣고 독서를 강요한다. 그럴수록 흥미위주의 쉬운 책을 집어든 아이가 불안하게 느껴진다.

"쉬운 책만 골라 읽는 구나! 자기 연령에 맞는 책을 읽어야지. 쯧쯧 걱정된다."

연령별 어휘력과 독해력을 기준으로 삼다보니 '어려운 책(읽어야 할 책)'과 '쉬운 책(읽지 말아야 할 책)'으로 나누게 된다. '재미있는 책(읽을 책)'과 '재미없는 책(읽지 않을 책)'으로 나누다보니, 자신이 가진 흥미와 호기심에 따라 자유롭게 독서하던 때와 완전히 다른 기준이 적용되곤 한다. 부모의 호응에 힘입어 각 연령별 필독리스트가 만들어지고, 교과목처럼 커리큘럼도 개설된다. 이쯤하면 독서는 체계적인 과정에 의해 배워야 하는 공부인 셈이다. 이런 환경에선 개인의 취향과 관심보다 문학적 가치(공인된 문학작품)나 사회적·도덕적 교훈(유익함)등이 담긴 이야기를 읽어야 독서로 인정받는다.

이제 아이들에겐 재미없더라도 처음부터 끝까지 억지로 읽어야 할 책임이 부여된다. 자발적인 독서가 불가능한 상황에서 아이들이 할 수 있는 거라곤 '공부하듯' 책을 읽는 것뿐이다. 당연한 것처럼 싫어하는 책을 억지로 읽히는데 당근과 채찍의 사용은 불가피하다. 점차 지시와 강요가 아니고선 독서를 지속하는 것 자체가 어려워진다. 그럴수록 부모와 자녀 간의 소통이 단절되고, 감정의 골은 깊어만 간다. 이대로 괜찮을까.

"아이가 좋아하는 책이 가장 좋은 책이다."

독서에 대한 그릇된 믿음과 욕심을 내려놓으면 해법은 단순해진다. 배설물에 불과한 '똥'이 재미있는 이야기와 만나 아이들의 상상력을 자극하고, 또 다른 이야기로 확대·재생산되는 것처럼, 스토리텔링의 힘에 의한 독서를 실천에 옮기면 된다. 오로지 매력적인 스토리텔링만이 아이로 하여금 스스로 책장을 넘기게 만든다는 점을 명심할 필요가 있다. 그것은 아이의 독서권리, 즉 독서를 중단할 권리, 특정부분만 골라서 읽을 권리, 읽기 싫은 내용을 건너뛸 권리, 처음부터 끝까지 읽지 않을 권리, 어떤 것이든, 무엇이든 가리지 않고 읽을 권리 등을 완전히 보장해주는데서 시작된다.

연령별로 반드시 읽어야 할 책이란 존재하지 않는다. 이야기 하나하나는 독립적이고 주관적이라서, 획일화된 잣대로 수준을 정하고 레벨을 나눌 수 없다. 더욱이 스토리텔링의 가치는 그것이 얼마나 마음을 움직여 그 속에 빠져들도록 하는지에 따라 결정된다. 어른이더라도 얼마든지 '피터팬'처럼 네버랜드로 모험을 떠날 수 있다. 순수한 이야기에 매료되어 전 세계의 동화책을 두루 찾아 읽고 수집하길 즐길 수도 있다. 이야기의 수준이 아닌 취향의 문제일 뿐이다. 많은 어른들이 디즈니 애니메이션을 즐기기 위해 비싼 영화 관람료를 기꺼이 지불하고 있는 것만 봐도 알 수 있다. 동화작가, 그림책 삽화가, 애니메이션 제작자 등 동심의 세계를 그려내는 모든 사람들 역시 어른이다.

이제 더 이상 책을 많이 읽은 아이가 공부 잘하는 아이가 된다는 식의 논리에 현혹되지 말자. 독서는 독서일 뿐이다. 책을 많이 읽으면 기적 같은 성적향상이 따라온다는 주장은 픽션fiction이며 신화이고, 그저 사교육마케팅에 불과하다.

오직 스토리텔링의 힘이 독서의 질을 결정한다, Story+Telling 즉 '이야기하다'에 내포된 뜻대로 책은 자유로운 소통과 정서적 공감대 형성을 위한 재료일 뿐이다. 부디 학교공부로부터 독서를 행방시키자! 책이 가족 간의, 친구 간의 소통과 공감의 재료가 될 수 있도록 신기루에 불과한 욕심들을 내려놓자!

"공연이나 영화를 본 후에 가볍게 나누는 대화처럼, 함께 읽는 책은 오로지 소통과 공감의 재료로만 사용되어야 한다. '좋은 귀'를 가진 부모로서 대화의 주도권을 자녀들이 갖도록 하는 것이 중요하다. 아이들이 들려주는 책이야기에 빠져드는 부모의 모습만으로도 독서의 즐거움은 배가된다."

– 정준환, 「잼공독서프로젝트 1탄」(상상채널), 33쪽 본문 중

 SOLUTION 34 심심해야 책을 읽는다?!

어린 자녀를 키우는 부모들은 공감하겠지만, 아이들은 일상에서 "심심해."라는 말을 자주 내뱉습니다. 특히 TV, 컴퓨터, 스마트폰 등 감각적인 자극에 오랫동안 노출되면, 견딜 수 없을 만큼이나 따분해하는 모습을 볼 수 있는데요. 심심해서 견디기 힘들어 하는 아이의 반응에 결국 디지털 매체를 허용해주기도 합니다. 그렇다면 무료한 감정을 느끼는 아이의 상태는 부정적인 걸까요? 사실 무료함을 자주 느끼는 건 어린이들의 전형적인 특징 중에 하나입니다. 자연적인 무료함은 종종 자기 나름의 재미를 만드는 추동력으로 작동하는데요. 새로운 놀이, 그림, 이야기 등 창의성이 발휘되는 활동으로 이어지곤 합니다. 그래서 철학자 발터 벤야민(Walter Benjamin)은 이런 무료함을 빗대어 '경험의 알을 품고 있는 꿈의 새'라고 표현했나 봅니다. 어느 정도의 무료함은 아이의 성장에 유익한 것입니다. 처음엔 심심하다고 칭얼거리겠지만, 조금만 기다리면 무료함을 해소하기 위해 자기만의 해법을 찾을 테니 염려마세요. 때론 무료함을 벗어나기 위해 독서를 선택할 수도 있고요. 심심해야 책을 읽을 수 있으니 하루에 정해진 약속 시간만 디지털 매체를 허용해주세요.

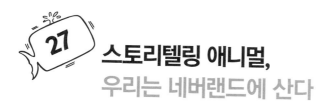

스토리텔링 애니멀,
우리는 네버랜드에 산다

"선생님 이제 교과서 버려도 되나요?"

교과 진도가 다 나가면 학생들의 질문은 한결 같다. 마치 버릴 날을 손꼽아 기다린 사람들 마냥 교과서를 버리는데 주저함이 없다. 누더기가 되어버린 널 부러진 교과서가 말해주듯 학생들의 반응은 이미 예견된 일일지 모른다. 학기가 끝나면 폐휴지 창고는 버려진 교과서로 넘쳐나니 말이다. 왜 일까. 여러 이유야 있겠지만, 교과서 안에는 딱히 끌릴만한 이야기가 담겨 있지 않다. 이야기 없이 지식을 나열한 수준의 교과서는 어찌 보면 교과별 지식을 목차별로 정리해 놓은 사전과 다를 바 없다. 모두 다 알다시피 사전을 처음부터 끝까지 정독하는 사람은 드물다. 이야기가 빠진 어떤 책이든 독자의 사랑을 받긴 힘들다.

우리의 머릿속은 의식적이든 무의식적이든 끊임없이 이야기를 만들어낸다. 수업 시간의 지루함을 달래주는 선생님의 맛깔스런 옛이야기에 아이들은 푹 빠지기도 하고, 지루한 시간을 견디기 위해 온갖 이야기들을 머릿속에 떠올리기도 한다. 여가 시간에는 소설, 만화, 영화, 연극 등등 각종 매체를 통해 접하는 가상의 이야기 속에서 상상의 나래를 펼치기도 한다. 어린 시절 손때 묻은 만화책을 꺼내 들고 보고 또 보며 즐거워하던 경험은 이야기가 가진 힘을 가늠해 볼 수 있다. 훌륭한 서사구조와 흥미로운 내용으로 채워진 이야기만 있다면 사람들은 언제든 즉각적으로 반응한다.

이런 이유로 인간을 '호모 픽투스(Homo Fictus)', 즉 이야기하는 동물로 정의되기도 한다. 평소 우리는 누군가의 삶조차 이야기로 받아들이며, 다른 이들에게 이야기를 전하길 즐긴다. 심지어 인간은 잠을 잘 때도 이야기를 만든다. 현실세계에선 감히 꿈도 꾸질 못할 일들이 진짜 꿈속에선 생생한 이야기로 만들어진다. 때론 현실의 삶에서 감추거나 억눌렀던 욕구들이 종종 꿈에서 멋지게 실현되곤 한다.

우리 일생의 1/3은 자면서 보내요. 1/3이나, 게다가 1/12은 꿈을 꾸면서 보내죠.

(중략)

앞으로 학교에서는 단잠 자는 방법을 가르치는 날이 올 거예요. 대학에서는 꿈꾸는 방법을 가르치게 될 거예요.

대형스크린으로 누구나 꿈을 예술작품처럼 감상하는 날이 올 거예요. 무익하다고 오해 받는 1/3 시간이 마침내 쓸모를 발휘해 우리의 신체적 정신적 가능성을 극대화 시키게 될 거예요.

– 베르나르 베르베르의 소설「잠」중에서

베르나르 베르베르(Bernard Werber)의 소설들은 일반적으로 생각하기 힘든 참신한 아이디어와 상상력으로 빚어낸 매력적인 이야기들이 가득한다. 그는 밤새 꾸었던 꿈을 일기장에 자세히 기록하곤 하는데, 실제 그의 작품들 가운데는 꿈에서 영감을 얻어 창작된 이야기가 여럿 있다. 전 세계 소녀 독자들의 사랑을 듬뿍 받은 '트와일라잇' 시리즈도 미국의 평범한 가정주부의 꿈에서 시작됐다. 어느 날 소녀와 뱀파이어의 사랑에 대한 꿈을 꾸었던 스테파니 메이어(Stephenie Meyer)가 이야기 영감을 얻어 멋지게 그려낸 작품이다. 이들뿐만 아니라 수많은 창작가들이 꿈으로부터 영감을 얻어 이야기를 그려내고 있다.

어찌 보면 꿈은 홀로 각본을 쓰고 연출하며, 그것을 관람하고 즐기기까지 하는 특별한 이야기 무대이다. 설사 잠에서 깬 이후에 기억해내지 못하더라도 누구에게나 매일매일 꿈이라는 이야기 극장이 열린다. 분명한 것은 하루 두 시간 가량의 램수면 주기에 꿈을 꾼다는 과학적 사실이 뒷받침해주듯 깨어있든, 잠을 자건 우리 뇌는 쉼 없이 이야기를 만들거나 소비하고 있다는 사실이다. 이와 관련하여 인간을 '스토리텔링 애니멀(Storytelling Animals)'이라 규정하며, 이야기의 본성을 탐구한 조나선 갓셜(Jonathan Gottschall)의 주장에 귀 기울일 필요가 있다.

"어린아이는 타고난 이야기꾼이다. 나는 네 살배기와 일곱 살배기 딸이 있는데, 두 아이에게는 상상이 일상이다. 아이들은 깨어 있는 시간 내내 네버랜드를 누비고 다니며 행복해한다. 책이나 비디오를 보면서 이야기를 감상하기도 하고 엄마와 아기, 왕자와 공주, 착한 사람과 나쁜 악당이 등장하는 환상의 나라를 스스로 만들어서 흉내 놀이를 하기도 한다. 아이들에게 이야기는 심리적 강박이다. 아이들에게는 빵과 사랑만큼 이야기가 필요하다. 아이들을 네버랜드에 들어가지 못하게 막는 것은 폭력이다."

— 조나선 갓셜, 「스토리텔링 애니멀」(민음사), 26쪽 본문 중

그는 '피터 팬' 이야기 속 네버랜드가 아이들에게만 허락되지만, 상상의 나래를 펼치는 이야기(흉내) 놀이는 어른이 돼서도 멈추지 않는다고 보았다. 단지 상상하는 방법이 달라졌을 뿐, 소설, 영화, 꿈, 공상 등등 네버랜드는 우리의 전 생애동안 계속된다는 것이다.

"인간은 네버랜드의 동물이다. 네버랜드는 우리의 진화적 틈새이자 특별한 서식처이다. 우리가 네버랜드에 끌리는 이유는 대체로 우리에게 이롭기 때문이다. 네버랜드는 우리의 상상력에 양분을 공급하고, 도덕적 행동을 강화하고, 안전하게 연습할 장소를 제공한다. 이야기는 사회생활의 접착제로서 집단을 정의하고 결속한다. 우리가 네버랜드에 사는 이유는 네버랜드에서 살지 않을 수 없기 때문이다. 네버랜드는 우리의 본성이다. 우리는 스토리텔링 애니멀이다."

—조나선 갓셜, 「스토리텔링 애니멀」(민음사), 217쪽 본문 중

매력적인 이야기를 품은 책은 아이들과 우리 모두를 네버랜드로 인도해준다. 작가에 의해 그려진 다채로운 이야기들이 개개인의 상상력이 더해지면서 각자의 네버랜드를 살찌운다. 어찌 보면 독서는 자신만의 네버랜드를 탐험하는 행위일 수 있다. 그러나 슬프게도 우리 독서교육은 네버랜드로 가는 길을 제시해주지 못하고 있다. 오히려 특정 지식의 습득이나 학교공부에 초점을 둔 온갖 독서법들이 네버랜드로 향하는 길을 가로막고 있다.

가장 개인적인 것이 가장 창의적인 것이다.

The most personal is the most creative

92회 미국 아카데미 시상식(2020년)에서 거장 마틴 스콜세지에게 헌사하며 남긴 봉준호 감독의 유명한 수상소감이다. 그는 자신의 네버랜드 속에 품었던 지극히 개인적이고 창의적인 이야기를 영화로 구현해냄으로써 세계적인 감독의 반열에 올라설 수 있었다. 독서광이었던 그에게 책이란 자기만의 특별한 네버랜드를 채우기 위한 재료였다.

> "책에 쓰여 진 글은 작가의 것이지만, 여백은 그 누구의 것도 아닌 바로 '나'의 것임을 명심하자. 책 속 작가의 말은 시간이 지나면, 결국 잊혀지기 마련이지만, 여백을 채운 상상력은 자신의 삶을 바꾼다. 지식은 때론 의식의 한계를 만들고 완고한 틀로 작용하지만, 상상력은 기존의 지식을 창의적으로 해석하고, 경계를 넘나들며 새로운 지식을 창조한다."
>
> – 정준환, 「잼공독서프로젝트 1탄」(상상채널), 35쪽 본문 중

지금 우리 아이들은 어떤 네버랜드에 살고 있을까. 분명한 것은 모든 아이들이 자신의 네버랜드에서 소중한 꿈을 키우며, 인생을 결정할 자기만의 스토리텔링을 만들어가고 있다는 사실이다. 우리에겐 아이들이 어떤 네버랜드를 키워나가든 그것이 훼손되지 않도록 잘 지켜줄 책임이 있다. 만일 독서교육이 네버랜드를 파괴하고 있다면, 공인된 독서법이라 할지라도 당장 멈춰야 한다. 일방적이고 획일적인 사고에 의해 강요되는 모든 행위들, 흥미와 호기심에 따른 자율적인 선택을 존중하지 않는 독서환경은

결과적으로 아이들의 네버랜드를 파괴하기 마련이다.

 SOLUTION ㉟ 가상의 역할놀이로 네버랜드 무대를 만들어볼까요?

　어린 시절, 엄마와 아빠의 역할을 하면서 즐거워하고 모래와 돌, 나뭇가지, 풀 등을 이용해 밥과 반찬을 만들어 먹는 시늉을 하면서 재미있어하던 추억거리 하나 정도는 누구나 가지고 있을 것입니다. 현실에 있지만 현실과는 다른 방식으로 도구를 활용하고, '~인 척하는' 가상놀이나 다른 사람의 행동을 따라 하는 모방의 과정에서 재미를 느낍니다. 풍부한 상상력을 자극할 가상의 역할놀이는 독서의 재미를 극대화하는데 중요한 환경이 되어줍니다. 아이들의 상상력을 자극할 네버랜드 무대를 마련해보면 어떨까요? 엄마와 아빠가 이야기 속에 등장하는 인물이 되어 즉흥극을 연출하면 됩니다. 굳이 책에 있는 이야기대로 역할놀이를 할 필요는 없습니다. 부담 없이 등장인물과 이야기의 기본설정만 가져와 자유롭게 즉흥극을 하면 됩니다. 그것만으로도 아이들의 기억 속에 오래 남을 특별한 무대가 될 테니까요.

28 매력적인 이야기가
차원이 다른 교육환경을 만든다

"어렸을 때 나를 가장 매혹시킨 책들은 쥘 베른의 소설들이었다. 특히 '80일간의 세계일주', '지구 속 여행', '해저 2만리'였다."

— 천체물리학자 마리오 리비오(Mario Livio)

"내가 제일 좋아하는 영화는 '쥬라기 공원'이다. 영화가 아니었다면 내가 했을 말을 고생물학자 앨런 그랜트가 전부 다 하기 때문이다. 그리고 공룡을 되살리는 것이 목표다."

— 고생물학자 잭 호너(Jack Horner)

"마이클 J. 폭스가 나오는 '백 투 더 퓨쳐'도 좋아했다. 1985년 이전에도 영화에서 시간 여행은 드물지 않았지만, 드로리언 차로 표면 추진(ground propulsion) 타임머신을 만든다는 컨셉을 보고 나는 항공우주 엔지니어링을 연구하겠다는 영감을 얻었다."

— 로켓 과학자 올림피아 르포인트(Olympia LePoint)

출처:13 Top Scientists' Favorite Books And Movies, HUFFPOST SCIENCE 2015.9.6

어린 시절 쥘 베른의 「해저 2만리」와 「달나라탐험」 등의 이야기에 이끌려 과학자의 길에 들어섰다고 말하는 이들은 있어도 과학교과서에 이끌려 그 길을 걷게 됐다고 고백한 사람은 찾을 수 없다. 교과서 안에 수많은 학습목표들이 단원과 차시 단위로 빼곡하게 채워져 있지만, 그런 세부적인 목표들이 과학에 대한 흥미를 높이는데 기여하지 못한다. 이는 객관적인 지표로도 확인할 수 있는 부분이다. 우리나라는 국제학업성취도비교평가(PISA)에서 수학과 과학 모두 줄곧 꼴찌 수준의 흥미도를 나타내고 있으니 말이다.

왜 일까. 분명 여기엔 여러 이유들이 존재하겠지만, 학습자의 마음을 움직일 매력적인 이야기의 부재도 하나의 원인으로 꼽을 수 있다. 학교공부 자체가 '호모 픽투스(Homo Fictus)'인 인간에게 너무나도 가혹한 환경이다. 교과별로 수록된 지식들은 저마다 특별한 인생을 살아간 사람들의 이야기와 연결되어있음에도 관심의 대상이 아니다. 주어진 시간 안에 많은 교과지식들을 기억하고 이해하는데 급급하다보니 학생들로선 그들의 삶과 이야기에 공감할 틈이 없다.

"한국에서 가장 이해하기 힘든 것은 교육이 정반대로 가고 있다는 것이다. 한국 학생들은 하루 15시간 이상을 학교와 학원에서, 자신들이 살아갈 미래에 필요하지 않을 지식을 배우기 위해 그리고 존재하지도 않는 직업을 위해, 아까운 시간을 허비하고 있다."

– Alvin Toffler. 2008

다시금 한국교육에 대한 앨빈 토플러의 따끔한 일침이 떠오른다. 여전히 학교와 학원을 오가며 머릿속에 우겨넣은 지식들은 성적향상을 위한 목적에 활용될 뿐, 결국 잊히는 수순을 밟고 있으니 말이다. 이야기가 실종된 교실에서 공부란, 그저 각종 시험에 특화된 문해력을 기르는 것에 불과한 것일 수 있다. 수능만점자가 공부의 신으로 불리는 상황 자체는 학력지상주의의 우울한 단면을 보여주는 것이기도 하다.

"솔직히 상위권 대학교 졸업장 하나가 이렇게까지 할 만큼 가치가 있을까. 자기가 어떤 삶을 살 것인지 깊이 생각해 볼 틈도 없이, 돈은 어떻게 창출해낼 것인가 생각해 볼 틈도 없이, 나의 적성과 흥미를 깊이 생각해 볼 틈도 없이, 운동을 할 시간도 없이, 취미를 할 시간도 없이, 독서할 틈도 없이, 그냥 온종일 의자에 앉아 하루 일과 전부를 주입식교육에 쏟아 붓고 있을 필요가 있는 걸까. 이런 난 과연 괜찮을까."

– 어느 고등학교 3학년 학생이 인터넷에 올린 글

그렇다면 스토리텔링이 중심이 되는 교육환경은 어떤 모습일까. 초등학교 1학년 아이들을 대상으로 적용한 '바디선장' 수업사례를 엿본다면, 스토리텔링이 교육에서 어떤 차이를 만들어내는지 알 수 있다.

바디선장은 '이너스페이스(Innerspace)'라는 영화에서 모티브를 얻어 이야기로 구성한 문제이다. 이야기에는 우리 몸의 구석구석을 탐험해야 하는 바디선장의 임무와 그를 돕기 위해 몸속 지도를 만들어야 하는 상

황이 담겨 있다. 어른들의 시각에선 허접한 이야기에 불과할지 모르겠지만, 아이들로선 모험심을 자극하는 특별한 임무로 수용된다.

쉿! 비밀인데요.
바디선장과 그 선원들이 몸속에
들어갈 수 있는 초소형 잠수정을 이용해
인체탐험을 한다고 해요.

우리 몸의 구석구석을 살펴보고
목숨을 앗아가는 무서운 질병이
왜 걸리는지 조사해 본다고 합니다.

그런데 우리 바디선장이
우리 몸을 탐험 하는데 사용할 지도를
잃어버렸다고 해요. 가급적 빨리
탐험을 시작해야 한다고 하는 데,
어떡하죠?

바디선장이 무척 난감해하고 있네요.
우리 반 친구들이 바디선장을 도와주면
좋을 것 같아요.

우리 몸 지도를 그려서 바디선장이
무사히 인체탐험을 완수할 수 있도록
도와줍시다. 여러분들이라면 충분히
해낼 수 있어요!

신기하게도 아이들은 바디선장의 몸속 여행을 도와줄 지도 만들기 활동에 처음부터 끝까지 적극적으로 참여했다. 친구들과 다양한 의견을 나누고, 각종 책들을 스스로 읽으며 몸속 지도 만들기에 정성을 다했다.

[몸속 지도를 만들기 위한 책읽기]

　친구들 간에 책을 바꿔가며 읽으며 자연스레 활발한 대화가 이루어졌다. 때론 선생님의 도움을 받아 컴퓨터를 활용한 인터넷 검색도 지원됐는데, 이런 활동들은 인체에 대한 호기심이 충족될 때까지 계속되었다. 동시에 전지에 직접 친구를 눕히고 몸의 윤곽선을 그리는 등 몸속 지도를 그리기 위한 창의적인 방법들이 적용됐다.

[우리 몸 지도 윤곽선 그리기]

아이들은 끊임없이 자신이 그리고 있는 지도가 과연 정확한지 책을 통해 검증해 보기도 하고, 서로의 생각을 비교해 보면서 채워나갔다. 대화내용은 다소 거칠고 자기주장만 내세우는 듯했지만 신기하게도 서로의 말은 잘 통했다. 그리고 마침내 아이들은 오직 스스로의 힘에 의해 바디선장에게 보낼 몸속지도를 완성해냈다.

[우리 몸 지도 윤곽선 그리기]

"바디선장의 몸속 탐험을 돕기 위한 지도를 그릴 수 있다."

이처럼 스토리텔링에 기반 한 수업은 목표부터 다르다. 몸속 지도를 만들어야 하는 이유와 목적이 이야기 속에 고스란히 담겨 있어서 학습목표에 대한 부가적인 설명이 없더라도 무엇을 해야 할지 아이들 스스로 명확히 파악한다. 이는 스토리텔링이 배제된 전통적인 수업환경에서 상상할수 없는 모습이다.

우리 몸속에는 어떤 기관이 있을까요?
우리 몸속의 각 기관이 하는 일을 조사하고 발표합시다.

흔히 이야기가 빠진 교과서 과제에선 몸속 각 기관의 명칭과 하는 일을 아는데 머물 수밖에 없다. 왜 이들 지식을 알아야 하는지 그 이유를 찾기란 어렵다. '이건 시험에 나온다!'라는 선생님의 말이 공부의 유일한 이유와 목적을 형성할 뿐이다. 그저 반복하고 반복하며 머릿속에 지식을 넣어보지만 잘 되질 않는다. 망망대해에 노를 젓는 사공의 심정처럼 생존을 위해 절실하지만 그만큼 불안하고 막연할 따름이다.

히포크라테스 선서문

이제 의업에 종사할 허락을 받으매
나의 생애를 인류 봉사에 바칠 것을 엄숙히 서약하노라.
나의 은사에 대하여 존경과 감사를 드리겠노라.
나의 양심과 위엄으로써 의술을 베풀겠노라.
나는 환자의 건강과 생명을 첫째로 생각하겠노라.
나는 환자가 알려준 모든 내정의 비밀을 지키겠노라.
나는 의업의 고귀한 전통과 명예를 유지하겠노라.
나는 동업자를 형제처럼 여기겠노라.
나는 인종 종교 국적 정당정파 또는 사회적 지위 여하를 초월하여 오직 환자에게 대한 나의 의무를 지키겠노라.
나는 인간의 생명을 그 수태된 때로부터 지상의 것으로 소중히 여기겠노라.
비록 위협을 당할 지라도 나의 지식을 인도에 어긋나게 쓰지 않겠노라.
이상의 서약을 나의 자유 의사로 나의 명예를 받들어 하노라.

히포크라테스 선서와 함께 정환이를 비롯한 그의 절친한 친구들은 오랜 공부를 마치고 마침내 의사가 되었습니다. 이들은 그동안 빈민구호를 위한 의료자원봉사 활동에 참여하면서 열악한 의료 서비스를 받고 있는 빈민층들의 현실을 목격하게 되었습니다. 이들이 목격한 현실은 자신의 생애를 인류 봉사에 바치겠다는 히포크라테스 정신이 무색할 정도로 최소한의 의료서비스도 받지 못하고 방치되어 있는 사람들이었습니다.

정환이는 의료 서비스의 사각지대에 놓여 있는 빈민층을 위해서라도 그들을 위한 병원 설립이 시급히 이루어져야 한다고 주장하였습니다. 그의 주장은 히포크라테스 선서를 한 수많은 의사들의 마음을 움직였습니다. 그리고 마침내, 의사협회는 사회 환원 차원에서 빈민들을 위한 종합병원 설립을 추진하기로 결정하였습니다. 병원 이름은 히포크라테스, 그의 정신을 근본으로 삼는다는 의미에서 히포크라테스로 지었습니다.

정환이와 그의 친구들은 며칠 후부터 히포크라테스 종합병원의 전문의로 활약할 것입니다. 히포크라테스 종합병원은 치료 혜택이 상대적으로 미흡한 소화기내과, 순환기내과, 호흡기내과, 대장항문외과, 정형외과, 신경외과, 이비인후과의 7개 진료과목을 중심으로 운영될 것이며, 복지 차원에서 전액 무료로 의료 서비스를 지원할 예정입니다.

스토리텔링은 머리보다 가슴을 움직이는 힘이 있다. 히포크라테스 선서를 하고, 빈민들을 구호하기 위한 종합병원을 열어야 하는 임무를 달성하기 위해 밤낮없이 관련 지식을 공부하고 의사로서의 역할을 배우도록 이끈다. 이야기의 주인공인 의사가 되어 가상의 역할놀이를 즐기도록 만든다. 이쯤하면 교실은 더 이상 일방적인 지식전달 공간이 아닌 히포크라테스 종합병원이자, 이야기의 무대로 탈바꿈하게 된다.

"나는 히포크라테스 종합병원의 전문의사로서 활약할 수 있다."

‘히포크라테스 종합병원’ 이야기는 학습자로 하여금 몸속 각 기관의 명칭과 하는 일, 관련 질병들까지 왜 알아야 하는지 명확한 이유를 제시해준다. 참여한 학생들은 유능한 의사가 되기 위해 누가 시키지도 않았음에도 교과서뿐만 아니라 관련 책과 인터넷을 활용해 더 많은 지식을 섭렵하기까지 한다. 매력적인 이야기는 관련 지식에 대한 흥미와 호기심을 자극하며 자발적인 학습을 유발한다.

이처럼 ‘바디선장’과 ‘히포크라테스 종합병원’ 사례는 스토리텔링의 힘이 수업환경을 어떻게 바꿀 수 있는지 확인시켜준다. 그야말로 교실은 이야기를 중심으로 한 소통과 공감의 무대로 채워진다. 이러한 무대는 굳이 교실에서 이루어진 특별한 수업이 아니더라도, 독서를 통해 아이들의 일상이 되도록 만들 수 있다. 책에 담긴 스토리텔링의 힘은 배움의 과정을 스스로 즐기도록 만드는데 그치지 않고, 인생의 목표를 형성하는 데까지 영향을 미친다. 「해저 2만리」의 노틸러스호를 타고 네모선장과 함께 바다 속을 누비고 싶었던 소년은 훗날 잠수함을 만들었고, 니콜라 테슬라(Nikola Tesla)의 전기를 읽으며 영감을 얻었던 청년은 '테슬라'라는 혁신적인 기업을 탄생시켰다.

어쩌면 지금 이 순간에 선택한 책이 우리 아이의 인생에 결정적인 영향을 미치게 될지도 모를 일이다. 중요한 것은 가정에서 혹은 학교에서, 독서든 프로젝트학습이든 아이들로 하여금 다채로운 이야기를 끊임없이 접하고 그 속에 빠져 지내도록 하는 데 있다.

 SOLUTION 36 이야기를 더하면 박물관도 특별한 무대가 된다

"방귀, 방귀 뿌웅!

뿡이(아들의 태명)가 가장 좋아하는 것은 괴물하고 귀신하고 공룡이랍니다.

쭁이(딸의 태명)가 가장 좋아하는 것은 공주하고 예쁜 옷이랍니다.

뿡이와 쭁이가 좋아하는 것을 찾아 여행을 떠나려고 합니다.

멀고 먼 옛날에 있었던 괴물하고 귀신하고 공룡을 찾아서,

그리고 공주와 예쁜 옷을 찾아서 떠나는 여행이랍니다."

준비된 문제가 아니었다. 유아용 상설놀이시설에 왔다가 시간이 남아 근처 국립중앙박물관을 방문하게 되면서 급조한 문제였다. 문제의 줄거리는 아들과 딸의 흥미꺼리에 따라 들려주는 이야기를 토대로 완성됐다. 박

물관에 입장하기 직전, 특별한 기대감 없이 만든 문제지만 아이들의 반응은 남달랐다. 문제를 들고 박물관에 입장하면서부터 아이들은 뜻밖의 모습으로 화답하기 시작했다. 장장 4시간가량을 드넓은 박물관 1층과 2층을 쉬지 않고 헤집으며 돌아다니는 것이 아닌가. 박물관 안에 왜 이리도 괴물과 공주 옷, 장신구 등이 넘치는지 목표가 분명해진 아이들은 오랜 시간동안 지친 기색 하나 내보이지 않고 이곳저곳의 전시공간을 누볐다. 흥미로운 것은 자신의 목표만 생각하지 않고 오빠 혹은 동생의 목표까지 살피면서 자연스럽게 협동이 이루어지고 있었다는 점이다.

– 정준환, 「부모, 프로젝트학습에서 답을 찾다」(상상채널), 22-23쪽 본문 중

어떤 공간이든 이야기를 더하면 매력적인 무대가 됩니다. 특히 박물관에는 아이들이 좋아할만한 전시물들이 무궁무진하죠. 아이들이 평소 흥미나 호기심을 느끼던 책을 살펴보면, 어떤 박물관을 방문하면 좋을지 알 수 있습니다. 아이가 좋아하는 캐릭터, 애니메이션, 게임 등을 반영해 프로젝트학습 과제를 만들어 보는 건 어떨까요? 필자  의 사례처럼 말이지요. 스토리텔링의 힘을 이용한다면 박물관, 미술관 등의 체험활동도 차원이 다른 교육이 됩니다. 망설이지 말고 도전해보세요!

9부

자기목적적 경험이
독서를 놀이로
만든다

필자는 '짜장면 시키신 분!'이라는 유행어가 즐거움을 주던 시기에 교생 실습을 나간 적이 있다. 가끔 설렘을 안고 수업을 준비하던 과정이 어렴풋하게 기억이 나곤 한다. 특히 동네 중식당을 찾아가 철가방과 그릇을 빌려 밤새도록 수업을 준비하던 열정 가득한 실습동료의 모습이 떠오른다.

    등장부터 예사롭지 않았던 철가방 배달 퍼포먼스는 아이들의 열렬한 호응을 이끌어내는데 성공했지만, 딱 거기까지였다. 철가방에서 학습목표가 나온 이후, 아이들의 반응은 싸늘하게 식었고, 진땀을 흘리며 애썼지만 수업의 결과는 좋지 못했다. 철가방 배달 퍼포먼스의 재미가 수업의 재미로 이어지지 못했던 것이다.

    절대 재미는 다른 재미로 대체될 수 없다. 어떤 아이에게 보상으로 재미있는 게임을 허락한다고 해서 재미없던 책의 내용이 새삼스레 흥미롭게 다가가질 않는다. 재미있는 애니메이션을 보여준다고 해서 재미없던 책이 갑자기 재미있어질 리 만무하다. 애니메이션의 재미와 책의 재미는 별개다. 외부의 자극에 의존한 동기유발은 순간적으로 그것에 대한 주의집중과 유쾌한 감정을 유발할 순 있지만, 어디까지나 효력은 자극이 지속되는 시간까지다. 오히려 외부자극에 미치지 못한 후속 독서활동이 아이들의 흥미를 급격히 떨어뜨릴 수 있다.

    독서의 진정한 재미는 외부의 요인이 아닌 그 자체로부터 발생한다. 이야기 속에 완전히 빠져든 '감정이입(感情移入)' 상태, 의식과 행동의 완전한 일치를 이끌어내는 자기목적적 경험에서 독서의 재미는 극대화된다.

잼공 SOLUTION 37 책에 낙서를 허용해주면, 독서가 더 즐거워진다?!

자기목적성이 뚜렷한 행동 가운데 낙서가 있습니다. 우리들은 일상에서 회의나 연수 등이 지루하게 느껴지면 습관처럼 낙서를 하곤 하죠. 신기하게도 낙서에 집중하는 동안 지루한 상황이 빨리 지나가는 것처럼 느껴집니다. 비슷한 이유로 아이들도 낙서를 합니다. 아이들의 교과서나 공책을 보면 온갖 낙서들이 가득하죠. 심지어 즐겨 읽는 책에도 어김없이 낙서가 발견됩니다. 이런 낙서를 보게 되면, 열심히 독서하지 않은 것처럼 여겨져 부모로선 속상해집니다.

그렇다면 낙서가 무조건 나쁜 걸까요? 낙서는 우리 모두에게 너무나도 익숙한 방식입니다. 그림이든 글이든 의식의 흐름대로 자유롭게 표현하는 것이 낙서라서 특별한 기술을 요구하지도 않죠. 이런 낙서의 특징을 잘 활용하기만 한다면 밋밋한 독서에 활력을 넣어줄 수 있습니다. 그 시작은 아이들이 책에 낙서하는 것을 전면 허용하는 것입니다. 물론 어떤 낙서든 전부 허용하라는 의미는 아닙니다. 그렇게 되면 책 자체가 의미 없는 낙서장이 될 테니까요.

따라서 낙서를 독서에 연계하려면 조건 하나가 충족돼야 합니다. 이야기, 지식, 인물 등 책의 내용으로부터 나온 낙서만 허용된다는 조건 말이죠. 이를테면 이야기의 장면을 연상하며 그린 그림, 책의 내용과 관련된 질문, 자신의 생각 등을 형식에 구애받지 않고 낙서하도록 권장하는 것입니다. 부모의 역할은 이런 낙서로 책을 맘껏 더럽혀도 좋다는 긍정의 신호를 아이에게 보내는 일일 겁니다.

29

놀이가 실종된 시대,
우리 아이들은 괜찮을까

"그거 참, 놀고 있네~"

누군가에게 이런 말을 듣게 된다면 어떤 기분이 들까. 게다가 어떤 일에 몰입하고 있을 때 듣는다면 무척 화가 날 것이다. 경우에 따라서는 큰 싸움이 벌어질지도 모른다. 왜 우리는 '놀다Play' 라는 말에 이토록 부정적인 감정을 드러내는 것일까. 이는 우리들의 의식 속에 자리 잡고 있는 놀이에 대한 인식이 보여주는 단적인 예이다. 공교롭게도 놀이에 대한 부정적인 인식은 19세기 산업혁명을 배경으로 탄생한 학교교육의 확산과 관련이 깊다. 기계적인 일을 수행할 인재가 필요한 산업사회에서 놀이는 이질적인 것이었다. 주어진 대로 목적을 달성해야하는 수동적인 공부환경에서 자기목적에 의해 자유롭게 진행되던 놀이는 여러모로 불편했다.

지식전달이 목적인 수업에서 아이들의 자유로운 사고와 행동들은 늘 통제의 대상이었다. 아이의 삶에서 공부의 비중이 커져갈수록 놀이는 금지의 대상이며 방해꺼리에 불과했다. 아마도 놀고 싶어 하는 아이와 공부

시키려는 엄마의 치열한 싸움은 그때부터 시작됐을지 모른다. 여전히 우리의 교육은 19세기와 다를 바가 없다. 기존에 누리던 권리들을 박탈하겠다는 으름장에서부터 체벌까지, 때론 과도한 보상을 남발하며 아이를 책상 앞에 앉히려는 부모의 눈물겨운 노력은 지금 이 순간에도 계속되고 있으니 말이다. 우수한 성적이나 좋은 학벌의 쟁취라는 현실적인 목표를 내세우며 그것이 잘못된 방법인지 알면서도 그저 되풀이할 뿐이다.

불행하게도 우리 아이들은 놀이가 실종된 시대를 살고 있다. 적어도 기성세대들은 골목마다 아이들이 노는 소리로 가득했던 시절을 살았지만 요즘 아이들은 그것마저도 허락받지 못한다. 학교와 학원으로 이어지는 빡빡한 스케줄 속에서 친구들과 어울려 놀 수 있는 시간도 제한적이다. 더욱이 틈새 시간은 손 안의 스마트폰이 독점하고 있다. 연령이 높아질수록 놀이는 그 존재의 이유를 상실해 간다. 그런 우리 아이들은 괜찮을까. 놀이가 실종된 상황의 심각성은 어느 쥐 실험을 통해 분명히 알 수 있다.

[놀아 본 쥐 VS 놀지 못한 쥐]

스튜어트 브라운(Stuart Brown)은 놀이를 충분히 경험한 쥐와 놀이를 중단시킨 쥐를 묶어 특별한 실험을 진행했다. 두 그룹의 쥐들이 천적인 고양이를 맞닥뜨리는 상황에서 어떻게 반응하는지 관찰하는데 목적을 둔 실험이었다. 이를 위해 고양이 냄새가 배어있는 굴레를 그들 근처에 투입했다. 예상대로 생명의 위협을 느낀 모든 그룹의 쥐들은 자신의 은신처로 재빨리 숨었다. 그런데 두 그룹의 차이는 쥐들이 은신처에 숨은 이후 극명하게 갈렸다. 놀이를 충분히 경험한 쥐 그룹은 시간이 어느 정도 지나자 주변을 살피며 실제 위협이 되는지 여부를 확인했고, 이내 평상시 모습을 되찾았다. 하지만 놀이중단 그룹의 쥐들은 이들과 사뭇 달랐다. 위험을 감수하지 못한 채 밖으로 나오지 못했으며, 끝내 그 자리에서 모두 죽고 말았다(Brown, 2009).

이처럼 놀이를 금지당한 쥐가 가짜 위협임에도 불구하고 끝내 생존하지 못했던 것처럼, 제대로 놀지 못한 아이들의 생존능력이 괜찮을 리 만무하다. 청소년 자살률 세계 1위와 꼴찌인 자존감(주관적 행복감) 지표가 보여주듯, 놀이가 실종된 세상에 사는 우리 아이들의 정신건강은 최악 중에 최악인 상태다. 이는 두뇌가 가진 본래적인 특성을 철저히 무시한 공부의 탄생으로 학습이 놀이로부터 완전히 분리된 것과 무관치 않다. 최상위의 포식자인 맹수들이 놀이를 통해 사냥기술을 배우듯, 최상의 지적 동물인 사람 역시 뇌가 좋아하는 놀이를 통해 학습의 유희적 본성을 회복할 필요가 있다.

이미 우리는 이러한 임무를 멋지게 완수해줄 놀이방법 중 하나를 알고 있다. 그것은 바로 독서다. '호모 루덴스(Homo Ludens: 놀이하는 인간)'로 인류를 정의했던 요한 하위징아(Johan Huizinga)가 시, 소설(희곡) 등의 문학에서 놀이의 특성을 설명했던 것만 봐도 알 수 있다. 다만 독서가 놀이의 하나가 되려면 하위징아가 제시한 '놀이의 3가지 특성(Huizinga, 1938)'을 충족해야 가능하다.

❶ 놀이는 자유로운 행위이며, 자유 그 자체이다.
❷ 놀이는 일상적인 혹은 실제 생활에서 벗어나는 행위다.
❸ 놀이는 시간과 공간의 제약을 받으며, 특정한 한계 속에서 놀아진다.
— 이종인(역), 「놀이하는 인간, 호모루덴스」(연암서가), 42-46쪽

즉, 독서가 놀이가 되려면, 어떤 보상이나 대가를 바라지 않는 자발적인 행위여야 하며, 현실의 목표(학교공부 등)에 얽매이지 않고 일상으로부터 벗어나는 행위가 돼야 한다. 또한 책 속의 이야기가 펼쳐 놓은 가상의 시간과 공간에서 자기만의 네버랜드(상상의 세계)를 맘껏 펼칠 수 있도록 어떤 방해도 받지 말아야 한다. '밥 먹자!'라는 말이 아이의 골목놀이를 중단시키는 것처럼, 대수롭지 않은 작은 요구들이 독서를 놀이에서 완전히 분리시킬 수 있다.

누구에게도 간섭받지 않는 자유로운 독서문화가 일상의 만족감을 가져오고 행복감을 높인다. 행복지수 최상위(2019 UN세계행복보고서) 그룹에 속하는 스웨덴, 덴마크, 핀란드, 노르웨이 등의 북유럽 국가들이 독서율 또한 매우 높은 것은 단순한 우연의 일치가 아니다. 부디 독서가 아이들에게 하나의 놀이로 수용되고, 삶의 질과 행복감을 높이는데 기여하길 바래본다.

생공 SOLUTION ㊳ 시를 읽고 쓰고 노래하자!

　　시의 기능은 여전히 그 원천인 놀이 영역을 확보하고 있다. 시를 창조하는 것(Poiesis)은 실상 놀이의 기능이다. 시는 정신의 놀이터에서 벌어지며, 그 놀이터는 정신이 그 자신을 위해 스스로 만들어낸 세계이다. 시 속에서, 사물들은 '일상 생활'과는 굉장히 다른 외관을 지니게 되고, 논리와 인과 관계를 훌쩍 벗어나 다른 유대 관계로 매이게 된다. (중략) 시를 이해하기 위해 우리는 마법 망토처럼 아이들의 영혼을 입어야 하며, 어른의 지혜를 내던지고 아이들의 지혜를 얻어야 한다.

"Poesis doctrinae tamquam somnium"
시의 작법은 꿈과 유사하다

– 이종인(역), 「놀이하는 인간, 호모루덴스」(연암서가), 231–232쪽 본문 중

　　최고의 인류학자로 손꼽히는 하위징아는 놀이에서 인간의 본질을 탐구했습니다. 그는 일생의 연구를 통해 의례, 축제, 철학, 예술, 문학 등의 인류문명이 놀이와 어떻게 연결됐는지 규명했는데요. 그 중에서도 정신의 놀이터로 표현하며 시와 놀이의 관계를 상세히 설명하고 있습니다. 그러고 보니 글을 갓 배운 아이들이 즐겨 읽고 쓰는 동시를 생각하면 쉽게 이해가 되네요. 그런 의미에서 아이들과
시를 읽고 쓰고, 노래하는 시간을 좀 더 소중하게 만들어주면 좋을 것 같아요. 음악과 함께 하는 시낭송, 노래가사를 개사, 작사하는 등의 프로젝트 활동처럼 말이죠. 우리 아이들을 꼬마 시인으로 데뷔시켜보자고요.

최적독서!
몰입(Flow)이 핵심이다

그렇다면, 독서가 아이들에게 놀이로 다가갔는지 알 수 있는 방법은 뭘까. 이는 재미의 심리적 상태를 잘 풀어낸 칙센트미하이(Csikszentmihalyi) 교수의 '몰입'에 대해 앎으로써 자연스레 이해할 수 있다. 먼저 몰입은 의식과 행동의 완전한 일치를 이끌어내는 자기목적적 활동을 전제로 한다. 자신이 하고 있는 일에 물 흐르듯 자연스럽게 빠져 들어 시간 감각조차 잃어버리고 주변상황에 대해 전혀 의식하지 못할 정도로 그 일에 완전히 흡수된 상태를 의미한다. 흐름을 뜻하는 '플로우(Flow)'가 몰입의 용어로 선택된 이유도 여기에 있다. 한 걸음 더 나아가 깊은 몰입을 통해 의식과 행동의 완전한 일치 상태에 이르게 되는데, 그는 이를 일컬어 '최적경험(Optimal experience)'(Csikszentmihalyi, 1990)이라 불렀다. 이런 몰입상태는 동양적 시각으로 보자면, 정신적 고양을 가져오는 '몰아의 경지', '무아지경(無我之境)'과 무척이나 닮아 있다.

여기서 무아지경이라고 하니, 마치 몰입이 특별한 사람에게만 허락된 것인 냥 여겨질 수도 있겠지만, 절대 그렇지 않다. 오히려 연령과 무관하게 모든 사람이 가진 원초적인 욕구에 가깝다. 지루한 시간을 좀처럼 견디지 못하는 아이들만 봐도 알 수 있다. 낙서라는 작은 몰입활동을 통해 지겹게 느껴지는 수업시간을 빨리 흘려보내는 것처럼, 일상 속에서의 몰입은 끊임없이 일어난다. 더불어 게임, 놀이, 스포츠, 미술활동, 그 어떤 것이든 일단 몰입을 맛본 활동은 반복하려는 경향이 뚜렷해진다.

당연한 말이겠지만 동일한 일을 수행하더라도 사람에 따라 몰입여부가 다르고 몰입강도도 제각각일 가능성이 높다. 이를 테면 같은 축구경기에 참여한 아이들이라고 해서 똑같이 몰입한다는 보장이 없다. 어떤 아이들은 경기 내내 시간가는 줄 모르고 참여하겠지만, 그렇지 못한 아이들은 경기에 집중하지 못하고 종료할 때까지 힘겨운 시간을 이어갈 것이다. 당연히 그들의 심리적 상태도 극명한 차이를 보이기 마련이다. 축구라는 외견상 동일한 활동일지라도 그것이 자기목적인지, 주어진 목적인지에 따라 의식과 행동의 상태는 달라지기 때문이다.

의식과 행동이 분열되었을 때, 이를 일치시키려면 '노력'이라는 심리적인 기제가 작동된다. 독서를 하고 있는 어느 아이가 순간순간 잡념이 떠오를 때마다 마음을 다잡고 다시 집중하려는 모습을 보이곤 하는데, 이러한 분열된 의식과 행동을 하나로 통합시키려는 수고가 우리에게 '노력'으로 수렴된다고 이해하면 된다. 주로 자신의 의지와 무관하게 일방적으로 주어진 목적일수록 의식과 행동의 분열은 더욱 가중되며, 이를 일치시키기 위한 노력의 강도도 그만큼 세지기 마련이다.

축구를 좋아해서 경기에 몰입했던 아이들의 예처럼 의식과 행동이 완전히 통합된 상태에선 노력이 더 이상 필요치 않게 된다. 대신에 그 자리는 흥미와 재미로 채워진다. 여기서 자기목적이란 듀이(Dewey, 1913)의 표현을 빌리자면 '성장 그 자체에 목적(독서)'을 두는 것이며, '성장에 목적(성적향상, 독해·논술실력 등)'을 두지 않는 것을 의미한다. 독서가 독해·논술실력 등 쟁취해야 할 목적을 위해 진행된다면, 독서는 철저히 수단이 되고, 아이의 노력으로만 유지되는 상황이 이어질 수밖에 없다. 오로지 독서 그 자체가 목적이 될 때, 흥미가 발생되며, 그것이 몰입으로 이어질 때 하나의 '진지한 놀이(Serious Play)'가 된다.

이렇듯 몰입을 통한 독서의 최적경험, 이른바 '최적독서(Optimal Reading)'는 칙센트미하이가 제시한 몰입의 구성요소를 충족함으로써 완성할 수 있다.

도전과 능력의 균형 Csikszentmihalyi, 1990	몰입은 상황에 대한 도전과 그 도전에 적절한 개인의 능력 사이의 균형을 지각하는 데서 비롯된다. 아이가 직접 선택한 책이더라도 지나치게 어렵거나 쉬운 책은 몰입에 이르기 어렵다.
몰입을 하게 되면 자신이 수행하는 활동에 완전히 하나가 되어 다른 것을 생각할 충분한 의식이 남아있지 않은 상태가 된다. 책에 담긴 이야기에 빠져들어 머릿속이 온통 관련된 상상으로 가득하다.	**의식과 행동의 통합** Csikszentmihalyi, 1996
명확한 목표 Csikszentmihalyi, 1990	스스로 분명한 목표를 설정해야 자신이 수행하는 과제에 대한 정확한 파악과 의도하지 않는 상황에 대한 신속한 대응이 가능하다. 독서의 목적은 스스로 세우는 것이며, 책을 재료로 어떤 창의적인 활동(만들고, 행동하고, 표현하기)을 전개하느냐에 따라 명확한 목표가 도출된다.
활동에 대한 정확하고 신속한 피드백이 지속적인 행동이 가능한 몰입으로 이어진다. 부모(교사)의 관심과 격려가 독서에 긍정적인 영향을 미치지만, 그것이 몰입 자체를 보장해주진 않는다. 책을 읽는 과정에서의 생각과 질문들이 다시 책을 통해 답을 얻곤 하는데, 그것 자체가 자기 피드백 환경이다.	**자기 피드백** Csikszentmihalyi, 1990
과제에 대한 집중 Csikszentmihalyi, 1990	몰입은 오로지 자신의 과제에 집중하여 불필요한 정보나 자극을 차단한 상태가 지속된다. 독서에 완전히 몰입하면, 주변의 다른 소리마저 의식하지 않아 들리지 않게 된다. 독서로 인해 아이가 불러도 대답이 없거든 화내지 말고 기다려줘야 한다.
몰입상태에서는 자신이 처한 상황에 대한 통제감, 곤란한 상황이나 얘기치 못한 일에서도 자기 조절에 대한 확신이 있다. 독서를 중단하거나, 특정부분만 골라서 읽거나, 읽기 싫은 내용을 건너뛰거나, 처음부터 끝까지 읽지 않거나, 어떤 것이든, 무엇이든 가리지 않고 읽거나 모든 독서의 권리를 가지고 있으며, 스스로의 판단 하에 조절할 수 있는 상태를 뜻한다.	**자기 통제감** Csikszentmihalyi, 1990
자의식의 상실 Csikszentmihalyi, 1975	몰입은 자신의 행동은 의식하지만 의식한다는 사실 자체를 의식하지 못하는 상태다. 독서에 몰입하면, 이야기에 등장한 인물에 완전히 감정이입한 상태가 된다. 웃고, 울며, 화내고, 기뻐하며 이야기 속 인물의 감정마저 느낀다.
몰입은 시간에 대한 지각이 사라지는 것을 의미한다. 다섯 시간을 독서했는데 느낌상 한 시간도 지나지 않은 것 같다면 제대로 몰입한 것이다.	**시간감각의 왜곡** Csikszentmihalyi, 1990
자기목적적 경험 Csikszentmihalyi, 1975	몰입은 외적보상이나 이익을 기대하지 않고 활동 그 자체를 위한 경험에서 나타난다. 책 선정을 포함해 독서하는 이유가 분명해야 한다. 독서활동의 취지와 무관한 목적들 이를테면 교과공부, 독해, 논술공부, 시험대비 등은 자기목적적 경험을 불가능하게 만든다.

이들 몰입의 구성요소 간에 관계를 몰입의 발생구조를 표현해볼 수 있다. 자기목적적 경험을 기본전제로 도전과 능력의 균형점에 있는 책 선정, 지속적인 자기피드백, 활동에 대한 명확한 목표, 독서권리에 따라 자기 통제감을 행사할 수 있는 환경 속에서 몰입을 경험하게 되고, 이런 몰입의 경

험이 자의식의 상실, 의식과 행동의 통합, 과제에 대한 집중, 시간감각의 왜곡 등의 심리적 상태로 나타난다. 아무쪼록 진정한 행복의 비결이 몰입에 있다는 칙센트미하이의 주장대로 최적독서가 삶의 만족감과 행복감을 높이는데 크게 기여하길 바란다.

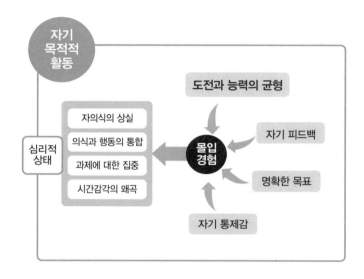

잼공 SOLUTION ㊴ 독서편식이 깊은 몰입으로 이끈다

　독서에서의 몰입경험은 철저히 개인의 관심과 흥미에 따른 자발적이고 자기목적적인 동기에 의해 이루어집니다. 그러나 솔직히 아이들이 독서를 통해 어떤 수준의 몰입경험을 하고 있는지 부모나 교사로선 가늠하기 어렵습니다. 겉으로 드러난 아이의 모습에 주의집중을 독려할 순 있겠지만, 오히려 집중하려 애썼던 아이의 마음에 상처만 남긴 꼴이 될 수 있습니다. 몰입은 철저히 각 개인의 흥미가 얼마나 지속되고, 확대되는지 여부에 따라 결정되는데요. 다만 고도의 집중력과 기술이 깊은 몰입에 유리한 환경을 조성하듯, 해당 분야의 풍부한 지식과 유창한 어휘력이 독서에서의 깊은 몰입에 좋은 환경이 됩니다.

　이와 관련하여 칙센트미하이는 외과수술과 암벽등반 등 고도의 집중력과 기술이 요구되는 행위를 깊은 몰입의 예로 설명하기도 했는데요. 외과수술을 집도한 횟수가 실제적 지식과 기술(노하우)의 획득수준을 결정하듯, 특정 관심분야의 다독 정도가 관련 지식과 어휘수준을 높이게 됩니다. 이런 측면에서 다양한 장르의 책을 골고루 읽히는 것보다 아이가 관심을 가진 특정분야의 책을 편식하도록 허용하는 것이 몰입을 유도하기 위한 효과적인 전략일 수 있습니다. 이를테면 공룡에 관심이 많은 아이에게 이와 관련된 시중의 책을 원하는 만큼 제공해준다든지, 게임을 좋아하는 아이에게 각종 게임매뉴얼과 게임이야기를 실컷 읽을 수 있도록 허용하는 것이 여기에 해당하겠죠? 아이가 공룡마니아로서 공룡과 관련된 책들을 하나둘씩 섭렵해갈수록 어려운 공룡이름도 척척 말할 정도의 풍부한 지식과 어휘력을 보유하게 되니까요. 이렇게 되면 이전의 읽었던 책의 수준보다 높은 수준의 책을 스스로 찾아 읽게 됩니다. 이처럼 아이의 독서편식은 깊은 몰입, 책 본문에서 강조한 '최적독서'에 이르는데 우호적인 환경이 되어줍니다.

독서가 진지한 놀이?
파인만에게 묻다

리처드 파인만은 아인슈타인 이후 가장 뛰어난 물리학자로 손꼽히는 인물이다. 대중들로부터 천재물리학자라는 칭호를 받을 수 있었던 것은 평생에 걸쳐 흥미와 호기심에 따른 독서를 실천했기 때문이다. 그에게 있어서 독서란 지적호기심의 보고면서 그 자체가 놀이였다. 파인만은 일생 동안 책을 재료로 배움의 재미를 만끽했으며, 깊은 몰입에 이르는 자신만의 방법을 실천에 옮겼다.

왜 그런지 궁금해. 왜 그런지 궁금해.

왜 궁금한지 궁금해

왜 궁금한지를 왜 궁금해 하는지가

왜 궁금한지 나는 궁금해!

_리처드 파인만이 대학시절 쓴 시

파인만은 대학시절 쓴 시에서 보듯 꼬리에 꼬리를 물며 이어지는 호기심으로 독서를 즐겼으며, 그 모든 것을 공책에 적는 것으로 유명했다. 파인만은 독서를 하다가 궁금한 점이 생기면, 그것을 학습해야 할 주제로 정하고 호기심이 해소될 때까지 관련 주제의 책들을 섭렵했다. 그런 이유에서였을까. 공책표지에는 언제나 'Notebook of Things I don't know about (내가 모르는 것들의 공책)'이라는 타이틀이 붙여졌다. 그의 공책은 그가 가진 호기심으로 출발해 새롭게 알게 된 지식과 아이디어들로 가득 채워졌다.

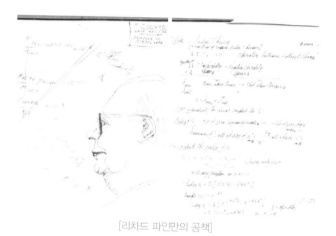

[리차드 파인만의 공책]

"어린이가 이해할 정도로 쉽게 설명하지 못한다면 제대로 아는 것이 아니다."

– Albert Einstein –

파인만은 호기심에 이끌려 독서했고, 평생에 걸쳐 모르는 것들을 알아가는 배움의 과정을 즐겼다. 특히 그에게 배움의 완성은 '설명'이었다. '쉽게 설명하지 못한다면 제대로 아는 것'이 아니라고 말했던 아인슈타인의 말이 그의 독서법에 그대로 반영되어 있었던 것이다.

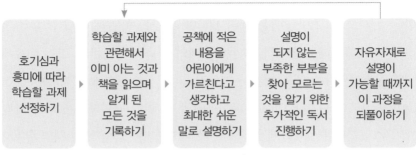

| 호기심과 흥미에 따라 학습할 과제 선정하기 | 학습할 과제와 관련해서 이미 아는 것과 책을 읽으며 알게 된 모든 것을 기록하기 | 공책에 적은 내용을 어린이에게 가르친다고 생각하고 최대한 쉬운 말로 설명하기 | 설명이 되지 않는 부족한 부분을 찾아 모르는 것을 알기 위한 추가적인 독서 진행하기 | 자유자재로 설명이 가능할 때까지 이 과정을 되풀이하기 |

[파인만의 독서법]

그의 독서법은 후대에 '파인만 기법(The Feynman Technique)'이라 불리며, 빌게이츠(Bill Gates), 엘론머스크(Elon Musk) 등 내노라하는 인물들의 독서법으로 사랑받기에 이른다.

빌 게이츠	리처드 파인만	엘론 머스크
독서하기 전에 밑그림 그리기	호기심과 흥미에 따라 학습할 과제 선정하기	독서하기 전에 의미의 나무 그리기
책을 읽으며 밑그림의 칸막이를 나누고 지식배치하기	학습할 과제와 관련해 책을 읽으며 알게 된 모든 것을 기록하기	책을 읽으며 큰 줄기, 작은 줄기, 나뭇잎 순으로 뻗어나가기
전체 밑그림하에서 지식은 조각이 아니라 흐름으로 남는다	부족한 부분을 찾아 모르는 것을 알기 위한 추가적인 독서 진행하기	튼튼하게 뻗어나간 줄기가 있어야 나뭇잎 하나까지 끝까지 매달려 있을 수 있다.

이들의 공통점은 '밑그림', '의미의 나무'로 표현된 호기심과 흥미에 따라 도출한 과제(주제)를 독서의 출발점으로 삼았다는 점이다. 이는 아이가 가진 흥미와 호기심만이 책을 읽는 목적과 동기를 형성해준다는 필자의 견해와도 일치한다. 그런데 문제는 이들의 독서법을 기계적으로 해석해 각 절차와 방법을 반드시 지켜야 할 것인 냥 강요한다는데 있다. 더욱이 누군가(부모, 교사)의 목적(과제)을 독서의 이유로 삼아야 하는 상황이 문제의 심각성을 더한다. 첫 단추부터 잘못 꿴 독서에서 호기심(의미의 나무)으로부터 뻗어나간 줄기와 나뭇잎을 기대하는 건 불가능에 가깝다. 그저 기억을 강요받은 나뭇잎(지식)만이 그 의미를 찾지 못한 채 잠시 머릿속에 머물다가 사라질 뿐이다.

'놀이의 반대는 일이 아니라 우울함에 있다'

− Brian Sutton−Smith −

놀이 심리학자인 브라이언 서튼스미스의 말처럼 공부, 일, 놀이의 구분은 철저히 개인의 심리적 상태에 기인한다. 만일 독서가 회피의 대상이고, 부정적인 스트레스를 유발한다면, 말할 것도 없이 놀이의 반대편에 서있는 것이다. 당연히 이런 상태에선 파인만 기법, 그 이상의 독서법이 적용되더라도 단계 단계마다 고통을 가중하는 요인으로 작용할 뿐, 긍정적인 효과를 기대하기 어렵다. 반면 자신의 호기심과 흥미에 따라 자기목적을 가지고 독서를 즐기는 아이에겐 독서와 놀이의 경계란 존재하지 않는다. 여기서 독서법은 책을 재료로 한 일종의 놀이규칙이며, 깊은 몰입으로 이끌어내는 '길라잡이'와 같다.

그런 의미에서 독서는 스테빈스(Stebbins)가 말하는 '진지한 여가(Serious Leisure)'로도 볼 수 있다. 철저히 자신의 선택과 자율이 보장되는 여가의 특성상 자기목적적 활동은 기본전제다. 진지한 여가의 중심에 '자기주도적 학습(Self-Directed Learing)'이 자리하고 있으며, 이런 학습환경에서 배움의 진지함이 여가의 즐거움을 완성해 준다고 보았다. 여가시간에 집어든 책을 통해 몽상가처럼 자유로운 상상의 나래를 펼치고, 생각의 흐름에 따라 꼬리에 꼬리를 잇는 물음표로 채워나갈 수 있다면, 게다가 '혼자'가 아닌 '함께' 앎의 기쁨을 느끼고 상호존중의 묘미를 깨닫도록 해준다면, 독서는 자투리 시간을 할애해서라도 끊임없이 경험하고 싶은 진지한 놀이가 될 것이다.

'놀이가 진지함이 되고, 진지함이 놀이가 된다.'

—Johan Huizinga—

잼공 SOLUTION ㊵ 파인만의 독서비결, 메타인지에 있다

루이스 터먼 교수가 이끄는 연구진은 1921년 IQ140이 넘는 학생들을 임의로 선정하여 35년간 추적 조사를 했습니다. IQ(지능지수)와 성공의 상관관계를 확인하기 위해서 시작된 연구는 예상과 다른 결과로 나타났습니다. 물론 사회적으로 성공한 사람들이 있긴 했지만, 그 비율은 지극히 평범한 사람들과 별반 다르지 않았습니다. IQ가 성공의 열쇠가 아니라는 사실이 드러난 것이죠. 성공의 열쇠를 IQ나 시험성적이 쥐고 있었던 것이 아니었습니다. 그렇다면 어디에 성공의 열쇠가 존재할까요? 그것은 메타인지에서 찾을 수 있습니다. 메타인지는 아는 것과 모르는 것을 구분하는 힘, 나의 사고를 바라보는 또 하나의 눈이라 불립니다.

이 책 본문의 파인만 독서법처럼 아는 것과 모르는 것을 점검하며 독서를 진행하는 방식이 메타인지 향상에 매우 긍정적인 영향을 미치기 마련이죠. 메타인지가 뛰어난 아이들은 무엇을 얼마나 더 학습해야 할지를 계획하고 실천하는 능력이 뛰어납니다. 자신이 무엇을 알고 모르는지를 명확하게 알기 때문에 최적의 학습 전략을 세울 수 있기 때문입니다. 메타인지는 '질문'과 '설명'을 통해 얼마든지 신장될 수 있습니다. 파인만의 독서법에서 아는 것과 모르는 것을 구분하기 위해 쉬운 말로 고쳐서 설명하는 활동이 여기에 해당하죠. 프로젝트학습과 같이 질문과 설명으로 채워지는 학습환경이 독서활동과 연결된다면 메타인지가 더 활성화되기 마련입니다. 그런 의미에서 독서와 프로젝트학습의 만남, '잼공독서프로젝트'를 자녀 혹은 학생들과 더불어 꼭 실천에 옮겨 보길 바랍니다.

비주얼하게 노트하기

IMAGE(그림) VS TEXT(글)
어떤 것이 오래 기억에 남을까?

초등학교
동창이잖아. 근데 이름은
뭐였더라.

걔,
알지?

응..

OK

어디서 본 것
같은데, 누구지?

사실, 우리는 모든 사물을
텍스트가 아닌 이미지로 기억하는 데 익숙해.

우와, 말로 표현할 수 없을
정도로 아름답다.

이미지에 생각을 담기도 하고
이미지를 통해 생각을 꺼내기도 하지.

하늘에 맛있는 솜사탕이 있네. 저기엔
예쁜 고래가 헤엄치고 있어.

이 그림에는
어떤 생각이
담겼을까?

[거울 앞에 소녀,
피카소 1932년 작품]

에잇, 정말
재미없는 책이야.

무시작이네

재미없어

건뻘야?

그러니 교과서에 적힌
수많은 글들이 기억에
남지 않는 것도 당연해.

토닥토닥~
텍스트를 텍스트 그대로 머릿속에
기억하려니 어렵게 느껴지는 거야.
당연히 재미없을 수밖에……

우리 뇌가 가진
본능에 충실해 볼까?

나는야 뇌석남.

텍스트로 접하는 수많은 지식들을
이미지화시켜 보자고.

익숙하지 않아서 그렇지
어떤 누구나 할 수 있어.
원래 우린 그렇게 태어났으니까 말이야.

지루한 수업시간이면, 머릿속에 떠오르는 대로
낙서하길 즐겨하는 학생이 많지?

수업이 시작되면, 거의 본능적으로 공책에
긁적이는 자기 자신을 발견하곤 할 거야.

물론 '공부'라는 목적을 가진 행위가
낙서와 같은 것일 수는 없을 거야.
하지만 '낙서'라는
우리에게 너무도 익숙한 방식을 활용해
공부한 내용을 그려보는 것이
얼마든지 가능해.

누구든 비주얼하게
씽킹할 수 있지.

막막할 수도 있으니
몇 가지 예를 보여줄게.
참고만 하면 되는 것이니
똑같이 하려고 애쓰진 말고,
낙서에 정해진 방식이 없듯,
그냥 자기만의 방식대로
그리면 될 거야.

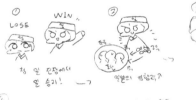

6학년 서민주 학생의 공책 엿보기
(2017년 작품)

아래의 예는 개념지도인데, 배운 내용을 핵심개념(용어) 중심으로 정리하는 것이 특징이야.
다양한 표현방식이 존재하지만, 일반적으로 평소 익숙하게 접해왔던
'마인드맵(mind map)'처럼 나타내는 경우가 많더라고.

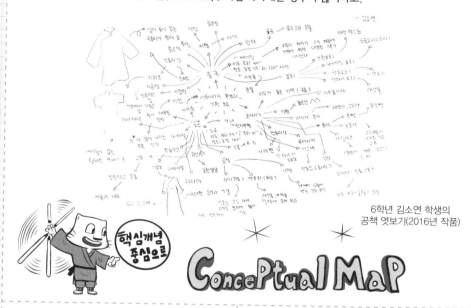

6학년 김소연 학생의
공책 엿보기(2016년 작품)

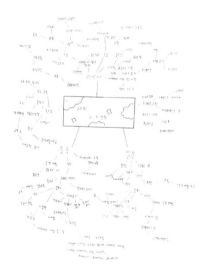
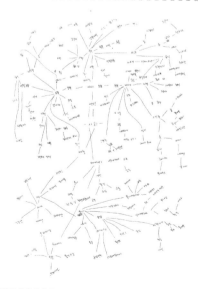

배운 내용을 타이포그래피로 표현해 보면
어떨까? 타이포그래피는 글자를 이용한 모든
디자인을 말하는데, 상당히 즐거운
활동이 될 거야.

6학년 최인서 학생(2016년 작품)

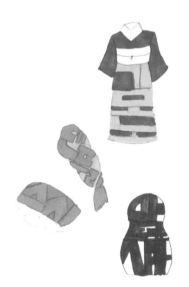

6학년 김규민 학생(2016년 작품)

Infographics

한 걸음 더 가볼까? '인포그래픽'이라고 들어봤어?
'정보시각화'라고도 하는데, 다양한 표현방법이 있어.
타이포그래피도 정보를 담고 있다면 인포그래픽의
범주 안에서 이해할 수 있어. 이런 측면에서 앞서 제시한
예도 어떻게 보면 인포그래픽 작품이라고도 볼 수 있겠지.

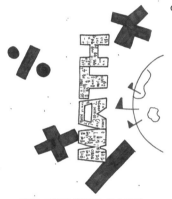

6학년 조윤빈 학생(2016년 작품)

6학년 왕세은 학생(2016년 작품)

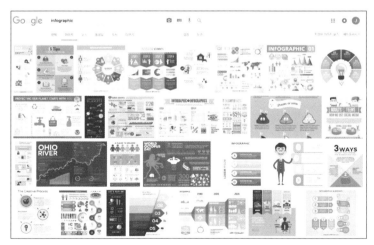

구글(www.google.co.kr)에서 'Infographic'으로 검색해보면 세계인들이 즐겨 사용하는
인포그래픽 사례를 쉽게 확인할 수 있어. 많이 보면 볼수록 참신한 아이디어를 잔뜩 얻을 수 있을거야.

비주얼하게 노트하기

자, 지금부터 나만의 방식으로 비주얼하게 씽킹해볼까?

프로젝트학습 과정에서
공부한 내용을 시각화시킬 수 있도록 해보자.

프로젝트학습을 통해 빚어낸
특별한 보물들을 나만의 공간에
가득 담아보는 것은 어떨까

10부

비주얼 리터러시
(Visual Literacy),
읽는 독서에서
보는 독서로…

우리는 평소에 '책을 보다'와 '책을 읽다'를 엄격하게 구분 짓지 않고, 비슷한 의미로 혼용해서 사용하곤 한다. 이는 통상적으로 '보는 것'과 '읽는 것', 모두 시각을 통해 이루어진다는 전제와 연결된다. 그러나 엄밀히 따져보면, 그와 같은 전제엔 오류가 있다. 시각을 통하지 않더라도 읽기가 가능한 경우도 있기 때문이다. 시각장애를 가진 사람들이 손가락의 촉감을 이용해 점자를 읽어내는 것만 봐도 알 수 있다. 문자의 형태를 구분하는 데 시각을 이용하는 것이 가장 수월한 방법이지만, 촉각과 청각을 통해서도 얼마든지 '읽기'가 가능하다.

이렇듯 읽기는 '문자Text'의 특성, 즉 고유의 형태와 발음, 자음과 모음의 기본구조를 아는 것과 연결된다. 여기서 시각, 촉각 등 언어와 무관한 기능을 수행하던 감각기관들이 읽기와 관련된 기능을 수행하려면, 후천적인 학습이 뒤따라야 한다. 전담 유전자의 개입 덕분에 태어나자마자 옹알이를 시작하며 향상되는 듣기·말하기 능력에 비해 읽기·쓰기 능력은 상대적으로 더디다. 인류의 생물학적 진화역사(약 5백만 년)에서 난데없이 등장한 문자라는 문화적 발명품을 맡아줄 전담 유전자가 없기 때문에 더욱 그렇다.

아이들이 말하듯 글을 배우면 좋겠지만 그것은 부모의 희망사항일 뿐이다. 설사 문자고유의 발명원리에 따라 체계적인 학습과정이 제공되었더라도 아이마다 배우는 속도가 다르고, 그만큼의 편차도 생기기 마련이다. 말을 빨리 배우고 잘 구사한다고 해서 글을 빨리 읽고 잘 쓴다는 보장도 없다. 온갖 책을 읽고, 받아쓰기를 해가며 치열하게 문자를 익혀왔던 이유이기도 하다. 대부분의 지식과 정보가 책이라는 인쇄매체에 문자로 기록된 시대에서 딱히 다른 선택지를 논하긴 어려울 것이다.

그러나 사진, 영상매체의 발달과 인터넷으로 대변되는 디지털 기술의 발전은 읽지 않더라도 정보와 지식을 기록할 수 있는 시대를 열었다. 책 속의 문자를 해석하는 능력이면 충분했던 과거와 달리, 다양한 형태의 디지털 매체를 능숙하게 다룰 능력이 기본적으로 요구되기에 이르렀다. 문자뿐만 아니라 이미지, 소리, 영상 등 다양한 매체를 통해 접하는 방대한 양의 지식과 정보를 자기만의 방식으로 해석하고, 창의적으로 생산할 수 있는 능력이 필요해진 것이다.

왜, 독서교육이 문자 중심의 전통적인 읽기교육에서 과감히 탈피해 새로운 리터러시 교육으로의 변화를 담아야 하는지 알 수 있는 대목이다. 문자를 읽고 해석하는데 중점을 두던 좁은 의미의 독서를 확장시켜 멀티미디어 세상에 부합하는 보다 융합적인 독서교육, 이제 '읽는 독서'에서 '보는 독서'로의 전환을 꾀할 때이다.

잼공 SOLUTION ④ 독서를 시작하는 과정에서의 부모역할은 이것!

아이들의 독서권리를 보장해준다고 해서 부모의 역할이 없는 것은 아닙니다. 아이들이 독서를 깊은 몰입에 빠지려면 그것을 뒷받침할 환경이 필요하죠. 이를 위해선 어느 누구보다 부모의 역할이 중요합니다. 기본적으로 어떤 역할이 필요할까요? 먼저 독서를 시작하는 과정에서의 부모역할을 살펴보도록 하겠습니다.

❶ 아이의 흥미와 호기심이 머무는 곳 파악하고, 해당 분야(주제) 도서 추천하기

연령별 추천도서 리스트는 그저 참고자료일 뿐입니다. 그 이상의 무게중심을 두면 안 됩니다. 정말 중요한 부분은 아이의 관심이 머문 곳입니다. 아이의 관심을 미리 파악하고 관련 책들을 찾아 적극적으로 추천해주세요. 물론 선택은 아이의 몫입니다. 부모가 추천한 책 10권 중에 아이가 2~3권만 선택해줘도 고마운 일이지요. 추천한 모든 책을 아이가 거부할 경우, 번지수를 잘못 찾았을 가능성이 높습니다. 애꿎은 아이 탓은 절대 하지마시고, 흥미와 호기심이 머무는 곳이 어딘지 다시 살펴보세요.

❷ 자율적이며 민주적인 따뜻한 독서 분위기 조성하기

자율적이며 민주적인 분위기는 시작부터 마지막까지 유지해야 할 독서환경입니다. 첫 단추에 해당하는 민주적인 분위기 조성은 아이들이 가진 독서관리를 보장하고 인정하는 것으로부터 시작됩니다. 자발적인 독서가 이루어질 수 있도록 부모 역시 모범을 보여줄 필요가 있습니다. 적어도 아이가 독서를 하는 동안 만큼은 가족 구성원 모두가 책읽기에 동참해주세요.

❸ 한 달에 한번 온 가족이 모여 독서리스트 작성하기

매월 첫 주에 아이와 함께 독서계획을 세워보세요. 독서계획이라고 하니까 거창한 것 같지만, 실제론 그렇지 않습니다. 인터넷을 통해 읽고 싶은 책들을 찾아보고, 한 달간 독서할 리스트를 짜보는 활동이라고 이해하면 되는데요. 아이뿐만 아니라 부모도 함께 참여하는 가족문화가 되도록 하는 것이 핵심입니다. 독서계획에 웹소설이나 웹툰도 포함시킨다면, 평소 책을 즐겨 읽지 않는 아이까지 적극적으로 참여할 가능성이 높습니다. 물론 아이가 웹소설과 웹툰만 읽기 바라지 않을 테니, 특정 매체에 편중되지 않을 조건을 합의해 적용할 필요가 있겠죠?

❹ 성취감을 주는 독서미션 제시하기

아이들의 흥미를 확장시켜줄 독서미션을 준비해보세요. 이왕이면 다소 난이도가 높고, 분량이 많은, 시리즈로 구성된 책이 미션 대상으로 좋습니다. 아이의 취향을 고려해 공인된 시리즈(영화로 제작된 소설)나 웹소설(드라마로 제작된 소설)을 미션으로 제시하면 성공확률이 높습니다. 물론 미션을 제시할 때 아이의 동의를 받기 위한 설득과정이 있어야 합니다. 아이들이 하나의 독서프로젝트 과제로 인식하도록 만들려면 기복 없는 꾸준한 실천이 뒷받침돼야 합니다. 다만 기한을 정해놓고 완독을 압박해선 절대 안 됩니다. 천천히 완주하도록 기다려주고, 과정에서 격려와 칭찬을 아끼지 말아주세요.

21세기,
책의 범위는 어디까지일까.

"앞으로 종이책 시장은 죽을 것이다."

전자책(e-book)이 처음 등장했을 때, 많은 전문가들이 종이책의 종말을 예상했다. 2010년 무렵 전자책 매출이 1000% 이상 급증하자, 정말 종이책의 종말이 현실로 다가오는 듯했다. 그러나 결과적으로 호기롭게 내세웠던 예측들은 완전히 빗나갔다. 디지털화된 음악산업처럼 출판산업 역시 같은 길을 걷게 될 거라고 예측하고 뛰어들었던 업체들은 고전을 면치 못하고 있다. 종이책의 종말이 아닌 전자책의 종말을 우려해야 할 판이다.

사람들이 저렴한 전자책보다 값비싼 종이책을 선호하는 까닭은 무엇일까. 전자책이 가격적 우위에 있음에도 불구하고 종이책을 대체하지 못하는 데는 그만한 이유가 있다. 거기에는 '종이'라는 대체 불가능한 재료가 큰 몫을 차지한다. 이는 가볍고 저렴하며 튼튼하기까지 한 플라스틱 소재의 책상과 식탁에 대한 소비자의 반응을 통해서도 확인할 수 있다. 플라스틱으로 나무의 질감과 감성을 어느 정도 흉내 냈다하더라도 소비자의 반응은 냉담하다. 종이책도 마찬가지다. 전자책으로 책장 넘기는 효과를 구현했다하더라도, 실제 책장 넘기는 손맛을 따라가긴 어렵다.

종이책과 전자책의 피드백 자체도 다르다. 종이책은 첫 장에서 시작해 마지막 장까지 한 장씩 넘기며 도달하는 방식인데, 300쪽 분량의 책이라면 대략 150회 가량 책장을 넘겨야 한다. 책장을 넘길 때마다 줄어드는 종이두께는 독서과정 자체의 성취감으로 이어진다. 시각과 촉각이 어우러진 책의 감성은 시각과 청각에 의존하는 전자책과 분명 다른 피드백 환경을 제공한다. 애당초 종이책을 흉내 낸 전자책(가짜)이 종이책(진짜)을 대체한다는 것 자체가 어불성설이었을지 모른다.

그렇다면 '책'이라는 독보적인 인쇄매체에 견줄만한 디지털 매체는 없는 것일까. 결론부터 말하자면, 당연히 있다. 그것도 맹렬한 기세로 성장하고 있는 중이다. 종이책을 전혀 닮지 않았음에도 수많은 독자들이 이미 열광하고 있다. 2013년 약 100억원에 불과했던 시장규모는 2018년 4300억원에 이를 정도로 비약적으로 성장했다(한국콘텐츠 진흥원 통계). 단, 5년 만에 40배 이상의 성장을 기록할 정도로 새로운 독자들이 빠르게 유입되고 있다는 얘기다. 여기에 웹툰까지 더하면 시장규모(약1조 5천억원, 2019년 기준)는 훨씬 더 커진다.

게다가 누구나 작가로 데뷔해 소설을 쓰고 출판할 수 있는 환경을 제공해주고 있다. 특이하게도 이들 콘텐츠 가운데는 독자들과의 상호작용을 통해 완성도를 높여가는 작품들도 있다. 이는 소통과 공유에 최적화된 웹 플랫폼을 기반으로 하고 있기에 가능한 일이다. 굴지의 인터넷 기업들이 제공하는 웹 플랫폼에는 매일매일 새로운 소설들이 업데이트되고 있다. 독자들은 이곳에서 자유롭게 다양한 장르의 소설을 읽을 수 있다. 굳이 종이책을 통하지 않더라도 손안의 디지털기기나 컴퓨터만 있으면 된다. 여기서 독자들은 책장을 넘기는 대신, 마우스 스크롤로 화면을 내리며 소설을 읽는다.

[웹소설 구르미 그린 달빛(글 윤이수)]

사실 웹소설을 읽는 모습은 SNS, 블로그 등의 인터넷 게시글을 읽던 일상의 모습들과 다를 바가 없다. 컴퓨터 모니터와 스마트폰 화면으로 소설을 읽는 모습에서 전통적인 책읽기의 감성을 엿보기 어렵다. 그래서일까, 독서범주에 웹소설이나 웹툰을 포함시키길 꺼려한다. 당연한 것처럼, 독서율 통계에도 잡히지 않는다. 전통적인 책의 형태(종이책, 전자책)를 유지하고 있는지가 독서여부를 결정짓는 매우 중요한 기준인 셈이다. 이런 차별은 설사 동일한 작품이더라도 예외를 두지 않는다. 「구르미 그린 달빛」이 2150페이지에 달하는 방대한 분량(출판 기준)의 장편소설임에도 웹소설이 아닌 종이책으로 읽어야만 독서로 인정되니 말이다.

　이런 측면에서 우리의 독서율 통계는 상당히 왜곡됐다고 볼 수 있다. 오랜 세월 뿌리 깊게 자리하고 있는 독서라는 정형화된 틀은 매우 완고해서 그 범위를 상당히 좁혀서 해석하려는 경향이 뚜렷하다. 손으로 책장을 넘기든, 마우스 스크롤을 이용해 화면을 내리든 본질상 달라지는 것이 없는데도 말이다. 독서를 특별한 형식 안에서 누리는 고상한 취미생활 쯤으로 여겨선 곤란하다. 이제 우리는 독서라는 정형화된 행위와 책이라는 형태로부터 자유로워질 필요가 있다. 어떤 매체에 담겨있던, 중요한 것은 콘텐츠의 질이 아닐까.

　　"책이라는 인쇄매체가 전부이던 과거의 방식으로 다양한 매체환경 속에 살아갈 아이들을 가르쳐선 곤란하다. 다양성과 창의성은 이분법적인 관점, 편협한 시각에서 벗어나야만 싹을 틔울 수 있다. 어떤 종류의 차별이든 사고의 확장을 가로막는 배타적 경계를 만들며, 그만큼 편협한 관점을 형성한다. 중요한 것은 콘텐츠의 질일 뿐, 그것을 담아낸 매체에 있는 것이 아니다."

　　　　　　　　　　　　　　－ 정준환, 「잼공독서프로젝트 1탄」(상상채널), 147쪽 본문 중

SOLUTION 42 독서가 진행되는 과정에서의 부모역할은 이것!

독서를 시작하는 과정이 제일 중요하지만, 독서가 진행되는 과정에서의 부모의 역할도 이에 못지않게 필요합니다. 그렇다면 어떤 역할이 필요할까요?

❺ 독서과정에서 퍼실리테이터(촉진자), 동료학습자가 되어주기

책장에 꽂혀 있는 책들 가운데 똑같은 내용의 책은 없습니다. 모두가 다른 제목과 내용을 가진 책이죠. 독서라는 동일한 행위를 하는 듯싶어도 항상 다른 세계를 접하고 있는 것입니다. 당연히 책을 읽는 과정에서 궁금한 점이 많이 생기겠죠? 아이들이 호기심이 생기면 질문을 많이 할 겁니다. 그럴 때 귀찮다고, 바쁘다는 이유로 외면해서는 안 됩니다. 오히려 좋은 학습 기회로 여기고 동료학습자가 되어 함께 찾아보고 알아보는 시간을 갖도록 해주세요. 때론 아이들의 질문에 질문을 더해 흥미가 확장되도록 하는 것도 필요합니다. 아이의 독서과정에서 학습을 촉진자(Facilitator), 동료학습자(Co-Learner)로서의 역할을 수행해주세요.

❻ 자신만의 독서를 할 때까지 기다려주기

독서권리와 선택의 자유가 보장된 환경에서 스스로 척척, 효율적으로 계획을 세워 책을 읽으면 좋겠지만, 그러지 못할 경우가 많습니다. 경우에 따라 엄청난 자율성이 선택을 어렵게 해서 표면상으로 우왕좌왕하는 듯 보일 수도 있죠. 답답한 나머지 지시하고 참견하면 그동안의 모든 수고가 허사가 됩니다. 어떤 혼란이든, 갈등이든 겪어야 하는 시간들이 있습니다. 첫 술에 배부르긴 힘들겠죠? 이때 부모의 '기다림'이 정말 중요한 미덕이 됩니다.

❼ 우리 아이에 대해 확신 갖기

아이가 기대하는 만큼 독서에 집중하지 못하면 실망하기 마련입니다. 아이는 아이 나름의 속도가 있는데 부모는 자기 속도로 바라보기 십상이죠. 부모가 아이를 불안하게 바라보면, 아이 스스로 자신에 대한 확신을 갖기 어렵습니다. 이때 긍정의 힘이 필요합니다. 아이에 대한 '확신'을 수시로 표현해주세요. 아이에 대한 부모의 확신은 자기 확신으로 이어져서 자기효능감을 높입니다.

33 다양한 매체를
독서의 마중물로 삼다

"아빠, 요즘책방에서 멋진 신세계를 소개해줬는데
너무 재미있을 것 같아요."

화요일 저녁 8시쯤엔 어김없이 TV 앞으로 간다. tvN「책 읽어 드립니다」에서 설민석 선생님의 강독을 듣고, 독서가들의 이야기를 들으니까 책에 대한 호기심이 생기나보다. 바로 나는 그 자리에서 인터넷 서점으로 들어가 주문을 넣었다.

"디스토피아를 그린 3대 작품에 1984와 동물농장도 있네요.
같이 보고 싶어요."

2008년 스티브잡스Steve Jobs가 들고 나온 아이폰은 이전에 없었던 혁신
적인 디지털 세상을 열었다. 손 안의 작은 기기에는 음성통화뿐만 아니라
음악을 듣고, TV를 보며, 사진과 영상을 촬영하는 등의 기능이 추가됐다.
무엇보다 인터넷 세상을 자유롭게 이용할 수 있으며, 컴퓨터에서만 구동
되던 대부분의 소프트웨어들이 하나하나 앱(App.)으로 제공됐다. 그야말
로 모든 매체의 하드웨어와 소프트웨어가 하나로 통합된 컨버젼스(Con-
vergence) 시대의 개막을 알리는 상징적인 사건이었다.

이러한 기술혁신의 산물은 일상 속 깊숙이 자리 잡아 우리의 삶과 문화
에 지대한 영향을 미치고 있다. 태어났을 무렵부터 우리 아이들은 이런 시
대를 자양분으로 삼아 성장했고, 매체를 넘나들며 기성세대와 사뭇 다른
감성을 키워왔다. 매체의 구분과 용도를 분명히 하는 어른들의 시각과 달
리 어떤 경계에 구애받지 않으려하며, 매체별 적응력도 상당히 높다. 아날
로그적 사고에 익숙한 부모의 독서관과 아이의 독서관이 다를 수밖에 없
는 이유이기도 하다. 이러한 아이들은 저자의 생각과 책에 담긴 내용을 단
순히 수용하는데 만족하지 않는다. 책에 대한 다양한 생각을 수렴하고 이
를 재료로 소통하길 즐겨한다. 대형출판기업들이 앞 다퉈 유튜브 채널을
개설하고 운영하고 있는 것도 변화하는 독자들의 성향과 무관치 않다. 이
곳에선 책에 얽힌 각종 리뷰, 비하인드 스토리, 유명 작가의 강연, 북토크
등 참신한 신규 콘텐츠를 내세우며 독자와의 소통을 강화하고 있다. 유

수의 방송사들의 책을 재료로 한 예능프로그램들도 시청자들의 좋은 호응을 얻고 있다. 여기서 소개된 책들은 다음날 어김없이 판매부수가 급증할 정도로 독자들의 마음을 사로잡고 있다.

[유튜브 채널 '민음사TV'와 '문학동네']

개인이 유튜브(youtube.com) 채널을 개설해 책과 관련된 다양한 영상을 올리는 북튜버(Book+Tuber)의 활약도 대단하다. 유명 북튜버가 소개한 책들이 베스트셀러에 오를 정도로 그 영향력은 상상이상이다. 개개인의 개성이 묻어난 쉽고 재미있는 책 리뷰는 독서동기를 자극해 시청자로 하여금 추천한 책의 독자가 되도록 만든다. 책을 읽은 시청자들은 어김없이 댓글을 통해 관련후기를 남기고. 책을 재료로 한 활발한 소통을 이어간다.

[북튜버의 개인채널 '겨울서점'과 '락서']

거꾸로 인기 유튜버의 동영상 콘텐츠가 책으로 만들어져 독자들의 사랑을 받기도 한다. 관련 유튜브 영상들을 봤음에도 굳이 책을 구입해 읽는다. 이렇듯 매체별 장점이 상호보완적으로 작용해 콘텐츠를 보다 깊이 있게 소비하도록 이끈다. 여기서 특정 매체가 특정 콘텐츠를 독점하는 식의 배타성은 찾아보기 힘들다.

[유튜버 '박막례'와 '대도서관'의 책표지]

이미 영화, 드라마, 웹소설, 웹툰 등의 경계가 사라진지 오래다. 영화의 각본과 콘티가 책으로 만들어지고, 인기가 높은 웹소설과 웹툰이 영화와 드라마로 만들어지고, 동시에 책으로도 출판되기도 한다. 애초 기획 단계부터 영화(드라마)제작과 출판을 고려해 준비되기도 한다. 이처럼 매체의 경계를 넘나드는 콘텐츠의 확산은 그 자체가 새로운 독서환경이 되면서, 하나의 문화로 자리매김하고 있다.

[영화 '기생충'과 '신비한 동물사전' 각본집]

"영화를 관람하기 전에 책을 읽어야 합니다. 영화부터 관람하면 책에 대한 흥미를 잃게 되고, 상상력을 제대로 발휘하지 못하게 됩니다."

일반적으로 원작이 있는 영화라면, 관람하기 전에 책을 먼저 읽어야 한다는 생각을 갖는다. 틀린 말은 아니다. 원작의 내용과 표현 등이 영화에서 어떻게 그려졌는지 비교하며 보는 재미도 솔솔 할 테니 말이다. 그렇다고 '先선 책, 後후 영화'를 독서의 공식처럼 여겨선 곤란하다. 특히 평소 책을 가까이 하지 않는 아이에게 독서가 영화를 보기 위한 과제나 조건으로 인식될 위험이 있다. 애당초 인상 깊을 정도로 재미있었던 책이 영화로 만들어진다면, 아이 스스로 개봉일을 손꼽아 기다릴 것이다. 굳이 순서를 정하지 않더라도 독서의 재미가 영화관람 동기를 자극하게 된다.

오히려 독서동기만을 놓고 본다면, '先선 영화, 後후 책'이 더 효과적이다. 영화에서 느낀 재미와 감동이 관련 책(원작 포함)에 대한 관심으로 이어져 독서 욕구를 자극한다. 우리는 재미있게 관람한 영화의 여운이 관련 책에 대한 관심으로 이어지는 예를 많이 경험했다. 방송에서 소개해 준 인상적인 작품이나 북튜버의 리뷰가 실제 독서로 이어지는 경우도 동일한 맥락에서 이해할 수 있다.

"우와, 여기 겨울왕국 책이 있어요.
읽고 싶어요."

디즈니 애니메이션 「겨울왕국2」를 보고나서 엘사의 펜이 되어버린 딸은 여운이 남아있는지 동일한 제목의 책을 사달라고 조른다. 가리킨 방향을 보니 겨울왕국의 오리지널 소설이 보인다.

"아빠, 이 책은 겨울왕국인데,
완전 다른 이야기에요. 재미있을 것 같아."

책의 내용을 이리저리 살펴보던 딸의 관심은 3권의 책을 향하고 있었다. 나는 지체 없이 딸의 요구대로 3권의 책을 집어 들고 계산대로 향했다.

"이건, 아빠 선물!"

설사 책의 내용과 결말을 다른 매체를 통해 사전에 알게 됐더라도 그것이 독서의 흥미를 좌우하진 못한다. 재미있는 책을 수차례 반복해서 읽듯이 영화와 책, 유튜브를 넘나들며 동일한 콘텐츠를 소비하는 것은 그 자체만으로도 즐거운 일이기 때문이다. 조금만 눈을 돌리면, 유튜브, TV, 영화, 공연, 게임 등 독서의 마중물 역할을 해줄 훌륭한 콘텐츠들이 가득하다. 부디, 매체와 콘텐츠를 제한해가며 독서를 시키던 과거의 방식에서 벗어나 21세기 컨버전스 시대에 걸맞는 독서교육을 실천해보길 바란다.

> "핀란드 헬싱키에 위치한 오디도서관을 주목해볼 필요가 있다. 남녀노소 누구나 이용할 수 있는 도서관으로 일반적인 책 이외에도 만화, 영화, 게임, 악보, 잡지 등을 자유롭게 이용할 수 있다. 친구와 가족 간의 자유로운 교류가 보장되는 열린 공간으로서 어느 장소에서든 이야기를 나눌 수 있다. 음악녹음, 사진 촬영을 위한 스튜디오, VR을 포함한 게임을 위한 전용공간, 주방시설, 3D프린터, 디지털 커팅기, 재봉틀 등을 구비한 메이커 공간 등등 다양한 매체의 콘텐츠를 소비하고, 동시에 생산할 수 있는 창조적인 환경을 제공한다. 21세기에 부합하는 독서환경이 무엇인지 핀란드 오디도서관은 제대로 보여주고 있는 것이다."
>
> — 정준환, 「잼공독서프로젝트 1탄」(상상채널), 147쪽 본문 중

잼공 SOLUTION ㊸ 아이와 함께 책박물관에 가볼까?

　책의 과거와 현재를 담은 전시공간과 다양한 경험을 제공하는 공간까지 다채롭게 꾸며진 책박물관이 있습니다. 공립으로 운영하는 우리나라 최초의 책박물관인데요. 서울 송파구에 위치에 있어서 「송파책박물관」이라고 불립니다. 이곳에는 기획전시, 상설전시, 어린이 전시 공간 외에도 박물관 내부와 모두 연결된 독서공간인 어울림홀이 마련되어 있습니다. 더불어 북키움, 키즈스튜디오 등의 교육공간에서는 책박물관의 특성에 맞는 다채로운 교육프로그램이 개설되어 운영 중에 있습니다. 책박물관에서 아이와 더불어 특별한 독서경험을 만끽해보는 것은 어떨까요? 휴관일은 매주 월요일, 입장마감은 오후5시 30분, 관람료는 무료라고 하니까 이용에 참고하세요. 자세한 내용은 홈페이지에서 확인할 수 있습니다.

송파책박물관(bookmuseum.go.kr)

34 양손잡이 읽기 뇌,
매체별 문해력은 필수!

"엄마, 너무 심심해. 언제 끝나?"

"저기서 책 읽고 있으렴."

"싫어, 싫어! 지루하단 말이야. 심심해, 심심해!"

모처럼 친구들과 만나 좋은 시간을 갖고 있는데, 아이가 심심하다고 보챈다. 이럴 땐 정말 어쩔 수 없는 노릇이다. 결국 스마트폰을 꺼내 아이에게 건넸다. 그러자 이내 보채던 아이의 모습은 사라지고, 나와 아이 사이에 평화가 찾아왔다.

부모의 달콤한 휴식을 보장받는데 스마트폰이 큰 역할을 한다. 이런저런 이유로 어린 자녀에게 스마트폰을 허용해주는 모습은 우리 주변에서 종종 볼 수 있는 풍경이기도 하다. 스마트폰이 건네지면, 아이들은 더 이상 부모를 괴롭히지 않는다. 이럴 때, 부모는 아이들이 스마트폰 중독에 빠질까봐 염려되지만, 예외적인 상황이라 여기며 애써 괜찮을 거라 자위한다. 사실 아이의 주의를 돌리는데, 스마트폰 만한 도구도 없어 보인다.

> "저는 아이들의 정신이 마구잡이로 디지털에 빠져 역효과를 낳도록 방치하기보다는 보다 일찍부터 디지털 학습과 스크린 읽기를 가르쳐야 한다고 확신합니다. 그렇지 않으면 다음 세대의 깊이 읽기 과정은 디지털 매체로 인해 심각한 위험에 처할 것입니다."
>
> – 매리언 울프(역 전병근), 「다시, 책으로」(어크로스), 263쪽 본문 중

무엇이든 지나치면 탈이 나는 법이다. 상식적인 얘기겠지만, 어린 아이일수록 스마트폰 사용에 세심한 주의가 필요하다. 스마트폰의 장시간 사용이 일상적으로 반복되면, 우리 뇌의 읽기관련 신경회로망 구성에 부정적인 영향을 미치기 마련이다. 게다가 자극적인 영상(이미지)과 단순한 언어가 사용된 콘텐츠를 빈번하게 접하면, 난독증을 유발할 수 있다. 특히 전두엽(언어와 사고)과 측두엽(청각)이 집중적으로 발달하는 만5-10세에 더 큰 주의가 필요하다. 아이가 어떤 매체를 사용하든 부모의 관여와 참여가 전제돼야 한다. 평소 디지털 기기는 철저한 통제관리(집에선 스마트폰 사용금지, 안방에 있는 충전기에 꽂아 일괄보관, 1주일 단위로 사용기록 조회 등) 하에 두어야 하며, 디지털 기기 사용은 약속된 시간(매리언 울프는 하루 2시간 이내 사용강조)만큼만 허용하는 것이 바람직하다. 합의된 규칙 없이도 디지털 기기 사용을 스스로 억제하고 조절할 수 있는 아이라면 좋겠지만, 그런 낭만적인 기대는 애초부터 갖지 않는 것이 이롭다. 어떤 이유든 스마트폰 등의 디지털

기기를 아이에게 전적으로 맡기는 일만큼은 없어야 하겠다.

　필자가 이렇게까지 말한다고 해서 아이의 삶에서 디지털 기기 사용을 금지시켜야 한다는 식으로 이해하면 곤란하다. 디지털 세상을 살아가야 할 아이들에게 디지털 매체를 금지시키는 건 그들의 미래를 위해서도 옳은 선택이 아닐 것이다. 어디까지나 디지털 기기의 통제·관리는 매체 간의 균형 유지라는 큰 틀의 전제를 유지하는데 목적을 둔다. 특정 디지털 매체에 빠지게 되면, 이런 균형은 깨지게 될뿐더러 매체별로 요구되는 문해력을 확보하지 못하게 된다. 인지과학자인 매리언 울프(Maryanne Wolf)가 말하는 '양손잡이 읽기 뇌'를 구성하기 어려워진다.

> "우리는 신경과학과 교육, 기술, 특히 다양한 매체와 그 효과에 관한 지식을 활용하되, 우리 사회의 디지털 격차에 유의하면서 2단계에 이를 것입니다. 2단계는 인쇄물 읽기와 디지털 읽기 양쪽의 장점들만 내면화한 코드 전환 양손잡이 읽기 뇌를 구성하는 것입니다."
>
> – 매리언 울프(역 전병근), 「다시, 책으로」(어크로스), 263쪽 본문 중

　아이의 뇌에 어떤 읽기 관련 신경회로망이 구축될지는 전적으로 무엇을 보며 성장했는지, 어떤 시각적 환경에 노출됐는지에 달려있다. 이는 아이의 읽기경험이 어떤 매체에서 주로 이루어졌는지 여부와 연결되는 지점이기도 하다. 만일 어떤 아이가 어렸을 때부터 디지털 기기를 통한 읽기만을 주로 경험했다면 책에 담긴 글을 읽는데 어려움을 느낄 수밖에 없다. 반대로 책을 통한 읽기경험만 있는 아이는 디지털 매체를 통한 읽기가 서툴기 마련이다. 영화화면이 전환되는 속도에 따라 자막을 빠르게 읽어야 하는

것처럼, 각 매체를 통한 다양한 읽기경험은 꼭 필요하다.

이런 측면에서 그녀가 말하는 '양손잡이 읽기 뇌'는 전통적인 읽기의 의미를 디지털 세상에 맞게 확장시키는데 방점을 둔다고 볼 수 있다. 그것은 창의력, 비판적 사고력 등의 생각하는 힘에 의한 이른바 '깊이 읽기'능력을 전제로 한다.

> "분명한 것은 독해력이 문해력의 전부였던 시대는 완전히 끝났다는 사실이다. 이제 독서교육은 '기억'과 '이해'에 머무는 낮은 차원의 문해력이 아닌 '창조'를 품은 높은 차원의 문해력 향상으로 나아가야 한다. 컴퓨터도, 인공지능도 넘볼 수 없는 인간만의 고유한 사고력이 문해력의 핵심을 이뤄야 하며, 그것이 독서교육의 목적이 되어야 한다."
>
> – 정준환, 「잼공독서프로젝트 1탄」,(상상채널), 116쪽 본문 중

아이들로 하여금 비판적 시각에서 책에 담긴 지식과 정보를 소비하고, 이를 재료로 삼아 창의적인 활동을 벌일 수 있는 독서환경을 구현하는 것이 중요하다. 아이들의 창의적인 독서경험을 위해 가정과 학교에서, 엄마와 아빠, 선생님과 더불어 책을 재료로 삼은 다채로운 주제의 프로젝트학습을 펼친다면 충분히 가능할 것이다.

> "독서는 글자를 읽는 것이 아니라 상상으로 보는 행위다. 아이들이 상상의 나래를 펼치는데 책은 그저 재료일 뿐이다. 책의 내용은 시간이 지나면 희미해지고 기억 속에서 아예 사라지겠지만, 상상은 기존의 틀을 깨는 새로운 것을 창조하도록 만든다. 중요한 것은 상상력이며, 문장 하나가 상상의 나래를 펼치도록 이

끌고 있다면 그것으로 충분하다."

― 정준환, 「잼공독서프로젝트 1탄」(상상채널), 70쪽 본문 중

잼공 SOLUTION ④ 특별한 독서여행을 떠나고 싶다면 삼례 책마을!

"삼례는 책이다" 홈페이지에 들어가면 처음으로 만나는 삼례 책마을, 영월책박물관이 2013년 삼례로 이전해 만든 박물관입니다. 이곳은 일제강점기 수탈의 역사를 간직한 양곡창고를 개조하여 만들어졌으며, 책마을센터, 헌책방, 북카페 등을 갖춘 북하우스, 전시 및 강연 시설이 있는 북갤러리, 한국학문헌아카이브 4개의 동으로 구성되어 있어요. 아이에게 특별한 독서여행경험을 제공하고 싶다면 안성맞춤인 장소에요.

11부

생산적인
독서활동을 통해
프로슈머(Prosumer)로
거듭나다

1980년, 미래학자 앨빈토플러가 그의 저서 「제3의 물결」을 통해 처음 소개한 개념인 프로슈머(Prosumer), 그가 만든 신조어는 소비자(Consumer)와 생산자(Producer)의 단순한 통합이 아닌 디지털 융합 시대의 본격적인 도래와 이에 따른 산업의 변화(3차 산업혁명)를 담아낸 핵심키워드다. 오늘날 많은 이들이 인터넷 세상 속에서 다양한 지식과 정보를 소비하고 창의적으로 재생산하길 즐기며 살아가고 있는 것만 보아도, 유튜브, 블로그 등의 1인 미디어들이 매순간 다채로운 지식과 정보를 쏟아내고 있는 것만 보아도 그의 예측은 정확히 맞아 떨어졌다.

이제 우리는 제4의 물결, 즉 4차 산업혁명 시대를 논하는 단계로 접어들고 있다. 머릿속에 그려낸 설계대로 출력이 가능한 3D프린터나 인간보다 더 정교한 로봇기술의 발전이 '메이커(Maker)'로서 개개인이 살아갈 환경적 토대를 제공해주고 있다. 숙련된 기술자가 없이도 원하는 제품을 직접 디자인해서 출력할 수 있는 시대, 가까운 미래에 우리 아이들은 그런 세상 속에 살아가게 될 가능성이 높다.

이렇듯 프로슈머에서 메이커까지 우리 아이들에게 공통적으로 요구되는 방향은 분명해 보인다. 아이들이 프로슈머로, 메이커로 거듭날 수 있도록 하기 위한 새로운 접근방식의 독서교육이 필요한 이유이기도 하다. 단순히 책을 읽는데 그치지 않고, 이들 책이 창의적인 생산성과 연결될 수 있도록 만드는 것이 중요하다. 그렇다면 이런 생산적인 독서활동을 어떻게 벌여나가는 것이 좋을까.

참공 SOLUTION ㊺ 책에 대한 거의 모든 것, 파주출판도시!

파주출판도시, 지혜의 숲을 비롯한 도서관, 헌책방, 북카페 등 책에 대한 거의 모든 것을 체험할 수 있는 매력적인 곳인데요. 특히 이곳에는 열화당 책박물관이 위치해 있습니다. 규모가 작은 책박물관이지만, 예술분야의 도서를 중심으로 1980년대부터 최근까지 출간된 책과 서양고서를 비롯해 1950년대 이전의 근현대 희귀 도서, 옛 잡지들이 전시되어 있습니다. 자녀와 함께 파주출판도시에서 다채로운 책문화체험활동을 벌여보세요.

35 생산적인 독서활동이
창의적인 메이커(Maker)를 만든다

　메이커(Maker)란 무엇일까. 우리들은 특정 제품을 제작한 사람보다는 그가 속한 회사를 가리켜 메이커라는 말을 사용하는데 익숙하다. 동일한 질의 제품이더라도 유명 메이커가 생산 혹은 유통했는지 여부에 따라 가격이 달라진다. 때론 메이커가 어떤 사람의 소득수준, 경제적 지위를 나타내기도 한다. 사람마다 메이커를 선호하는데 있어서 각기 다른 이유를 갖고 있지만, 제품을 직접 만들거나 기여한 사람과는 무관한 경우가 대부분이다.

이미지 출처 : 네이버 국어사전

창조하다 創造-- [창 조하다] 🔊 ★

1. 동사 전에 없던 것을 처음으로 만들다.
2. 동사 신(神)이 우주 만물을 처음으로 만들다.
3. 동사 새로운 성과나 업적, 가치 따위를 이룩하다.

유의어 만들다, 짓다¹, 창출하다

반의어 답습하다, 모방하다

표준국어대사전

왜 그럴까. 이는 메이커의 본질인 '만들다'에 내포된 의미를 살펴봄으로써 이해할 수 있다. 특히 표준국어대사전에 기록된 '창조하다'의 유의어와 반의어를 살펴보면, 그 의미가 명확해진다. 공장으로 대표되는 '답습'과 '모방'에 의한 제조과정 속에 진정한 메이커가 없는 이유가 여기에 있다.

그렇다면 메이커를 어떻게 규정하는 것이 좋을까. 우리나라의 역사적 인물 가운데 메이커로서 명성을 날린 이들을 소환해 본다면 이해가 좀 더 수월할지도 모르겠다. 대표적으로 조선시대의 과학을 한 차원 끌어올린 인물로 평가받는 세종대왕과 장영실을 메이커의 모범으로 꼽아 볼 수 있다. 예를 들어 자격루로 명명된 자동물시계를 만들 때, 각 분야의 기술자들이 참여해 완성했지만, 그것을 만든 사람으로 기록된 것은 장영실과 세종대왕뿐이다. 장영실은 제한된 문헌에도 불구하고 자신의 창의적인 상상력을 토대로 세상에 없던 자동물시계를 설계했고, 세종대왕은 장영실이 설계한 내용을 보완하고 검증하여 최종 승인하였다. 반면 구슬땀 흘려가며 밤낮없이 자격루를 만들었던 기술자들의 공은 역사책, 그 어디에도 남아있지 않다. 무엇인가를 만든다고 해서 무조건 메이커가 되는 것은 아니란 의미다.

발명왕으로 이름을 떨친 에디슨도 그의 생애동안 수많은 창작품을 쏟아냈지만 그것들 모두를 직접 만들 진 않았다. 대부분 에디슨이 그려낸 설계도면에 따라 해당 분야의 기술자들이 심혈을 기울여 구현해냈다. 에디슨이 직접 만들지 않았지만, 그의 창의적인 아이디어에서 비롯된 것이기 때문에 결과적으로 그가 만든 것으로 인정한다. 공교롭게도 세종대왕과 에디슨 모두 지독한 책벌레들이기도 했다. 그들은 전 생애동안 생산적인 독서활동을 벌이며 위대한 업적을 남겼다.

> 저는 어린 시절부터 책 읽기를 좋아했습니다. 열 살 때 로마제국의 흥망사와 셰익스피어의 작품들을 섭렵했죠. 디트로이트 도서관은 저의 피난처였습니다. 책장 아래 오른쪽 끝단의 책부터 상단 왼쪽의 책까지 차례로 읽은 적도 있어요. 저의 모든 발명품들은 책을 통해 얻은 영감이라 해도 과언이 아닐 것입니다.
>
> -토마스 에디슨-

스페인 바르셀로나에 가면, 어릴 적부터 지독한 책벌레였던 '안토니 가우디(Antoni Gaudi)'의 건축물들을 만날 수 있다. 특히 1882년부터 착공에 들어간 이래 지금도 계속 건축되고 있는 '사그라다 파밀리아(La Sagrada Famila)' 성당은 바르셀로나의 상징이다. 이 건축물은 긴긴 세월동안 수많은 사람들이 이 성당을 짓는데 참여했으며, 지금 이 순간에도 동참해 짓고 있다. 그런데 이 성당의 메이커는 건물을 짓기 위해 평생을 바친 기술자들이 아닌 이를 설계한 가우디이다. 그가 사망한지도 100년이 가까워지고 있지만, 여전히 사그라다 파밀리아 성당은 가우디가 만들고 있다.

세종대왕, 장영실, 에디슨, 가우디를 통해 우리는 메이커의 본질이 '손발(숙련된 기술)'이 아닌 '머리(창의적인 아이디어)'에 있음을 확인할 수 있다. 이들의 생애를 보더라도 창의적인 메이커로 성장하는데 생산적인 독서활동이 가장 기본적인 자양분임을 알 수 있다. 책이 새로운 아이디어, 새로운 지식의 생산을 위한 재료이며 학습자원이 될 때, 깊이 있는 사고력이 요구되는 창조적 활동과 연결될 수 있다. 이런 의미에서 책의 내용과 지식을 있는 그대로 수용하는데 온 힘을 기울이는 수동적인 독서교육은 지양돼야 마땅하다. 동시에 답습과 모방이 아닌 '변화'와 '창조'를 목적으로 삼는 메이커로 거듭나도록 매력적인 독서환경을 제공해줄 필요가 있다. 그렇다면 생산적인 독서활동이 펼쳐지는 무대를 어떻게 구현하는 것이 좋을까. 필자는 하나의 구체적인 모형, 방법으로 '프로젝트기반학습(Project Based Learning; PBL)'에서 그 답을 찾아가고 있다.

잼공 SOLUTION ⑥ 책과 연수로 만나는 "재미와 게임으로 빚어낸 신나는 프로젝트학습"

재미교육연구소가 추구하는 프로젝트학습이 궁금하다면 「재미와 게임으로 빚어낸 신나는 프로젝트학습」을 추천합니다. 특히 이 책에서도 일부 소개되기도 했던 게임의 다양한 요소를 반영한 프로젝트학습 사례들이 가득 담겨 있습니다. 재미교육연구소의 핵심철학인 재미이론(Fun learning)과 이를 구현하기 위한 좌충우돌 Gamification PBL 실천기가 궁금하다면 꼭 읽어보세요.

아울러 재미교육연구소 연구원들이 함께 참여해 만든 동명의 온라인 연수 (30시간)를 통해 프로젝트학습을 배울 수 있습니다. 특히 Gamification PBL의 이론과 사례가 궁금하다면 에듀니티  (happy.eduniety.net)를 통해 개설된 연수를 수강해보세요.

36 PBL을 통해
생산적인 독서활동의 무대를 만들다

　도서관에 갇혀 밤을 지새우며 100권의 책을 살펴보고, 틈틈이 글을 써야 한다면 기분이 어떨까. 평소 책을 가까이 하지 않는 사람들에겐 너무나도 고통스런 상황일지 모르겠다. 더욱이 어린 시절부터 독후감이나 서평쓰기에 스트레스가 심했던 사람이라면 시작도 하기 싫은 끔찍한 활동이지 않을까. 그런데 놀랍게도 이런 활동이 게임으로 만들어져 성공적으로 적용된 바 있다. 참여한 사람들은 밤을 지새우며 100권의 책을 찾아 도서관 이곳저곳을 돌아다녀야함에도 좀처럼 지치지 않았다.

이름하여 '미래를 찾아라(Find the Future)', 2011년 5월, 뉴욕시립도서관 100주년을 기념하여 특별한 게임이 펼쳐졌다. 이 게임은 도서관에서 100가지 '유산(Artifact) - 사전에 지정한 도서(고전)등'을 찾아 '세상을 바꾸는 책(World-Changing Book)'에 담길 이야기를 쓰는 것이 핵심활동이다. 게임 참가자들은 밤새도록 제시된 '퀘스트(Quest)'를 수행해 가면서 서고 곳곳에 숨겨진 위대한 유산(책)을 찾아 읽고, 이를 근거로 미래에 유산으로 남길 가치 있는 이야기를 써내려갔다. 이처럼 참가자들은 각자의 미션을 하나하나 수행해가며, 상호검증을 거치면서 공동의 목표를 달성하기 위해 온힘을 기울였고, 독서활동 자체를 하나의 게임으로 인식했다. 그 재미의 원천은 단연 생산적이고 창조적인 독서활동에 있었다. '미래를 찾아라!'는 도서관이라는 공간이 게임을 통해 어떻게 생산적인 독서활동의 무대가 되는지 여실히 보여주는 사례라 할 수 있다.

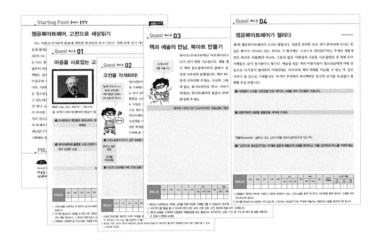

「설레는 수업 프로젝트학습 PBL달인되기2: 진수」 편에 수록된 '잼공북아트페어: 고전으로 세상읽기' 프로젝트학습(Project Based Learning; PBL) 역

시, 책을 재료로 생산적인 독서활동이 펼쳐진 사례이다. 이 PBL수업은 '책(Book)+예술(ART)'의 만남을 표방하는 '북아트페어'를 열기 위한 과제가 차례대로 제시되도록 구성되어 있다.

참여한 아이들은 기본적으로 '고전으로 세상읽기'라는 행사주제에 맞게 '세익스피어', '생텍쥐페리', '쥘베른' 등의 소설가가 쓴 작품들을 읽어야 했고, 이들 작품 중에 선택한 고전소설을 모둠구성원들과 공유해야 했다. 고전각색 미션을 수행하며, 글을 현대적 문체로 고쳐 보고, 북아트페어의 참가대상인 어린 아이들도 쉽고 재미있게 읽을 수 있게 구성하는 시간을 갖기도 했다. 이어진 활동을 통해 일반적인 책 디자인 방식에서 탈피한 이 세상에 하나밖에 없는 책 만들기 작업에 돌입했다. 인터넷에서 북아트 작품들을 살펴보며 책 디자인 방향을 정하고, 자신이 만들 책의 모양과 크기를 결정했다. 그리고 마침내 각종 소프트웨어를 활용해 표지를 디자인하거나 움직이는 삽화를 만들고, 입체적으로 나타내는 등 나름의 정성을 기울여 정성스럽게 책을 완성해냈다.

[학생들이 만든 북아트 작품]

이렇게 완성한 북아트 작품은 교실에 꾸며진 '잼공북아트페어' 전시공간에 출품하게 된다. 아이들은 모둠 친구들과 함께 그동안의 학습과정과 활동결과물들을 모아 개성 넘치는 부스에 담아내기 시작했다. 각 모둠의 부스에는 기본적으로 자신이 선택한 고전소설들이 놓였고, 이틀에 걸쳐 힘들게 완성한 북아트 작품들이 전시됐다. 방문한 관람객들에게 각종 설명 자료를 활용해 각색한 이야기를 동화 구연하듯 들려주고, 관련 게임을 하는 등 다채로운 활동들이 더해졌다. 웃고 떠들며 즐기는 왁자지껄한 분위기 속에서 책을 테마로 한 즐거운 축제의 한마당이 펼쳐진 것이다.

[잼공북아트페어 활동 모습]

　2019년에 열린 '잼공아카데미(재미교육연구소가 매년 주최하는 PBL연수프로그램)'에서는 혜화초등학교 학교도서관 공간을 무대로 생산적인 독서활동이 벌어지기도 했다. 갑오개혁을 계기로 노비 신분에서 벗어난 반인층(성균관에서 일하는 노비)이 그들의 자녀를 위해 세운 '숭정의숙', 역사적 의미까지 품은 곳이기에 더 특별하게 느껴지는 공간이었다. 이곳의 PBL프로그램 개발은 CoP3팀의 구성원(조혜성, 정득년, 정지호, 나선희, 최지혜)들을 통해 이루어졌다.

　일제강점기라는 엄혹한 시대상을 반영하고, 학교도서관이라는 공간적 특징과 책이라는 매력적인 학습자원이 충분히 활용될 독서프로젝트 프로그램을 만드는 과정은 결코 쉽지 않았다. 문제해결의 실마리는 영화 말모이로부터 얻게 되었고, 이를 모티브로 '책모이'라는 이름의 독서프로젝트가 탄생하게 된다. 영화 말모이가 '조선어학회 사건'을 우리말을 지켜내기 위한 언어독립투쟁, 위대한 항일독립운동으로 그려냈듯이 책모이 역시 같은 시각의 이야기를 담고 있다.

> "전국의 서점에서 한글 보급을 위해 일제의 탄압에도 끝까지 우리 책을 아끼고 사랑해주신 여러분들에게 진심으로 감사의 마음을 전합니다. 숭정의숙서점은 마지막 남은 한글서점입니다. 일제가 내일 이곳을 친다는 첩보를 입수했습니다. 오늘 밤에 우리들은 민족의 정신과 생명이 담긴 후대에 남길 책을 선정하는 막중한 임무를 수행해야합니다."
>
> — 책모이 문제출발점 시나리오 중

기본적으로 책모이 프로그램의 참가자들은 후대에 남길 책을 선정하고 지켜내는 미션을 수행해야 한다.

> "지금 학교에서는 조선어와 조선의 역사를 더 이상 가르칠 수 없습니다. 그래서 독립된 나라를 짊어질 우리학생들에게 꼭 가르쳐야할 귀중한 책들을 분야별로 신중히 선별하여 이곳을 빠져나갈 것입니다. 책들은 비밀리에 전국 각지를 돌며 '비밀 독립서점'을 운영하여 학생들에게 읽히고 교육할 것입니다! 동지들! 시간이 많지 않습니다! 오늘 여러분들의 활동으로 독립의 씨앗이 될 민족의 정신과 생명이 이어지게 만들 것이오!"
>
> — 책모이 문제출판점 시나리오 중

일제강점기 민족말살정책이 극한으로 치닫던 시대, 한글지킴이로서의 막중한 임무는 각자의 비장한 각오를 담은 결의문 작성과 낭독으로 시작됐다. 맞춤법과 문장부호의 체계가 잡히지 않았던 점을 고려해 결의문이 구성되기도 했다.

> "숭정결의문을 작성하고 낭독하는 시간을 갖겠습니다. 숭정결의를 통해 동지들을 지켜내고, 독립의 씨앗이 될 우리의 책을 지키기 위한 의지를 굳게 다져봅시다.
>
> — '퀘스트1 숭정결의' 시나리오 중

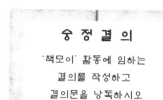

결의문

우리 조선 민족에게는 좋은 말 좋은 글이 있으며 우리 말에 조선심과 조선혼이 있다 말은 그 겨레의 정신이요 생명이라 민족혼이 담겨있는 우리말 글이 만약 없어진다면 자주독립 운 영영 소망이 없게 될 것이라 말은 민족의 정신이요 글은 민족의 생명이라 이에 우리는 오늘 우리 말과 글인 한글을 마지막으로 지니고 있는 숭정의숙에 모여 책모이 활동에 입하면서 다음과 같이 결의한다

하나

둘

셋

모든 사람이 절망하면 나라도 절망하는 나라가 되고 모든 사람이 절망하지 않으면 나라도 절망하지 않는 나라가 된다 오늘 여기 모인 우리는 절대 절망하지 않고 우리 겨레의 얼이요 정신이요 생명인 한글을 계속 지켜 나갈 것이다

1945년 8월 10일 이후의 동립을 염원하고 학구를 사랑하는 한사람 민도

숭정결의문을 작성한 참가자들은 조선어학회와 뜻을 함께 하며 후대에게 읽히고 배워야 할 책을 선택하는 미션에 본격적으로 돌입하게 된다. 숭정의숙서점인 학교도서관의 방대한 책들 모두가 책모이의 대상인만큼, 이들 가운데 우선순위를 두고 선별하는 과정이 필요했다.

> "지금 일제식민지에서는 더 이상 조선어와 우리역사를 가르치지 않습니다. 독립의 꿈을 품고 자라날 아이들에게 우리의 책이 없다면 우리의 소중한 글과 민족정신을 배우거나 익힐 수 없을 겁니다. 후세에 반드시 남겨야할 책을 분야별로 나눠보고 분야별로 어떤 책을 후세에 남길지 심사숙고해서 선택해 주세요."
>
> – '퀘스트2 남겨야 할 책' 시나리오 중

"이곳 숭정의숙서점의 모든 책을 가져갈 수는 없습니다. 여러분은 이 책을 가지고 일본 순사들을 피해 각자의 장소로 도망쳐야 하기 때문입니다. 수 많은 책들 중에서 꼭 필요한 책을 선택해야 합니다. 지역별로 선택할 수 있는 책은 총 3권입니다. 자신이 선택한 분야에 해당되는 책들을 읽어보고 선택해 주세요."

– '퀘스트3 책모이' 시나리오 중

참가자 팀별로 후대에 남길 책을 분류하자. 일본순사들의 감시를 피해 책모이 임무를 수행하는 일이 부여됐다. 예상치 못한 타이밍에 등장하는 일본순사로 인해 활동 내내 긴장감이 흘렀다. 일본순사의 소리를 듣고 재빨리 책장 뒤에 숨거나 피하지 못할 땐 눈을 마주치지 않아야 살아남을 수 있는 일종의 게임규칙이 적용됐다.

참가자들은 제한된 시간 안에 3권의 책을 선택했고, 거의 동시에 품평회를 위한 소개자료 만들기에 돌입했다.

"이제 몇 시간 후면 숭정의숙서점은 폐쇄됩니다. 더 이상 이곳의 책들을 볼 수가 없습니다. 좀 더 신중히 최종선택을 해야 합니다. 각 분야별로 책들을 모아서

도서 선정에 대한 품평회하려고 합니다. 서로의 책들을 돌아보면서 이 책이 꼭 필요한지 함께 확인해 보도록 하겠습니다."

– '퀘스트4 불휘깊은 册' 시나리오 중

드디어 최종선택의 시간, 말모이 독서프로젝트는 비밀임무를 수행한 참가자들이 모여 품평회를 여는 것으로 대단원의 막이 내려졌다. 선택한 책을 왜 후대에 남겨야 하는지 그 이유를 밝히며, 적극적으로 책의 내용을 알렸다. 자연스레 이러한 과정을 통해 다수의 책이 공유됐고 추가적인 독서로 이어지기도 했다. 얼마든지 매력적인 독서프로젝트 프로그램만 있다면, 학교도서관을 무대로 생산적인 독서활동을 벌일 수 있음을 알 수 있는 대목이다.

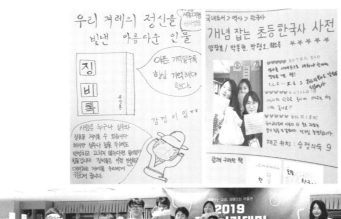

재미교육연구소의 상반기는 대외활동인 '잼공아카데미'로 채워진다면, 하반기는 자체행사인 팀주관 활동으로 진행된다. 박물관, 동네, 시장, 공원 등등 팀별로 차려놓은 프로그램을 맘껏 즐기며 체험하는 시간을 갖는다. 2018년 10월 19일, 당시 CoP4팀 구성원(최지혜, 고흥문, 조은미, 조혜성)들은 독립서점을 무대로 '책방산책'이라는 이름의 감성 돋는 프로그램을 실천한 바 있다.

사전 온라인 활동으로 책방산책의 비밀 큐레이션을 작성하는 과제가 부여됐다. 구글 설문을 통해 이름과 비밀 큐레이션[3] 서비스를 받기 위해 필요한 사연을 남기는 것이 핵심! 운영팀은 온라인을 통해 접수한 사연을 각각 무지봉투에 담아 집결장소로 가져갔다.

참가자들이 약속된 시간에 집결장소에 모두 모이자 사연이 담긴 봉투가 뽑기 방식으로 배부됐다. 물론 운영팀만 알뿐 어느 누구도 사연의 주인공이 누구인지 알지 못한다.

---

3) 큐레이션(Curation): 큐레이터에서 파생된 신조어로서 주제(사연)에 따라 작품(책)을 선정하고, 그것에 따라 전시 배치(선물, 공유)하는 일을 말한다.

참가자들은 봉투에 담긴 사연을 확인하며, 운영팀이 제시한 독립서점을 향해 걷기 시작했다. 이들에겐 독립서점들을 방문해 사연의 주인공에게 어울릴 책을 찾는 임무가 부여됐다.

참가자들은 운영팀에서 제시한 독립서점들을 돌아다니며 사연의 주인공에게 어울릴 책을 정성스럽게 골랐다. 그리고 최종 선택한 책 안에 마음이 담긴 손편지도 작성했다. 누군지도 모를 사연의 주인공에게 마음을 전하는 상황이 가을밤 감성을 자극하는 듯했다.

독립서점을 향하는 내내 책에 대한 이야기로 꽃피웠다. 비밀친구인 사연의 주인공에게 선물할 책을 고르는 과정 자체가 진지한 독서의 시간이기도 했다. 모두가 진심을 다해 상대의 마음을 살펴야 하는 만큼, 허투루 책을 고를 수도 없는 노릇이었다. 어쨌든 이 활동은 사연의 주인공인 비밀친구의 정체를 공개하고, 독립서점에서 그(그녀)를 위해 고른 책을 선물하는 시간으로 마무리됐다. 활동은 단순했지만 의미는 남다르게 다가왔다.

　굳이 PBL프로그램이 아니더라도 공감할 수 있는 이야기(사연)와 매력적인 목표(마음을 위로할 선물)만 있다면, 언제든 생산적인 독서활동이 가능하다. 이왕이면 '나' 혼자가 아닌 뜻을 공유하는 사람들과 '함께'라면 실현 가능성은 더욱 커지기 마련이다. 당장이라도 실천으로 옮길 의지만 있다면 그곳이 어디든, 어떤 장소든지 생동감 넘치는 이야기와 활동으로 채워진 특별한 독서무대로 만들 수 있다.

잼공 SOLUTION ⚡ 오래된 책과 독립출판물을 만날 수 있는 헌책방!

'서울책보고(seoulbookbogo.kr)'는 헌책방과 도서관, 그리고 문화프로그램을 제공하는 복합문화공간입니다. 이곳은 가치의 공간(헌 책의 가치제고 및 헌책방 보존), 나눔의 공간(명사의 도서기증을 통한 지식·재능 나눔), 향유의 공간(개성있고 다양한 독립출판물 향유 기회 제공), 경험의 공간(책을 기반으로 한 다양한 문화 프로그램 경험)으로 나누어 제공되고 있습니다. 오래된 책뿐만 아니라 다양한 독립출판물을 경험할 수 있는 공간인 만큼, 아이들에게 색다른 독서경험을 제공해줄 수 있을 것입니다. 아울러 홈페이지에서 독립출판물과 지역별 독립서점 정보를 쉽게 찾을 수 있습니다. 필요한 분들 이용해보세요.

스마트폰을 더 스마트하게 만들어줄 유용한 애플리케이션을 찾아볼까

영리하고 똑똑한 휴대폰이라고 해서
붙여진 이름인 '스마트폰',
이름대로 어떻게 활용하느냐에 따라
최강의 학습도구가 될 수 있어.

스마트폰을 더 스마트하게
만드는데는 매일매일 쏟아지는 유용한
애플리케이션이 큰 역할을 해.
흔히 '애플리케이션(Application)'을 줄여서
'앱(App)'이라고 부르는데, 학습상황에서
알아두면 쓸모 있는 앱이 정말 많아.

먼저 프로젝트학습과 같은 과제를
해결하는데 있어서 믿을 만한 지식과 정보를 활
용하는 것이 대단히 중요한데.
검증되지 않은 SNS글이나 묻고 답하기
코너에 올린 글을 무작정 믿고 활용하는
경우가 많아.

네이버 지식인에서 찾아봐야겠다.

검증받은 지식이나 정보를
얻고자 한다면, 네이버 지식인보다
지식백과를 이용하는 것이 좋지 않을까.

위키백과는 최신의
지식과 정보가 새롭게 업데이트되고,
상호검증을 통해 정확도를
높여가는 것이 특징이야.

WIKIPEDIA
우리 모두의 백과사전

한국어	English
477 000+ 문서	5 982 000+ articles

日本語	Español
1 181 000+ 記事	1 564 000+ artículos

Deutsch	Русский
2 375 000+ Artikel	1 584 000+ статей

Français	Italiano
2 164 000+ articles	1 572 000+ voci

中文	Português
1 086 000+ 條目	1 017 000+ artigos

전세계인이 이용하는 위키백과를
이용하는 것도 고려해볼 만해.
위키백과 앱은 앱스토어나 구글플레이에서
손쉽게 다운로드 받을 수 있어"

만약 앱스토어를 이용하고 있다면 위키백과를 좀 더
효과적으로 이용할 수 있어. 위키링크스(Wikilinks)가
그 주인공인데. 특정 키워드를 검색하면, 그것과 연결된
지식과 정보를 제공해주는 방식이야.
생각그물처럼 거대한 지식연결망을 완성할 수 있으니
꼭 활용해보라고.

지식과 지식이 꼬리를 물며
연결되어 있네. 신기하다!

스마트폰을 더 스마트하게 만들어줄 유용한 애플리케이션을 찾아볼까

문화예술과 관련된 학습을 하고 싶다면
'구글 아트 & 컬쳐' 앱을 추천하고 싶어.
70여개 국가 1,200개 이상의 박물관,
미술관 및 관련 기관에 전시된 예술작품을
스마트폰으로 관람할 수 있으니
너무 유용하겠지?

셀카를 찍으면 나와 닮은
초상화를 찾아 준다고?
완전 재미있겠다.
어서 해봐야지.

줌 기능을 통해 예술작품을
자세히 볼 수 있을 뿐만 아니라
세계적으로 명성이 높은
박물관을 체험할 수 있는
가상투어, 유명아티스트의
스튜디어(작업실),
거리예술까지
망라되어 있으니
꼭 활용해보라고.

Pic Collage - 그림 콜라주
간단하는 사진와 비디오 스토리 편집

Cardinal Blue

사진 및 비디오 앱 136위

★★★★★ 4.6 (1천개의 평가)

무료 앱내 구입 제공

자신이 직접 촬영한 사진을 비롯해 다양한
이미지를 편집하도록 돕는 앱은 정말 많아.
이중에서 '픽콜라주(Pic Collage)'는
스마트폰의 탄생부터 오랜 세월 사랑받아온
그림편집 앱이야.

픽콜라쥬

우와,
사진을 선택만 했는데
멋진 콜라주가 완성됐네.

첫 화면에
축일카드를 선택하면
다양한 템플릿을
활용해 이미지를
꾸밀 수 있어.
유료 템플릿도 있으니
참고하라고.

클릭 클릭
축일 카드

스마트폰을 더 스마트하게 만들어줄 유용한 애플리케이션을 찾아볼까

배경지우기 앱이 있으면 정말 좋겠다.

합성사진을 만들고 싶은데 배경은 어떻게 지울 수 있을까.

뭘 고민해. 스마트폰으로 해결할 수 있는 걸.

Background Eraser - 사진합성
배경지우기 합성 어플
SUNWOONG JANG
사진 및 비디오 앱 STORE
★★★★★ 4.7, 6.1천개의 평가
무료 · 앱 내 구입 제공

Magic Eraser - 배경을 지워 합성
Instagram에 잘린 부분 없이 포스트
Alan Cushway
비즈니스 앱 141위
★★★★★ 4.7, 70199의 평가
무료 · 앱 내 구입 제공

백그라운드 이레이저(Background Eraser) 나 매직 이레이저(Magic Eraser)를 활용하면 손쉽게 사진이나 이미지의 배경을 지우고 PNG파일로 저장할 수 있어.

이 중에서 매직 이레이저(Magic Eraser)는 배경을 자동으로
인식하는 기능이 뛰어난 앱이야.
물론 모든 배경이 단번에 깨끗하게 지워지진 않아.
복잡한 배경일수록 어느 정도의 수작업이 필요하지.
배경이 단색에 가까울수록 인식이 잘되어 손쉽게 제거할 수 있으니
참고하라고.

1. 새로운 네이버를 설정한다

2. 그린닷을 누른다

3. 렌즈를 누른다

이미지 검색에 있어서 탁월한 기능을 자랑하는 네이버의 스마트렌즈,
그런데 아직까지도 잘 모르는 사람들이 많더라고.
스마트렌즈의 유용한 기능을 익혀 학습도구로 활용해보면
그 매력에 푹 빠지게 될 거야.

스마트렌즈

스마트렌즈로 꽃을 촬영하면 해당 식물의
이름과 관련 정보를 알 수 있어요.

QR / 바코드

QR코드를 손쉽게 읽을 수 있어요.

외국어 번역

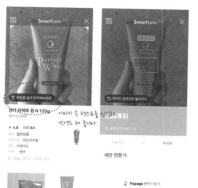

이미지 속 텍스트를 원하는 언어로
번역도 해 줍니다.

스마트폰을 더 스마트하게 만들어줄 유용한 애플리케이션을 찾아볼까

구글의 인공지능 기술이
그리기 도구에 접목됐다니
정말 기대된다.

오토드로우(AutoDraw)는 웹 기반 소프트웨어로 별도의 앱을
다운로드 받지 않고 활용할 수 있는 도구야. 덕분에 스마트폰 뿐만 아니라
PC환경에서도 활용할 수 있어. 허접하게 그림을 그려도 찰떡까지
알아듣는 인공지능 덕분에 최적의 이미지를 선택할 수 있지.

오토드로우

물론 오토드로우(AutoDraw) 기능만 있는 것이 아니야.
자유롭게 그림을 그리고 텍스트를 입력하며, 색칠까지 할 수 있는 기능도
기본적으로 제공되고 있어. 오토드로우를 통해 완성도 높은 이미지를 선택하고,
이를 활용해 그리고 색칠하는 등의 활동도 할 수 있어.

Cardboard Camera ⁴⁺
Google LLC
★★★★★ 리뷰 1개의 평가
무료

스마트폰만 있다면 누구나 손쉽게 VR사진을 촬영할 수 있어. 구글에서 만든 '카드보드 카메라(Cardboard Camera)' 앱이 그 주인공 특수카메라가 없더라도 360도 사진을 촬영할 수 있다고.

카드보드 카메라

카메라버튼을 누르고 한 바퀴만 돌면 360도 사진이 만들어지네.

360°

Google Cardboard ⁴⁺
Google LLC
★★★★★ 리뷰 29개의 평가
무료

실감나는 VR을 체험하고 싶다면 '구글 카드보드(Google Cardboard)' 앱을 이용해야 해. 카드보드와 호환되는 다양한 뷰어를 활용할 수 있으니 필수로 설치해야겠지?

구글카드보드 "필수"

직접 만들기

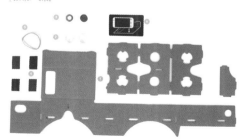

홈페이지에 들어가니까 카드보드와 호환되는 VR뷰어를 직접 만들거나 구입할 수 있는 방법이 나와 있네. 도전해야겠다!

카드보드 조립

스마트폰을 더 스마트하게 만들어줄 유용한 애플리케이션을 찾아볼까

HumOn(험온) - 허밍으로 작곡하기
누구나 나만의 멜로디가 있다
COOLJAMM Company
★★★★☆ 4.1 25658개 리뷰
무료 · 만 네 1만 개 이상

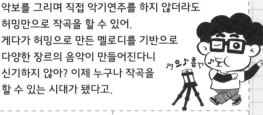

악보를 그리며 직접 악기연주를 하지 않더라도
허밍만으로 작곡을 할 수 있어.
게다가 허밍으로 만든 멜로디를 기반으로
다양한 장르의 음악이 만들어진다니
신기하지 않아? 이제 누구나 작곡을
할 수 있는 시대가 됐다고.

허밍하면 나만의 노래가
만들어진다니
장난 아닌걸

창십죠!

박자와 상관없이 자유롭게 녹음하고 싶다면
Tempo-Free 모드를 선택하고, 일정한 박자에 맞춰 정확하게 녹음하고자 싶다면
메트로놈 모드를 선택하면 돼. 주변 잡음이 없는 곳에서 허밍으로 녹음하고
장르별로 어떤 느낌인지 확인하고 결정하면 끝이야. 정말 간단하지?

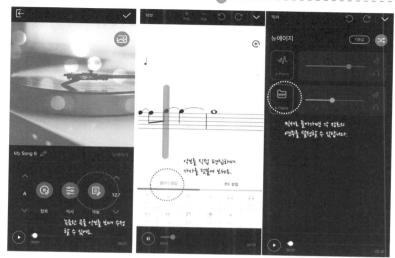

한 걸음 더 나아가 진짜 작곡가처럼 허밍으로 완성된 멜로디를 악보를 보며 세밀하게 수정할 수 있어. 멜로디편집, 코드편집 뿐만 아니라 가사까지 덧붙일 수 있다고. 작곡과 작사를 모두 해결할 수 있는 것이지. '믹서'에 들어가 각 장르의 악기연주를 조정할 수도 있어서 곡의 완성도를 더 높일 수 있어.

스마트폰을 더 스마트하게 만들어줄 유용한 앱은 찾아보면 정말 많아. 하루에도 수많은 종류의 앱이 쏟아져 나오고 있으니 이 중에서 선택해보자고. 사용해보지 않는 이상, 제대로 알 수 없는 법! 직접 활용해보고, 학습도구로 손색이 없는 앱을 친구들과 공유해보는 거야.

프로젝트학습을 통해 창의적인 결과물을
메이킹(Making)해 보자!

12부

특명,
프로젝트학습을 통해
독서DNA를 깨워라!
: 메르헨렌드 입주자
PBL 청약저축

재미교육연구소(이후 잼랩)는 오프라인에서뿐만 아니라 온라인 활동도 적극적으로 벌이고 있다. 이중 팀별로 맡아서 진행하는 카페요일제가 대표적이다. 잼랩 카페(네이버)에 프로젝트 과제가 제시되면 팀별로 정해진 요일에 수행결과를 올리는 방식이다. 2020년 4월 2일, 잼공뮤지엄 2팀(최지혜, 한지혜, 조은미, 이주연)은 '메르헨랜드 입주자 청약저축을 도와주세요!'라는 이름의 온라인 프로젝트를 개발해 진행했다.

　　메르헨(Märchen)은 독일어로 공상적이고 신비로운 민족 동화 또는 옛날이야기를 뜻하며, 문제 속에서 메르헨랜드는 이야기 주인공들이 너무나도 가고 싶어 하는 유토피아로 그려내고 있다. 메르헨랜드의 입주를 위해선 선정한 책의 이야기와 인물을 활용한 PBL문제를 만들어야만 한다. 각 주차별 미션을 수행하며, 청약저축 자격을 획득하는 것도 필수다.

주별 미션을 수행할 때마다 '메르'라는 화폐단위를 사용해 적립금이 쌓이게 되는데, '요일을 지킨 경우', '요일을 어긴 경우', '댓글 수', '진지한 피드백 댓글' 기준으로 적립금이 차등해서 지급된다. 그리고 이렇게 쌓인 적립금은 팀별로 발급된 '메르헨랜드 청약종합저축통장'에 매주 정리해 공개됐다.

코로나19로 인해 온라인 활동만으로 진행된 활동이었지만 기대 이상의 PBL프로그램들이 만들어지기 시작했다. 운영팀은 여러 연구원들의 요구를 수용해 선정할 책의 범위를 동화에서 소설로 확대해주기도 했다. 4단계로 나눠서 진행된 메르헨랜드 입주 청약은 연구원들의 적극적인 참여에 힘입어 성공적으로 마무리됐다. 그리고 저마다 선정한 책을 재료로 세상에 없는 창의적인 PBL프로그램을 만들어냈다.

'12부. 특명! 프로젝트학습을 통해 독서DNA를 깨워라!'에는 메르헨랜드 입주 청약에 성공한 PBL프로그램들이 수록되어 있다. 가정과 학교에서 실천하는데 용이하도록 활동지가 제공된다. 시놉시스(Synopsis)에 프로그램 개요, 책, 교육과정 등의 정보가 간략하게 제시되어 있으며, 활동(퀘스트)마다 액션팁스(Action Tips)가 있어서 실천을 용이하게 해준다.

자, 그럼 메르헨랜드 입주청약을 위해 만든 잼공독서 프로젝트를 본격적으로 살펴보는 것은 어떨까. 부디 이들 PBL프로그램을 통해 '잼공'을 외칠 정도의 생산적인 독서활동을 아이들에게 경험시켜주길 바란다. 적어도 독서프로젝트 개발과정에서 이들 사례를 통해 아이디어와 영감을 얻으면 좋겠다.

바이러스 X

SYNOPSIS

'바이러스 X'는 알베르 카뮈의 「페스트(LA PESTE)」와 코로나19 판데믹(Pandemic)에서 영감을 얻어 개발한 PBL프로그램입니다. 학습자는 작가적 상상력을 동원해 제시된 과제를 해결하고, 미완성된 이야기를 채워 넣어 '바이러스 X'라는 이름의 소설을 탈고하게 됩니다. 이 과정에서 자신의 경험한 코로나19 사태를 교훈으로 삼아 전염병 예방과 관련된 보건지식의 습득뿐만 아니라 질병이 인류문명에 미친 영향을 탐색하게 됩니다.

- ◆ 적용대상(권장): 초등학교 5학년 – 중학교 3학년
- ◆ 학습예상소요기간(차시): 6 – 8일(6 – 8차시)
- ◆ 관련교과 내용요소(교육과정)

교과	영역	내용요소	
		초등학교[5 – 6학년]	중학교[1 – 3학년]
국어	문학	• 이야기, 소설 • 작품의 이해와 소통	• 이야기, 소설 • 개성적 발상과 표현
	쓰기	• 목적·주제를 고려한 내용과 매체 선정 • 독자의 존중과 배려	• 감동이나 즐거움을 주는 글 • 표현의 다양성
보건	공중 보건의 이해	• 건강과 질병 • 공중 보건의 개념과 발전	
	감염병 관리	• 감염 병 • 감염 관리	

PBL CREATOR

주난쌤

재미교육연구소의 소장이며 19년차 프덕(프로젝트학습 덕후)입니다. 프로젝트학습의 매력에 이끌려 어쩌다보니 박사까지 공부하고, 지금은 대학원생을 가르치고 있습니다. 여전히 본직인 초등학교 교사 일을 가장 사랑하며, 특히 PBL수업프로그램 만들기를 좋아합니다. 별다방에서 작가놀이를 자주 하다 보니, 술에 살짝 취하면 '그레잇 라이터(Great Writer)'를 외치는 부작용을 보일 때가 있습니다. 민망한 현장의 목격자들, 특히 재미교육연구소 연구원들의 기억을 지우고 싶네요.

Cover Story 1 ★★★ 모든 일은 오랑시장에서 시작됐다

인간의 탐욕은 어디까지일까. 오늘도 멸종위기에 놓인 야생동물들이 인간의 한 끼 식사를 위해 죽임을 당하고 있다. 진귀한 야생동물들로 가득한 이곳 오랑시장은 고급식 재료를 판매하는 곳으로 유명하다. 천년이 넘는 역사를 간직한 전통시장으로 상인들의 자부심도 남다르다. 주말에는 발 디딜 틈이 없을 정도로 사람들로 북적인다. 아침부터 저녁까지 웃음과 수다가 끊이지 않던, 그야말로 사람냄새 가득한 오랑시장, 하지만 어느 누구도 그날의 비극을 예상치 못했다.

평소와 다름없던 그날, 철창에 갇혀 있던 야생동물들이 하나둘씩 이상한 행동을 보이며, 신음소리를 내기 시작했다. 털이 빠지고, 피부가 찢어져 피가 나는데도 쉴 새 없이 녹슨 철창에 몸을 비벼 댔다. 어제까지 멀쩡했던 동물들의 이상한 행동은 그렇게 반나절 계속됐다. 그리고 약속이라도 한 듯이 거의 동시에 잠잠해졌다. 그저 철창에 갇힌 동물들의 가쁜 숨소리만 희미하게 들릴 뿐이다.

오랑시장에 죽음의 그림자가 드리운 것은 바로 그날부터였다.

Q1 커버스토리에 표현된 오랑시장의 모습을 상상하며 그림으로 나타내어 보세요. 여러분들이 최종 완성하게 될 '바이러스X' 소설의 삽화로 수록됩니다.

Action Tips 이야기에 나타난 오랑시장이 막연하게 느껴진다면 야생동물을 거래하는 재래시장의 사진을 찾아보세요. 인터넷 검색을 통해 각종 관련 사진들을 손쉽게 확인할 수 있을 겁니다. 커버스토리와 관련 사진을 참고한다면 삽화로 표현하는 일이 좀 더 수월해지겠죠.

바이러스 X

Cover Story 2 ★★★ 경비견 X

　　미세먼지로 가득한 스모그가 도시의 공기를 채운 지 오래다. 여느 때처럼 미셸은 짙은 안개를 뚫고 삶의 터전으로 향했다. 그는 오랑시장의 경비를 책임지고 있는 터라 상인과 손님들이 오기 전 이른 새벽에 출근한다. 시장입구 사무실에 도착한 미셸은 말로 표현하기 힘든 오싹한 기분이 들었다. 평소와 다른 느낌, 그것은 각종 동물들의 울음소리로 가득해야 할 시장 안이 오늘따라 이상하리만큼 조용했기 때문이다. 간혹 들릴 듯, 말 듯 새어나오는 미세한 숨소리가 머리털을 쭈뼛 서게 만들었다.

　　바로 그때, 시장 안쪽에서 정체를 알기 힘든 검은 짐승이 미셸을 향해 다가왔다. 그 짐승은 비틀거리며 달리다가 그의 앞에 멈춰 섰고, 파르르 떨다가 이내 피를 토하며 쓰러졌다. 털이 빠져 알아보기 힘들었지만, 미셸은 오랑시장의 명물로 통하는 경비견 X임을 직감했다.

Q2 '경비견 X'에게 무슨 일이 벌어진 걸까요? 커버스토리1과 2를 토대로 숨겨진 이야기를 창작해 봅시다.

Action Tips　커버스토리❶의 야생동물 행동과 커버스토리❷의 오랑시장 상황을 고려해 미셸이 출근하기 전, 경비견 X가 겪은 사건을 상상해서 쓰면 됩니다. 정답은 없습니다. 작가가 되어 맘껏 글로 표현해보세요.

경비견 X는 미셸의 극진한 보살핌에도 불구하고 결국 죽음을 맞았다. 그런데 문제는 그때부터 벌어졌다. 미셸의 안색이 어두워지더니 호흡곤란과 고열, 정신까지 흐릿해져 갔기 때문이다. 그와 함께 살던 친구 파늘루는 미셸의 상태를 보자마자 의사 리외를 급히 찾았다. 커다란 마스크로 얼굴을 가린 채 나타난 리외는 미셸이 심각한 위기에서 벗어날 수 있도록 안간힘을 기울였다. 그리고 그의 증상을 통해 세균이 아닌 미지의 바이러스에 감염됐음을 알게 된다.

Q3 커버스토리에 표현된 오랑시장의 모습을 상상하며 그림으로 나타내어 보세요. 여러분들이 최종 완성하게 될 '바이러스X' 소설의 삽화로 수록됩니다.

• 바이러스와 세균을 비교하여 정리

바이러스	세균(박테리아)

• 바이러스에 감염됐다고 확신한 까닭

Action Tips 바이러스와 세균을 정확히 구분할 수 있어야 질병(전염병)의 특징을 파악할 수 있습니다. 글에 나타난 미셸의 증상을 단서로 추측이 아닌 과학적인 근거를 토대로 설명이 이루어질 수 있도록 해주세요. 의사 리외가 되어 문제를 해결해봅시다.

바이러스 X

Cover Story 4 ★★★ 사이토카인 폭풍

리외의 노력에도 불구하고 미셸의 증세는 급속도로 악화됐다. 사이토카인 폭풍이 의심되는 증상이 곳곳에서 발견됐다. 누가 보더라도 죽음의 그림자가 짙게 드리워지고 있었다. 그리고 그 죽음의 그림자는 친구인 파늘루에게도 향하고 있었다. 어제까지만 해도 건강해보였던 파늘루의 증세가 호흡곤란과 고열을 동반하며 악화되기 시작한 것이다. 리외가 재빨리 격리 조치를 했지만, 미지의 바이러스로부터 파늘루를 지키는데 실패했다. 무서운 것은 사이토카인 폭풍 증상이 파늘루에게도 나타나고 있다는 점이다.

Q4 미셸과 그의 친구 파늘루에게 나타나고 있는 사이토카인 폭풍 증상이 이들에게 어떤 영향을 미치게 될까요? 이후에 전개될 이야기를 상상하며 창작해보세요.

- 사이토카인 폭풍(Cytokine Storm)에 대해 조사한 결과 정리하기

- 사이토카인 폭풍 속에 놓인 미셸과 친구 파늘루의 운명을 이야기로 표현하기

Action Tips 사이토카인 폭풍에 대해 정확히 아는 것이 중요합니다. 이를 토대로 미셸과 파늘루의 운명이 담긴 이야기를 자유롭게 창작해보세요.

오랑시장의 비극은 미셸과 친구 파늘루로 그치지 않았다. 얼마 지나지 않아 도시는 봉쇄됐고, 쏟아지는 환자들로 병원은 포화상태에 이르렀다. 리외를 비롯한 의료진들의 헌신적인 노력에도 불구하고 수많은 사람들이 허망하게 세상을 떠났다. 다만 생사의 갈림길 속에 치열한 사투가 벌어지는 의료현장과 달리 도시의 거리 곳곳과 작은 골목은 고요했다. 이동제한령이 내려지기 전부터 대다수의 사람들은 스스로를 격리했으며, 가까운 가족이나 지인이라도 만나지 않았다. 그러나 한 사람만 예외였다. 게다가 이 남자는 타지에서 도시봉쇄를 뚫고 들어온 기자 정신으로 무장한 인물이었다. 그의 이름은 랑베르, 오로지 오랑시장에서 시작된 미지의 바이러스를 취재하는 것이 그의 목적이었다.

Q5 알베르 카뮈의 '페스트'에 등장하는 랑베르는 어떤 인물일까요? 커버스토리에 등장하는 인물들 모두 '페스트'에 등장하는 인물이기도 합니다. 랑베르를 비롯해 소설 페스트에 등장하는 인물들을 찾아보고, 작가로서 '바이러스 X'에서 어떻게 그려낼지 고민해 봅시다.

● 알베르 카뮈의 「페스트」에 등장하는 인물들에 대해 파악하기

리외	미셸	파늘루	랑베르

● 바이러스 X의 등장인물

리외	미셸	파늘루	랑베르
파늘루의 요청에 따라 미지의 바이러스에 감염된 미셸을 진료한 의사	오랑시장의 경비를 책임지고 있는 인물, 미지의 바이러스에 감염된 경비견 X를 보살피다가 그 역시 감염된 인물	미셸의 친구이며 같은 집에 살고 있는 동거인, 그 역시 미셸로부터 미지의 바이러스에 감염됨	미지의 바이러스를 취재하기 위해 도시봉쇄를 뚫고 잠입한 기자

Action Tips 바이러스X는 소설 페스트의 인물들이 그대로 등장합니다. 아무래도 '바이러스X' 소설을 쓰는데 있어서 이들 인물들에 대해 자세히 아는 것이 도움이 되겠죠? 소설 페스트와 바이러스X 커버스토리에 그려진 동명의 인물들이 어떻게 다른지 비교해 보며 활동을 진행해주세요.

바이러스 X

 Cover Story 6 리외의 마른기침

　미지의 바이러스로 인한 수많은 죽음들, 이를 목격한 랑베르는 서서히 공포감에 젖어들기 시작했다. 호기롭게 미지의 바이러스를 취재하기 위해 도시에 잠입했지만, 이제는 집으로 돌아가고 싶은 마음뿐이다. 랑베르는 마지막 취재로 이 바이러스의 초기 환자를 진료했던 의사 리외를 만나게 된다. 지칠 대로 지친 깡마른 체격의 리외는 환자라 해도 믿을 정도로 몸 상태가 엉망으로 보였다. 그의 표정만 봐도 취재협조를 위해 병원 밖으로 나온 것 같진 않았다.

　"랑베르씨, 바이러스는 성별, 나이, 직업, 그 어떤 것에도 차별을 두지 않아요. 그 어떤 인간도, 동물도 가리지 않죠. 바이러스로부터 자신을 지키세요."

　리외는 랑베르에게 질문의 기회를 주지 않았다. 그저 통보였다. 말이 끝나자마자 그는 다시 병원으로 향했다. 그리고 잠깐의 시간이 지난 후, 멀리서 기침소리가 들려왔다. 그때까지 랑베르는 리외의 마른기침이 어떤 의미인지, 어떤 일들을 몰고 오게 될지 상상조차 못했다.

Q6 커버스토리 1에서 6까지 다시 읽어보고, 모든 퀘스트 활동결과를 종합해서 소설 '바이러스X'를 완성해주세요. 작가로서 자신의 상상력을 맘껏 발휘하길 바랄게요.

> **Action Tips** 바이러스X의 결말은 정해지지 않았습니다. 당연히 정답도 없죠. 머릿속에 그려지는 이야기에 따라 소설을 완성해주세요. 이왕이면 앞서 그린 삽화와 글들을 활용해 세상에 하나밖에 없는 책으로 만들어주세요. 아니면 손쉽게 웹소설로 올리거나 각종 전자책 제작 툴을 이용해서 제작해도 좋습니다.

잼공 SOLUTION 48 무서운 질병이 만들어낸 이야기들, 그리고 역사

치명적인 질병에 대한 원초적인 두려
움은 인류문명사에 그대로 드러나 있
습니다. 무서운 질병과 이를 극복하기
위한 사투를 그린 영화들이 꾸준히 제
작되고 있고, 개봉된 작품 가운데 관객
들의 사랑을 받은 영화들도 다수 있죠.

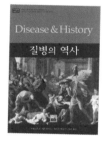
질병은 개인의 생사뿐만 아니라 인류의 운명을 결정지
을 정도로 지대한 영향을 끼쳐왔는데요. 이와 관련한 책
과 다큐멘터리를 참고하는 것도 추천합니다.

질병이 인류문명에 어떤 영향을 미쳐왔는지 흥미롭게
그린 책들을 참고해 보는 것이 좋습니다. 그 중에서도 퓰
리처상을 수상한 「총, 균, 쇠」를 빼놓을 수 없겠죠. 이 책
에서 진화생물학자인 제러드 다이아몬드(Jared Diamond)
는 질병의 원인인 균이 인류문명사에 미친 영향이 어떠했는지, 어떻게 운명을
바꾸었는지 흥미진진하게 그려내고 있습니다. 프레더릭 카트라이트(Frederick
F. Cartwright)가 쓴 「질병의 역사」도 볼만합니다. 고대시대부터 현대까지 역사
상 유명했던 질병들과 이와 관련된 역시적인 사건들이 총망라되어 있어서 참고
해볼만한 정보들이 많습니다.

손 씻기가 질병의 역사 속에 언제부터 주
목받게 된 것인지, EBS 지식채널e '황당한
발견' 편을 보는 것도 추천합니다. 일상의 질
병예방상식들이 역사 속 누군가에 의한 발견
된 것임을 알 수 있을 겁니다.

지식채널e
'전염병을 막을 수 있었던 황당한 발견'

나는야 우리 집 청소차!

SYNOPSIS

'나는야 우리 집 청소차!'는 왕수연 작가의 「청소차야, 부탁해!」
의 독후 활동 프로그램입니다. 만7~8세 학습자는 언어와 상상력
이 발달하는 단계에 있으며 상징적 사고를 바탕으로 하는 역할
놀이를 즐깁니다. 이 프로그램은 이러한 학습자들의 특징을 반영
하고 있는데요. 아이들은 '청소차'로서 마치 역할 놀이하듯 각 미
션에 참여하게 될 겁니다. 이 과정에서 환경 미화원이라는 직업에 대한 이해뿐만 아니라
청소방법, 공동체 안에서 나의 역할 등에 대해 탐색하게 됩니다.

◆ 적용대상(권장): 초등학교 1-2학년
◆ 학습예상소요기간(차시): 4일(4차시)
◆ 관련교과 내용요소(교육과정)

교과	영역	내용요소 초등학교[1-2학년]
국어	듣기·말하기	• 이야기, 소설
	읽기	• 인물의 처지·마음 짐작하기
통합	학교	• 건강 및 청결 • 협력
	가족	• 가족 구성원의 역할
	마을	• 동네 사람들이 하는 일, 직업

PBL CREATOR

신규 교사로 발령 받고 바로 다음 해부터 재미교육연구소 연구원
으로 활동하고 있는 7년차 교사입니다. 어떤 교사가 되어야 할까, 어
떤 수업을 해야 할까 고민만 했던 제가 프로젝트학습 연수를 듣고
난 후 유레카를 외치며 재미교육연구소를 찾았습니다. 연구소에서 공
부하고 학교현장에서 실천한 내용을 다른 선생님들께 공유하기 위
해 잼공아카데미 연수강사로 활동하고 있으며 KDI, 한국교육과정평가
원 등의 기관 협력 교재제작 및 연수개발에 참여했습니다. SW를 활용한

윤주쌤

온라인 PBL전문가가 되기 위해 컴퓨터교육 박사과정 중에 있으며, 서울교육대학교 강사로
서 재학생들을 대상으로 SW수업을 하고 있습니다. 「코딩 펭귄의 남극 대탐험(생능출판)」,
「놀면서 배우는 코딩-마이크로비트로 정글탐험(홍릉출판)」에 공저로 참여했습니다.

"안녕하세요? 나는 우리 마을을 깨끗하게 해주는 청소차입니다. 모두들 내가 더럽고 냄새가 난다고 싫어하죠. 내가 가까이 가면 다들 슬금슬금 나를 피해요. 마트에 가도 다른 차 모양 장난감은 많은데 청소차 장난감은 찾아 볼 수 없죠. 하지만 모두가 모르는 나만의 비밀이 있어요. 사실 나는 로봇처럼 모양이 변하는 변신 청소차랍니다! 아주 멋진 청소차 로봇으로 변신해서 뚝딱 청소를 마치고는 다시 청소차 모습으로 돌아오죠!"

"우아! 변신 청소차라니! 저도 변신 청소차가 되고 싶어요!" 꼬마 자동차 재미는 청소 차를 보고 외쳤습니다.

"이런. 내가 변신하는 모습을 봐버렸군요. 다른 자동차들에게는 비밀입니다. 근데 꼬마 자동차라면 경찰차나 소방차가 되고 싶지 않나요? 청소차가 되겠다고요?" 청소차가 놀라서 물었습니다.

"원래 제 꿈은 경찰차였어요. 하지만 이제는 변신 청소차가 되고 싶어요!" 재미는 눈을 반짝이며 말했습니다."

"좋아요. 변신 청소차가 되려면 4가지 미션을 수행해야 합니다. 꽤 힘들고 어려운 과정일 수도 있어요. 멋진 변신 로봇 청소차가 될 준비가 되었나요?" 청소차가 물었습니다.

Q1 변신 로봇 청소차가 되려면 청소차가 하는 일을 알아야 합니다.

- 만약 청소차가 청소를 안 한다면?
  어떤 일이 벌어질까요? 글 또는 그림으로 나타내보세요!

- 청소차가 하는 일 알아보기
  우리 마을을 깨끗하게 해주는 청소차와 환경미화원님들! 언제, 어떤 일을 할까요?

Action Tips 평소 청소차가 하는 일을 알아볼 때는 집 근처에 오는 청소차 관찰, 환경 미화원 인터뷰, 책 읽기, 인터넷 검색 등 다양한 방법을 통해 알아보고 알아본 내용을 스스로 정리해보도록 합니다.

나는야 우리 집 청소차!

Cover Story 2 ★★★★ 청소차의 모습을 디자인해봐!

　　청소차가 얼마나 중요한 지 이제 알겠죠? 그럼 이제 꼬마자동차 재미가 원하는 청소차의 모습을 그려볼까요? 나는 변신 로봇 청소차이기 때문에 평소의 모습과 변신 했을 때의 모습이 다릅니다. 평소에는 많은 쓰레기들을 담아야하기 때문에 큰 쓰레기통 을 트럭 뒷부분에 붙여 놓았죠. 색도 환경을 보호하는 느낌이 들도록 초록색을 사용했고 요. 재활용 로고도 그려놓았어요. 재미는 어떤 모습의 청소차가 되고 싶나요?

　　평소 모습의 청소차를 그려보았다면 이제는 변신 로봇 청소차의 모습을 작은 모형으로 만들어보세요. 클레이, 상자, 색종이, 풀, 가위, 색연필, 싸인펜 등 가지고 있는 도구들 을 이용해 만들어보는 겁니다. 간절히 꿈꾸고 노력하면 내가 바라는 모습대로 이루어진 다는 것은 잘 알고 있죠? 멋진 변신 로봇 모양이 기대되네요!

Q2 평소 청소차 모습을 그림으로 그려보세요. 변신 로봇 청소차 모습은 다양한 도구 를 이용해 작은 모형으로 만들어보세요.

● 내가 되고 싶은 청소차의 모습 그리기

물청소가 되는 청소차, 빗자루가 달린 청소차 등 내가 상상하는 청소차를 그려보세요!	
나의 이름	나의 모습

● 변신 로봇 청소차 만들기
　　변신 로봇 청소차 모형 만들기 재료를 적고, 간단하게 그림으로 그린 뒤 만들어봅니다.

> **Action Tips** 평소 청소차의 모습도 기존의 청소차와 다르게 내가 상상하는 청소차 모습으로 그려봅니 다. 신 로봇 청소차를 만들 때에는 가지고 있는 재료들을 활용해서 만들도록 합니다.

Cover Story 3 청소는 어떻게 하는 걸까요?

꼬마 자동차 재미의 디자인 솜씨가 대단하네요! 아주 멋진 모습의 변신 로봇 청소차 모형이 완성되었어요. 겉모습이 멋진 것처럼 청소차의 핵심 임무도 잘 수행해야겠죠?

청소차의 핵심 임무는 바로 '청소'입니다. 청소는 어떻게 하는 것일까요? 청소하는 방법에 대해 알아보고 순서대로 정리해보세요. 그리고 우리 집 청소차가 되어 청소 계획을 세워봅시다. 마을을 청소하기 전 집 청소가 깔끔하게 잘 되었는지 확인해 볼게요!

Q3 청소하는 방법에 대해 순서대로 정리하고 우리 집 청소 계획을 세워보세요!

● 청소하는 방법 순서대로 정리하기

집 청소하는 방법을 순서대로 적기

● 우리 집 청소 계획 세우기

계획	내가 할 일
1. 변신 로봇 청소차 출동 날짜	
2. 청소 시간	
3. 청소 장소	
4. 청소 방법 순서	

Action Tips 청소차는 딱 하루만 일하지 않습니다. 우리 집 청소차도 날짜, 시간, 장소를 정해서 반복해서 청소를 해야 합니다. 처음부터 큰 계획을 세우기보다는 내 방 또는 거실 등 특정 장소를 정해서 10분 내외로 청소를 시작해 보는 것이 좋습니다.

나는야 우리 집 청소차!

Cover Story 4 변신 로봇 청소차 출동!

꼬마 자동차 재미도 이제 변신 로봇 청소차가 될 준비가 다 된 것 같네요! 청소 계획만 세우고 청소를 하지 않으면 진정한 청소차가 아닙니다. 청소차가 청소를 하지 않으면 어떤 일이 일어나는지 알고 있죠? 변신 로봇 청소차는 청소를 할 때 로봇으로 변신합니다. 우리 집 청소 계획에 맞춰 변신할 때가 되면 변신 구호를 외치며 변신해 볼까요? 우리 집 변신 로봇 청소차! 출동!

Q4 변신 구호와 몸짓을 정해보고 변신 로봇 청소차가 되어 출동해봅시다!

● 변신할 때 외칠 구호와 몸짓 정하고 영상으로 찍어주세요.

● 변신 로봇 청소차가 되어 청소하는 모습을 인증샷으로 찍어주세요.

출동 날짜	인증샷
년 월 일	
년 월 일	
년 월 일	
년 월 일	

Action Tips 변신 구호와 몸짓은 변신 할 때마다 사용됩니다. 영상으로 찍어놓고 출동 날짜가 될 때 영상을 확인한 뒤 출동하여 청소합니다. 책임감 있는 청소차가 되기 위해 출동할 때마다 인증샷 찍는 것도 잊지 않습니다.

잼공 SOLUTION ⑲ 언제, 어디서든, 무엇이든 만들 수 있는 "3D펜 활용 메이커 교육"

메이커 교육은 학생들이 직접 자신의 경험과 관련된 의미 있는 결과물을 만들어 내는 과정을 통해 창의력·문제해결력 등의 고차원적 사고력을 기르는 데 목적을 두고 있습니다. 4차 산업 혁명이 도래하고 과학 기술이 발전함에 따라 다양한 IT도구들을 사용한 메이커 교육이 확산되고 있습니다. 그 중 3D펜은 어린 아이들도 안전하고 쉽게 사용할 수 있는 메이커 도구입니다.

최근 나온 3D펜은 유아들도 사용할 수 있도록 제작되었습니다. 무향·무독성 필라멘트를 3D펜에 끼운 뒤 저온으로 녹여 층층이 쌓으면 원하는 모든 물건을 만들어 볼 수 있습니다. 인터넷에 있는 다양한 3D도안을 무료로 다운받아 나만의 작품을 만들어 보세요! 독서 교육과 연계해서 표현도구로 활용하는 것도 강력 추천합니다.

모즈의 마법사 - 모즈은행을 부탁해

SYNOPSIS

'모즈의 마법사 - 모즈은행을 부탁해'는 L.프랭크 바움의 『오즈의 마법사』의 스토리를 반영하여 개발한 한국은행화폐박물관 전시물 연계 경제교육 프로그램입니다. 『오즈의 마법사』는 20세기 미국의 금본위제(금의 일정량의 가치를 기준으로 단위 화폐의 가치를 재는 제도)에 대해 경제 우화로 그려낸 작품이기도 한데요. 원작의 내용과 캐릭터들의 특징을 최대한 살려서 프로그램을 만들었습니다.

참여자는 용돈에 대한 고민을 가진 주인공 '로시'와 함께 '모즈(Museum+OZ)'의 은행 설립을 돕는 역할을 부여받게 되는데요. 한국은행화폐박물관에서 은행의 역할, 기능, 중요성, 위조지폐 등 경제 및 화폐에 대한 기초적인 지식을 다양하게 탐구하며 각종 미션들을 수행하게 됩니다. 사전학습, 본 학습, 사후학습을 거치는 문제해결과정을 통해 참여자는 '불필요한 지출'에 대해 인식하고 용돈을 관리하는 방법을 배우며, 나아가 터득한 내용을 생활에서 실천할 수 있는 방법을 고민해볼 수 있습니다.

◆ 적용대상(권장): 초등학생 5학년 - 중학생 3학년
◆ 학습예상소요기간(차시): 4차시(1차시당 2시간)
◆ 준비물 : 에코백(사치마녀의 가방), 카드수첩, A4 용지 1장, 필기구, A4 받침판
◆ 관련교과 내용요소(교육과정)

교과	영역	내용요소	
		초등학교[5 - 6학년]	중학교[1 - 3학년]
국어	듣기 · 말하기	• 자료를 정리하여 말할 내용을 체계적으로 구성한다.	• 설득 전략 분석 • 배려하며 말하기
	읽기	• 매체에 따른 다양한 읽기 방법을 이해하고 적절하게 적용하며 읽는다.	• 사회문화적 화제 • 참고자료 활용
사회	우리나라의 경제발전	• 여러 경제활동의 사례를 통하여 자유경쟁과 경제 정의의 조화를 추구하는 우리나라 경제체제의 특징을 설명한다.	• 경제활동에서 희소성으로 인한 합리적 선택의 필요성을 이해하고 기본적인 경제문제해결을 위한 방식으로서 경제체제의 특징을 분석한다. • 일생동안 이루어지는 경제생활을 조사하고, 경제적으로 지속가능한 생활을 위한 금융생활의 중요성을 이해한다.

수학	수와연산	• 자연수의 혼합계산	–
도덕	자신과의 관계	• 자주적인 삶을 위해 자신을 이해하고 존중하며 자주적인 삶의 의미와 중요성을 깨닫고 실천방법을 익힌다.	• 나는 어떤 가치를 추구하는가? • 행복한 삶을 위해 좋은 습관이 필요한 이유는?

PBL CREATOR

지혜쌤

재미교육연구소 6년차가 된 책임연구원이자, 박물관, 미술관이 수많은 사람에게 일생에서 만날 수 있는 흥미로운 제3의 공간으로서 더할 나위 없는 곳이 되는 것을 꿈꾸고 있는 박물관 학예사입니다. 그 꿈을 실현시킬 수 있는 방법으로 '프로젝트학습'에 매료되어 저의 능력을 키우고 있는 중입니다. 학부에서는 미술을, 대학원에서는 박물관·미술관교육을 전공하였으며, 새로운 것에 대한 학습과 발견을 즐기고, 생각의 시각화를 좋아합니다. 어떤 순간에도 의미 있는 이야기를 할 줄 아는 인문학적인 사람을 지향합니다.

Today is better than yesterday!

Cover Story 1 ★ 나는 로시, 갖고 싶은게 생겼어!

'용돈', 이름만 들어도 설레는 이름! 누구나 한번쯤, 용돈에 대한 고민을 해보았을 텐데요. 용돈, 여러분은 어떻게 관리하고 있나요? 여기 '로시'라는 친구의 편지입니다. 로시 또한 용돈에 대한 깊은 고민을 하고 있는 것 같습니다. 아래 편지를 잘 읽어주세요.

나는 로시, 한 달 용돈은 10만원이야. 요즘 갖고 싶은 게 생겼어. 그건 바로 닌도도 스위치야. 가격은 35만원... 부모님께 사달라고 하지 않고 직접 돈을 모아 3개월 만에 꼭 사고 싶어. 유튜브에 '용돈 모으는 법'을 검색했는데, 비슷한 고민을 하는 친구들이 많더라. 먼저 내가 적어온 최근 3개월간의 용돈기입장을 보여줄게. 내 용돈기입장을 보고 먼저 어떻게 용돈을 관리하면 좋을지 함께 생각해보고 의견을 적어줘.

로시 용돈기입장(2020. 2.)

2월	날짜(요일)	수입/지출	내용	금액
첫째주	2. 1. (일)	수입	2월 용돈(엄마)	+100,000
	2. 3. (월)	식비	친구들과 집 앞 가게에서 떡볶이 먹고 쏨	-7,000
	2. 5. (수)	학용품	다이소에서 갖고 싶었던 형광펜이 마침 1+1이어서 구매함	-2,000
	2. 7. (금)	반려동물	토토 간식 구매함 (토토를 기를 때 간식은 내가 구매하기로 약속함)	-10,000
			합 계	81,000
둘째주	2. 9. (일)	수입	할머니께서 부모님 몰래 용돈 주셨음	20,000
	2. 10. (월)	식비	친구들과 집 앞 가게에서 떡볶이, 순대 먹음	-3,000
	2. 11. (화)	경조사	할머니 생신선물 구매	-15,000
	2. 14. (금)	식비	아빠를 위해 발렌타인 초콜릿 구매	-5,000
			합 계	-3,000
셋째주	2. 17. (월)	식비	친구들과 집 앞 가게에서 떡볶이 먹음	-5,000
	2. 19. (수)	교육	교보문고 쿠폰이 생겨서 갖고 싶었던 문제집 온라인으로 주문함	-11,000
	2. 20. (목)	반려동물	토토 간식 구매함	-7,000
	2. 22. (토)	기타	친구에게 돈 빌려줌 (다음 주 월요일 떡볶이 모임 때 갚기로 약속함)	-5,000
			합 계	-28,000
넷째주	2. 24. (월)	식비	떡볶이, 튀김, 오뎅 계산함 (친구가 돈을 안 갚음)	-8,000
	2. 25. (화)	반려동물	토토 정기검진 비용(나이가 많아서 정기검진 받음)	-20,000
	2. 27. (목)	기타	카카오톡 이모티콘 구매하고 싶다고 했더니 아빠가 대신 결제해주심	-2,200
	2. 29. (토)	미용	온라인으로 립밤 구매함	-8,000
			합 계	-38,200
			주 간 총 액	11,800

로시 용돈기입장(2020. 3.)

3월	날짜(요일)	수입/지출	내용	금액
첫째주	3. 1. (일)	수입	3월 용돈(아빠)	+100,000
	3. 3. (월)	식비	친구들과 떡볶이, 순대 먹고 더치페이함	-5,000
	3. 6. (금)	반려동물	토토 간식 및 안약 구매함	-18,000
	3. 7. (토)	기타	숨겨놓은 비상금의 자리를 잊어버림	-10,000
			합 계	67,000
둘째주	3. 9. (월)	식비	친구들과 떡볶이 먹고 사다리타기해서 제일 돈 적게 계산함	-1,000
	3. 11. (수)	미용	아이여드름용 순한 시카밤 구매함	-18,000
	3. 13. (금)	학용품	수학 오답노트용 공책, 편지지, 캐릭터클립 구매함	-8,500
	3. 13. (금)	수입	온라인 수업 중 숙제 제일 잘했다고 문화상품권 받음	+5,000
			합 계	-22,500
셋째주	3. 16. (월)	식비	친구들과 떡볶이, 튀김 먹고 뽑기해서 제일 돈 적게 계산함	-2,000
	3. 18. (수)	반려동물	토토 간식 및 장난감 구매함	-6,000
	3. 19. (목)	취미	천연비누만들기용 재료 구매함(계량비커, 저울, 몰드는 있음)	-25,000
	3. 20. (금)	수입	할머니댁에 방문하여 비누 3개를 선물드렸더니 용돈 몰래 주심	+20,000
			합 계	-13,000
넷째주	3. 23. (월)	식비	떡볶이 모임 친구 1명이 아파서 다른 친구 한명과 먹고 계산함	-3,000
	3. 25. (수)	반려동물	토토 정기검진함 (10회 쿠폰으로 10% 할인받음)	-18,000
	3. 27. (금)	기타	물랑이 캐릭터 스티커랑 포스트잇 구매함	-5,000
	3. 30. (월)	식비	떡볶이 모임하고 집에 오는 길에 호런불 구매함	-7,000
			합 계	-33,000
			주 간 총 액	-1,500

로시 용돈기입장(2020. 4.)

4월	날짜(요일)	수입/지출	내용	금액
첫째주	4. 1. (수)	수입	4월 용돈(엄마)	+100,000
	4. 2. (목)	취미	다이어리 꾸미기용 스티커, 테이프, 레몬색깔 형광펜 구매함	-5,500
	4. 4. (토)	집안일	엄마가 발을 다쳐서서 하루동안 심부름했더니 추가 용돈 주심	+5,000
	4. 5. (일)	기타	식목일 기념 나만의 화분 만들기 위해 토마토나무 씨앗 구매함	-1,000
			합 계	98,500
둘째주	4. 6. (월)	식비	떡볶이 모임이지만 이날은 공차에서 밀크티 마시고 헤어짐	-5,900
	4. 8. (수)	반려동물	토토 간식 및 옷 구매	-15,000
	4. 10. (금)	기타	옛날에 숨겨놓은 비상금 찾아냄(2월에 숨겨놓은 비상금 아님)	+5,000
	4. 12. (일)	기타	지갑에서 돈을 꺼내다가 실수로 찢어버림	-10,000
			합 계	-25,900
셋째주	4. 14. (월)	식비	떡볶이, 순대, 튀김 먹고 공차에서 밀크티도 마심	-12,500
	4. 16. (목)	교육/미용	영어 쓰기용 공책, 팔찌 구매함	-6,000
	4. 17. (금)	기타	아빠 바지 주머니에서 돈을 발견했는데 엄마가 가지라고 하심	+2,000
	4. 19. (일)	취미	천연비누 만들기 재료 온라인 구매함	-12,000
			합 계	-28,500
넷째주	4. 20. (월)	식비	떡볶이, 라면 먹고 아이스크림도 사먹음	-5,000
	4. 24. (금)	저축	요즘 돈을 많이 쓴 것 같아서 돼지저금통에 조금 저축함	-3,000
	4. 25. (토)	식비	사촌동생 놀러옴. 집 앞 슈퍼에서 아이스크림 사줌	-3,000
	4. 27. (월)	식비/반려동물	떡볶이 모임 갔다가 토토 정기검진 다녀옴	-27,000
			합 계	-38,000
			주 간 총 액	6,100

Qi 로시와 비슷한 경험이 있나요? 여러분의 생각을 솔직하게 친구들과 나누며 로시가 지출한 용돈들 중 앞으로 계속 지출해도 되는 항목과 더 이상 지출하지 말아야 할 항목을 정해서 최대한 돈을 아낄 수 있는 방법을 생각해봅시다.

● '로시의 용돈기입장'을 확인하세요.

1. 로시에게 꼭 필요한 지출 항목은 무엇이라고 생각하나요?

로시에게 꼭 필요한 지출	로시에게 필요하다고 생각한 이유

2. 로시가 꼭 지출하지 않아도 된다고 생각한 항목은 무엇인가요?

로시에게 불필요한 지출	로시에게 필요하지 않다고 생각한 이유

Action Tips 가장 먼저 돈을 모으기 위해서는 가지고 있는 돈을 잘 아끼는 것이 첫 번째 단계이겠죠? 인터넷에 '용돈 모으는 법'을 검색하여 어떤 방법들에 대해 의견을 나누고 있는지 살펴보고 로시의 용돈기입장을 친구와 함께 분석하여 최대한 아낄 수 있는 부분이 어떤 것인지 정리해봅시다.

모즈의 마법사 - 모즈은행을 부탁해

Cover Story 2 한국은행화폐박물관에서 만난 차곡차곡마녀 그리고 허수아비

박물관에 도착하여 보니 근대식 건물의 멋스러움이 느껴졌습니다. 전시실에서 노트를 펼치자 어떤 사람이 말을 걸어왔습니다.

"안녕? 나는 차곡차곡마녀란다."

그녀는 차원의 문이 열려 시공간이 얽히면서 다른 차원의 세계인 모즈와 한국은행 화폐박물관이 연결되었다고 하며, 부유했던 모즈가 흥청망청마녀의 마법으로 백성들의 돈낭비가 심해져 가난해지고 있다고 말했습니다. 이어서 마녀는 이곳의 '은행'을 공부하여 모즈에도 은행을 설립하고 싶다며 은행에 대한 자료를 모아줄 것을 요청했습니다. 또한 마녀는 사치마녀의 물건들을 건네며 조사에 도움이 될 것이라며 모즈의 백성들을 만나게 되면 도와줄 것을 당부했습니다. 차곡차곡마녀가 사라지자 어디선가 바스락 거리는 소리가 들리는 듯 했습니다. 허수아비였습니다.

"안녕? 차곡차곡마녀가 모즈은행 설립을 도와달라고 했다고? 참새가 와서 알려주더라... 은행이 있다면 좋을 것 같은데 한 가지 걱정이 있어. 나는 머릿속이 지푸라기라서 은행이 세워져도 잘 이용하지 못할까봐 걱정이 돼. 내가 똑똑하게 은행을 이용할 수 있도록 조사를 부탁하고 싶어. 꼼꼼하게 작성 부탁해!"

Q2 한국은행화폐박물관 제1전시실에서 만난 허수아비

1. 제1전시실에서 '중앙은행'에 대한 조사를 하여 아래 칸을 작성해봅시다.

조사 주제	조사 내용
중앙은행이 생겨난 이유	
중앙은행이 하는 일	

2. 제1전시실에서 '한국은행'에 대한 조사를 하여 아래 칸을 작성해봅시다.

조사 주제	조사 내용
한국은행 설립 배경	
한국은행이 하는 일	

Action Tips 서울시 중구 한국은행화폐박물관에 무사히 도착하였나요? 문제를 읽고 나서 사치마녀의 아이템인 에코백, 필기구, A4용지, 받침판을 챙겨주세요. 활동지 순서대로 전시실에서 미션을 차근차근 풀어나가봅시다. 박물관 관람예절과 편의시설 위치 등 프로그램에 참여하는 동안 타인에게 피해를 주지 않도록 주의해야 합니다.

Cover Story 3 ★★★★ 모즈은행에서 사용될 아름다운 지폐를 만들고 싶은 양철인간

허수아비와 이야기를 마치자 어디선가 깡통이 서로 부딪히는 소리가 들렸습니다. 양철인간이었습니다.

"안녕? 허수아비도 오랜만이야. 나는 양철인간이란다. 처음 본 차곡차곡마녀의 부탁을 들어주다니 너희들은 따뜻한 마음을 지녔구나. 나도 너희들의 그런 따뜻한 마음을 가지고 싶어. 난 양철이고 속은 텅 비어있거든... 모즈은행이라고 하니 한 가지 생각난 것이 있어. 은행이 세워진다면 그곳에 사용될 아름다운 화폐가 있어야겠지? 아름다운 글, 아름다운 그림, 아름다운 색깔! 난 모즈에 어울리는 지폐를 만들고 그 그림으로 위대한 마법사 모즈에게 마음을 달라고 해볼래. 도와주겠니? 이곳에는 지구의 화폐가 모여 있는 곳이 있으니 참고해보렴. 가장 중요한 것은 위조방지 무늬를 넣는 거야. 숨은그림찾기처럼 말이지!"

Q3 제2전시실에서 만난 양철인간 (제2전시실과 제4전시실 활용)

1. 모즈의 지폐를 만들기 위해 전시실의 전시물들을 참고하여 아이디어를 생각해봅시다.

조사 주제	조사 내용
화폐란 무엇일까요? 누가, 어떻게 만드는 것일까요	
전시실에서 '새로운 화폐 발행 절차 과정'을 찾고, 그 과정을 적어보세요.	

모즈의 마법사 - 모즈은행을 부탁해

2. 모즈의 지폐를 디자인해봅시다. (단위는 10,000원권)

구분	내용
모즈 지폐의 크기	
모즈 지폐에 들어갈 그림	
모즈 지폐에 들어갈 글	
위조지폐 방지 무늬 ※'우리나라 은행권 첨단 위조 방지 장치 체험물 참조	
모즈 지폐를 만들 재료 ※전시실 '화폐의 제조' 참고	

3. 완성된 지폐를 그려봅시다.

4. 지폐를 올바르게 사용하는 태도는 무엇인가요?

Action Tips 화폐전시실에서 전세계 화폐들과 동전들을 관찰해보세요. 어떤 나라의 화폐가 가장 아름답나요? 모즈에 어울리는 지폐 디자인을 할 수 있도록 꼼꼼히 메모하며 관람합시다.

허수아비와 양철인간과 함께 새롭게 만든 지폐를 구경하고 있던 로시는 어디선가 '크렁'하는 소리에 깜짝 놀랐습니다.

"안녕? 나는 겁쟁이 사자야. 모즈은행 이야기를 나도 들었어. 겁 많은 내가 은행을 믿고 잘 이용할 수 있을까? 내가 소중히 모은 돈은 누가 관리하는 거지? 내가 안심하고 돈을 맡길 수 있도록 믿음을 키우고 싶어. 어떤 사람들이 은행을 운영하는지 알고 싶어. 그리고 나와 같은 걱정을 할 수 있는 어린이, 청소년들을 위한 안전한 예금상품을 만들어서 차곡차곡마녀에게 제안하고 싶어. 특히 어린 친구들을 위해 미션이 포함된 재미있는 예금상품이면 좋겠어. 예를 들어 한 달에 3번 저금한다면 빵집 쿠폰을 주는 혜택이 있는 것처럼 말이야."

Q4 한국은행화폐박물관 중간층에서 만난 겁쟁이 사자

1. 한국은행화폐박물관 중간층에는 옛 총재실, 옛 금융통화위원회 회의실이 있습니다. 그곳에서 겁쟁이 사자를 위해 은행을 이끄는 사람들을 주제로 멋진 사진을 찍어보세요!

옛 총재실	옛 금융통화위원회 회의실
QR코드를 활용하여 한국은행 총재와 기념사진 촬영하기	Youtube '금통위 VR체험' 체험을 하고, 의장 자리에서 기념사진 찍기

2. 어린이, 청소년을 위한 예금상품을 조사해 보고(어린이 금융상품을 검색해보세요), 직접 예금 상품과 혜택에 대한 아이디어를 생각해봅시다.

은행명	예금상품명	대표 혜택
내가 생각한 어린이·청소년 예금상품 아이디어		

3. 예시를 참고하여 어린이, 청소년들을 위한 예금상품 통장의 첫 페이지를 만들어봅시다.

예시

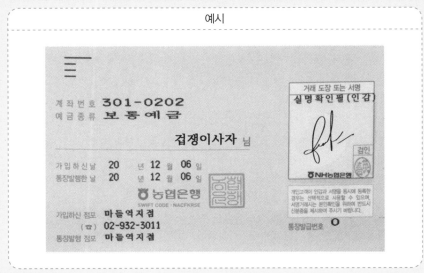

통장의 첫 페이지 만들기

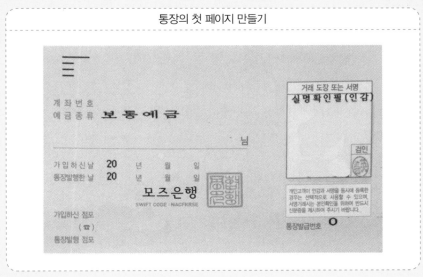

Action Tips 옛 총재실과 옛 금융통화위원회 회의실에서 국가 경제에 대해 열심히 논의했던 분들의 마음을 느껴봅시다. '어린이 금융상품'은 주고객을 어린이, 청소년을 대상으로 하여 은행에서 제공하는 상품으로, 인터넷으로 검색하여 종류를 알아봅시다. 통장의 첫 페이지에서는 활용될 계좌번호, 도장 혹은 싸인도 임의로 만들어봅시다. 은행지도 집에서 가까운 은행은 어디인지 검색해본 뒤 작성해봅시다.

겁쟁이 사자가 만족스러운 안도의 한숨을 내쉬자 허수아비, 양철인간, 로시도 함께 기뻐하였습니다. 이윽고 위대한 마법사 모즈가 모습을 드러냈습니다.

"차곡차곡마녀가 말한 아이들이 너희구나. 나는 마법사 모즈! 모즈은행을 만들기 위해서 가장 중요한 것이 있는데, 그건 바로 흥청망청마녀의 수첩이란다. 원래는 모즈 여왕의 수첩이었으나 흥청망청마녀가 훔쳐 달아났단다. 그 수첩에는 모즈를 부유하게 만들 비밀들이 적혀있으나 마녀가 지독한 마법으로 수첩을 병들게 하였지. 그 뒤엔 흥청망청 마법으로 백성들이 낭비를 하도록 마법을 걸었단다. 마녀를 이기고 그 수첩을 가져다 다오. 수첩을 가지고 온다면 너희가 필요로 하는 것을 주겠다."

마지막으로 마법사 모즈는 흥청망청마녀가 있는 곳은 '사용할 수 없는 돈이 산더미처럼 쌓여있고, 그 무게를 들어야 하는 곳'이라고 말했습니다. 로시와 친구들은 모즈의 수수께끼를 풀어야만 했습니다.

Q5 흥청망청마녀를 소환하라!

1. 마법사 모즈가 알려준 수수께끼를 풀어 흥청망청마녀의 위치를 찾아봅시다.

> 사용할 수 없는 돈이 산더미처럼 쌓여있고, 그 무게를 들어야 하는 곳

2. 우리나라 사람들이 만약 흥청망청마법(돈을 낭비하게 되는 마법)에 걸린다면 어떻게 될까요?

Action Tips 모형의 돈이 가득 있는 공간은 어디일까요? 전시실 지도를 이용하거나 전시안내를 해주시는 분들께도 여쭤봅시다. 도착 후에 흥청망청마녀의 흥청망청마법에 걸린다면 어떻게 될지 한번 생각해보면서 근검절약, 부지런한 태도 등 돈을 모으거나, 돈을 쓸 때 되새겨볼 수 있는 옛 선조들의 지혜가 담긴 우리나라 속담들을 잘 떠올려보세요.

모즈의 마법사 - 모즈은행을 부탁해

Cover Story 6 ★ 체험학습실에서 흥청망청마녀의 수첩을 복원하라!

> 흥청망청마녀의 수첩은 기대보다 훨씬 낡고 많이 훼손되어 있었습니다. 흥청망청마녀의 방으로 오자, 어디선가 목소리가 들려왔습니다.
>
> "나는 흥청망청마녀의 수첩... 하지만 원래는 모즈여왕의 수첩이었지. 마녀가 지독한 마법을 걸어두었지만, 하늘원숭이들이 날 만지면서 마법이 많이 약해졌단다. 이제 나의 마법을 완전히 풀어줘! 나는 경제에 대한 관심을 흡수하며 강해진단다.
>
> 한국은행화폐박물관 체험학습실에서 가장 마음에 드는 3가지 활동을 완료하며 증거 사진을 찍어주렴. 그 다음 훼손된 문제들을 맞추면 원래 모습을 되찾을 수 있을 것 같아."

Q6 체험학습실에서 힘을 얻는 흥청망청마녀의 수첩!

1. 한국은행화폐박물관 2층 체험학습실에서 가장 마음에 드는 3가지 체험을 하며, 새롭게 알게 된 것을 메모합시다. 이 내용은 은행을 만들 때 반드시 반영될 예정이랍니다.

3가지 체험을 하며 새롭게 알게 된 것 메모하기

Action Tips 1. 흥청망청마녀의 수첩이 걸린 마법을 풀기 위해서는 경제와 관련된 즐거운 체험을 해야합니다. 또한 경제교육 영상, 자료들을 쉽게 만날 수 있는 방법들을 알고 활용할 수 있게 된다면, 올바른 경제관념이 흥청망청마녀가 훼손한 수첩을 되살릴 수 있는 힘이 됩니다.
2. 복원 후 허수아비의 카드수첩, 양철인간의 지폐, 겁쟁이 사자의 통장, 예금상품 제안서를 사치마녀의 가방에 담아 모즈의 선물과 교환하세요. (※활동지를 활용하세요) 모즈의 선물은 허수아비는 이수증. 양철인간은 심장그림뱃지, 겁쟁이사자는 훈장, 로시는 모즈의 지출계획서입니다.

2. 흥청망청 마녀의 수첩이 훼손된 부분을 완성하라!

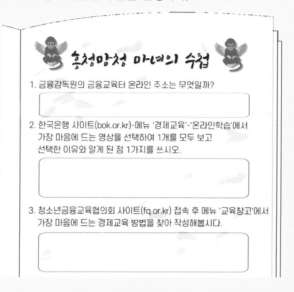

이미지 출처: 미리캔버스(miricanvas.com)

모즈의 마법사 - 모즈은행을 부탁해(집 혹은 교실에서 하는 활동입니다.)

Cover Story 7 ★★★ 모즈의 지출계획서를 가지게 된 로시

위대한 마법사 모즈로부터 받게 된 지출계획서를 보자 닌o도 스위치를 구매하기 위해서 계획을 세우고 싶어진 로시였습니다.

"정말 고마워. 지출계획서를 작성하고 그대로 지킨다면 3개월 안에 원하는 닌o도 스위치를 살 수 있겠지? 어떻게 하면 좋을지 함께 고민해줄래? 우리는 청소년이니까 현실적으로 실천할 수 있고 정당한 방법으로 용돈을 모을 수 있도록 아이디어를 모아줘. 수입과 지출 모두 함께 작성해보자. 그럼 같이 고민해보자!"

Q1 3개월 안에 로시가 35만원을 모을 수 있도록 한 달 간의 지출계획서를 작성해봅시다. 로시의 용돈기입장을 참고하세요.

1. 로시가 용돈을 더 모을 수 있는 아이디어를 가족과 이야기하여 정해보세요.
(은행 이용, 가사일을 돕고 용돈벌기는 제외(※경제교육 시 권장사항), 자신의 능력 활용하기)

1	예시) 중고물품을 판매한다.
2	
3	

2. 로시의 용돈기입장을 참고하여 수입과 필요한 지출 위주로 3개월동안 35만원을 모을 수 있도록 계획서를 작성해봅시다. (작성 후 계산은 필수!)

항목(수입/지출)	금액	수입/지출예정일	실제 수입/지출액
용돈	100,000	수입	100,000

Action Tips 1. 항목(수입/지출) – 용돈을 받거나 추가로 돈을 버는 것은 '수입', 돈을 쓰는 것은 '지출'입니다.
2. 수입/지출 예정일 – 언제 돈을 써야하는지 기준을 세워 봅시다.
3. 실제 수입/지출액 – 계획서를 실제로 사용할 때 작성해보세요.

로시와 함께한 <모즈의 마법사 – 모즈은행을 부탁해> 프로그램은 어땠나요? 새로 알게 된 점, 더 알고 싶은 내용, 활동을 하며 느꼈던 점, 가장 열심히 했던 부분, 아쉬운 부분 등 여러분의 생각을 자유롭게 작성해보아요.

Q8 활동 참여 과정을 떠올리며 차근차근 작성해봅시다.

1. 새롭게 알게 된 것

2. 더 알고 싶은 것

3. 가장 열심히 했던 활동

4. 가장 어렵거나 아쉬웠던 활동

5. 느낀 점

Action Tips 성찰일기를 통해 PBL문제를 해결하는 과정에서 새롭게 알게 된 내용들을 정리하면서 나의 지식으로 만들고 참여 태도를 점검하며 향후에 더 발전된 모습을 상상해볼 수 있습니다. 빈 칸 없이 모두 꼼꼼하고 솔직하게 작성해주세요.

문유석 판사의 『쾌락독서』에서 저자는 어린시절 느꼈던 독서의 즐거움에 대해 '머릿속에서 하루 종일 넷플릭스를 시청하고 있었달까.' 라고 표현합니다. 텍스트로 묘사되는 작품 속 세계는 독자로 하여금 자연스럽게 머릿속에서 넷플릭스 영화처럼 생생한 영상들의 파노라마가 되죠.

즉 모든 독자는 자연스럽게 '나에게 꼭 맞는 넷플릭스 영화감독' 이 된다고 볼 수 있습니다. 실제로 많은 이야기들은 예술가들에게 영감의 원천이 되어 영화로 제작되었습니다. 〈오즈의 마법사〉도 그 중 하나였죠. 원작 이야기를 읽은 후 영화를 본다면 당시 영화를 만들었던 사람들의 머릿속을 탐험하는 기분을 느낄 수 있을 겁니다. 반대로 영화에서 책이 된 작품들도 있습니다. 이러한 작품들을 조사하고, '나의 상상기록장' 을 만들어 떠오르는 것을 그림으로 그리거나 본 것을 묘사해본다면 영화와 책에 표현된 '머릿속 존재' 들을 예술가들과 겨뤄볼 수 있지 않을까요? 그야말로 '예술적인 독서활동' 이 될 수 있을 겁니다.

천하제일너튜버대회 -여행편-

SYNOPSIS

'천하제일너튜버대회 -여행편-'은 쥘 베른의 모험소설 「80일간의 세계일주」를 현대적으로 해석해 개발한 PBL프로그램입니다. 필리어스 포그의 세계 일주가 신문 매체를 통해 대서특필이 되는 것처럼, 자신이 기획한 세계 여행을 1인 미디어 매체를 통해 소개하는 상황을 제시하고 있습니다. 학습자는 여행 주제와 장소를 선정하여 조사하고, 만든 영상을 공유하며 세계에 대한 정보를 나누게 됩니다. 이 과정
에서 세계에 대한 다양한 정보를 수집하며 공간에 따라 달라지는 사람들의 다양한 생활 모습을 탐색하게 됩니다.

◆ 적용대상(권장): 초등학교 6학년 – 중학교 3학년
◆ 학습예상소요기간(차시): 6 – 8일(6 – 8차시)
◆ 관련교과 내용요소(교육과정)

교과	영역	내용요소	
		초등학교[5 – 6학년]	중학교[1 – 3학년]
사회	지리 인식	• 세계 주요 대륙과 대양의 위치와 범위, 대륙별 국가의 위치와 영토 특징	• 위치와 인간 생활
	인문환경과 인간생활	• 세계의 생활문화와 자연환경 및 인문환경 간의 관계	• 문화권
국어	듣기·말하기	• 매체를 활용하여 발표하기	• 매체 자료의 효과

PBL CREATOR

재미교육연구소 3년 차 연구원이자, 10년 차 초등교사입니다. 프로젝트학습에 매료되어 함께하게 되었고, 연구와 실천을 거듭할수록 그 매력에 더 빠져들고 있습니다. 보드게임, SW교육 분야에 특히 관심이 많으며, 프로젝트학습과의 접목을 위한 다양한 연구를 하고 있습니다. 저는 아이들과 더불어 배우고 성장하는 것이 즐겁습니다. 우리 아이들이 저와의 만남을 통해 삶의 여러 가치들을 배운다면 더할 나위 없이 행복할 것입니다. 프로젝트학습에 대한 고민도 바로 그곳에서 시작했습니다. 아직

지호쌤

프로젝트학습에 대해 배울 부분이 많지만, 하나하나 실천하고 알아가며 아이들과 함께 성장해 가도록 하겠습니다.

Cover Story 1 ★ 도전! 천하제일너튜버대회!

　영국의 신사 필리어스 포그가 전 세계를 80일 만에 여행한지 147년이 흘렀다. 당시에는 세계 여행은 흔치 않은 일이었기 때문에 포그의 세계 일주는 신문에 대서특필이 될 정도로 굉장한 사건이었다. 하지만 지금은 누구나 세계 여행을 즐기고, 많은 사람들이 자신의 여행을 글이나 사진, 영상으로 정리해 개인 미디어에 공유하며 서로 소통하고 있다.

　이때, 개인 미디어 플랫폼의 대표주자 너튜브가 "모두가 가진 나만의 콘텐츠"를 발굴하기 위한 천하제일너튜버대회를 대대적으로 열었다. 너튜버들이라면 모두가 갈망하는 스페셜 버튼이 걸린 천하제일너튜버대회! 그 소식에 사람들은 열광했고, 멋진 기회라 생각한 우리들은 여행 부문에 참가하기로 했다. 다가올 여름방학에 우리만의 주제를 갖고 전 세계를 누빌 생각에 벌써부터 심장이 두근거린다.

　"내 심장이 Bounce! Bounce!"

Q1 사람마다 여행하는 목적은 제각각입니다. 여러분들은 어떤 테마(주제)로 여행을 떠나고 싶은가요? 모둠원들과 다양한 여행주제들을 떠올려 봅시다.

여행주제를 자유롭게 떠올리며 마인드맵을 그리세요.

여행
주제

우리 모둠이 고른 여행 주제는 바로 (　　　　　　　　)입니다!

Q2 우리 모둠의 여행 주제에 어울리는 너튜브 채널 이름과 닉네임을 정해 주세요.

채널 이름 :

닉네임 :

Action Tips 여행 주제를 쉽게 떠올리지 못할 때는 여행 주제의 예시를 일부 소개하여 방향을 안내해 주세요. 자연 현상이나 지형, 기후 등의 자연 환경 투어, 유적지 탐방, 종교 시설, 음식, 축제, 지역별 특산품 쇼핑, 전통문화 체험, 셀피, 액티비티 등 다양한 주제가 나올수록 학생들의 활동이 풍성해집니다. 실제 여행 책자나 여행 유튜버들의 여행 주제를 살펴보는 것도 여행 주제를 잡는 데 큰 도움이 됩니다.

천하제일너튜버대회 -여행편-

Cover Story 2 세계, 어디까지 갈까?

우리는 설레는 마음을 안고 너튜버 대회 공지를 읽었다. 너튜브는 이번 대회에서 대륙마다 숨겨져 있는 보물 같은 장소들을 소개하는 여행 영상을 모집한다고 한다. 여행 주제와 어울리는 곳은 어디일까? 우리는 주제에 맞는 나라들을 정하기 위해 머리를 맞대었다.

Q3 여행 주제에 맞는 여행 후보지를 대륙별로 나누어 찾고, 후보지를 고른 까닭을 적어봅시다.

우리의 여행 주제〈 　　　　　　　　　　　　〉		
유럽	아시아	북아메리카
후보국가:	후보국가:	후보국가:
선정이유:	선정이유:	선정이유:
아프리카	오세아니아	남아메리카
후보국가:	후보국가:	후보국가:
선정이유:	선정이유:	선정이유:

Q4 여행할 나라를 대륙별로 하나씩 최종 선정해주세요.

유럽	
아시아	
북아메리카	
아프리카	
오세아니아	
남아메리카	

Action Tips 여행지를 선정할 때 우선 주제와 관련 있는 세계의 모습을 자유롭게 떠올린 다음 정보를 찾아보는 것이 좋습니다. 예를 들어 주제가 자연 환경이라면 사막, 빙하, 초원, 오로라를 먼저 떠올린 후 각각의 내용을 찾아보도록 하는 것입니다. 퀘스트4에서 선정한 여행지들이 막상 정보가 부족하다면 앞으로 진행될 퀘스트 진행이 어려워질 수 있습니다. 이런 경우 모둠원과 다시 이야기를 나누어 다른 여행지로 변경할 수 있도록 합니다.

천하제일너튜버대회 -여행편-

Cover Story 3 여행의 시작 – 타다

　가고 싶은 나라를 신나게 정한 우리는 곧 여행 일정 때문에 고민에 빠졌다. 전 세계를 여행하는데 주어진 시간이 고작 여름방학 기간인 20일 뿐이기 때문이다. 어떻게 하면 이 짧은 시간 동안 세계 여행을 할 수 있을까. 우리의 고민은 점점 깊어만 갔다. 순간 '80일간의 세계 일주' 책이 머릿속을 스쳐 지나갔다. 이야기 속 필리어스 포그는 당시에 가장 빨리 세계 일주를 마친 사람이다. 필리어스 포그가 다녀온 여행 일정을 알면, 우리도 여행 계획을 좀 더 효율적으로 짤 수 있을 것만 같았다. 희망을 찾은 우리는 다시 한번 책을 살펴보기 위해 서둘러 도서관으로 향했다.

Q5 필리어스 포그는 80일 만에 세계 일주를 할 수 있도록 교통 수단과 시간을 정리한 기사를 보고 여행을 결심합니다. 실제로 필리어스 포그의 세계 일주 경로와 교통수단, 이동 시간을 세계지도에 표시하며 정리해 봅시다.

경로	교통수단	이동 시간
런던 → 수에즈	기차와 증기선	7일
수에즈 → 뭄바이	증기선	13일
뭄바이 → 콜카타	기차와 코끼리	3일
콜카타 → 홍콩	증기선	13일
홍콩 → 요코하마	증기선과 요트	6일
요코하마 → 샌프란시스코	증기선	22일
샌프란시스코 → 뉴욕	기차	7일
뉴욕 → 런던	화물선과 기차	10일

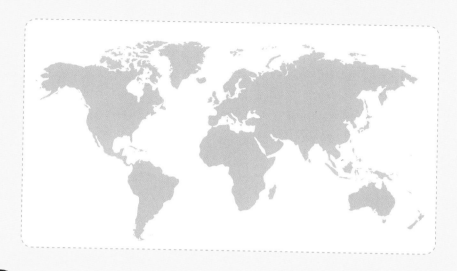

Q6 여행할 나라를 지도에 표시하고 20일 안에 다녀올 수 있도록 이동 경로와 교통수단, 이동 시간을 지도에 표시해봅시다.

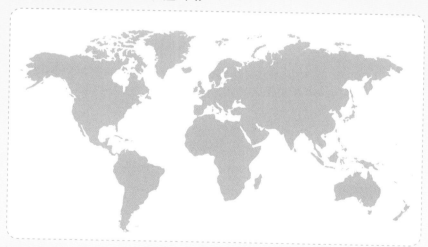

Action Tips 여행 일정은 한국에서 출발하여 6개 나라를 지나 다시 한국으로 돌아오는 계획으로 안내하는 것이 상황에 어울리지만, 학습자의 수준에 맞춰 첫 여행지에서 마지막 여행지 사이를 가는 동선만 정해도 괜찮습니다. 국가마다 이동하는 시간은 비행기나 열차 예매 사이트에서 확인할 수 있습니다. 여행 일정을 계획할 때 지역마다 2~3일 정도 돌아볼 시간을 넣고 일정을 정할 수 있도록 하는 것이 좋습니다. 여행의 전체 기간은 20일이나 절대적인 것은 아닙니다. 참여자 간의 합의를 통해 여행 기간을 결정하고 진행해주세요. 더불어 사회과부도를 활용하여 백지도 등에 동선을 나타내어 보는 것도 좋습니다.

천하제일너튜버대회 -여행편-

Cover Story 4 각각의 여행지에는 각각의 매력이 숨어 있다.

여행 일정에 맞춰 각각의 교통 수단을 예약하는 것까지 모두 마치자 여행 준비를 다 한 것처럼 뿌듯함이 밀려왔다. 하지만 정작 우리는 아직 여행지에 대해 아는 것이 별로 없었다. 각각의 나라에서 잘 곳과 먹을 것도 정하지 않았고, 무엇보다 여행 주제에 맞춰 촬영할 내용에 대해서도 이름 정도만 알고 있을 뿐이었다. 이제 준비할 시간이 얼마 남지 않았다. 그래서 서로 한 나라씩 맡아 우리의 여행 테마를 충족할 구체적인 여행 계획을 세우기로 했다.

Q7 개인미션 아는 만큼 보인다는 옛말처럼 내가 여행지를 조사하고 준비한 만큼 영상의 내용과 수준은 올라갈 것입니다. 모둠에서 정한 여행지를 한 나라씩 맡아 묵을 숙소, 촬영할 장소, 식당들을 정하고 정보를 모아봅시다.

내가 조사한 나라 :

조사 내용 :

Q8 개인미션 내가 맡은 여행지의 여행 계획을 우리 팀의 여행 주제에 어울리도록 짜봅시다. 여행 일정은 총 3일이며 매일의 일정은 자는 시간과 준비 시간을 뺀 12시간 내외로 계획합니다.

1일차	2일차	3일차
숙소 : 　　　이동시간 (　　) 　　　(활동시간 :　　) 　　　이동시간 (　　) 　　　(활동시간 :　　) 　　　이동시간 (　　) 숙소		

Action Tips 교실에서 4인 1팀으로 프로그램을 운영할 때에는, 6개국 중 4개국에 대해서만 하나씩 맡아 조사하여 학습자의 부담을 줄일 수 있습니다. 이때 문화권이 비슷한 나라(유럽-북아메리카-오세아니아)나 여행 정보를 얻기 어려운 나라(아프리카-남아메리카)를 묶어 다양성과 난이도 조절을 할 수 있습니다.
여행 계획을 세울 때, 구글맵이나 여행 일정을 정리해주는 어플리케이션을 활용하면 보다 자세하고 실현 가능한 일정을 정할 수 있습니다. 일정을 짤 때는 장소마다 활동 내용과 시간을 간단히 적고, 장소들을 이동하는 시간을 알맞게 계획할 수 있도록 합니다. 일정표 1일 차에 제시된 빈칸은 일정표를 작성할 때 참고할 수 있는 예시입니다. 팀마다 계획을 정리하는 방법이나 방문할 곳 등은 자유롭게 정하도록 하세요.

Cover Story 5 ★★★ 여행을 움직여라. 당신의 영상이 마음을 움직인다.

여름방학이 시작하자마자 우리는 세계 여행을 떠났다. 우리가 손수 계획하고 준비한 여행이라서 그런지 더 즐겁게 다녀올 수 있었다. 우리나라에서 볼 수 없었던 장소와 풍경, 문화와 사람들을 보며 다른 사람들도 이 모습을 보면 분명 이곳에 반하고 말 것이라는 확신이 들었다.

한국에 돌아오자마자 너튜브에 올릴 영상을 만들기 시작했다. 우리는 나라마다 한 편의 영상식 제작하여 시리즈로 올리기로 했다. 여행지의 매력을 담은 무수한 사진과 영상들을 선택하여 우리 팀의 여행 주제에 맞게 편집하는 일은 새로운 도전이었다. 창작의 고통을 넘어 너튜브에 첫 영상이 올라가는 날, 우리는 설레는 마음에 잠이 오지 않았다.

Q9 영상은 단순히 사진을 이어 붙인다고 완성되는 것이 아닙니다. 내가 맡은 나라를 소개할 영상의 섬네일을 만들고, 전하고 싶은 메시지가 드러나도록 스토리보드로 정리해 봅시다.

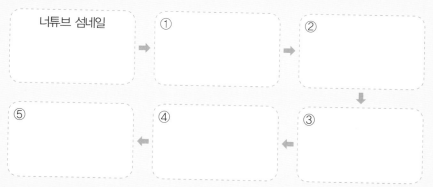

너튜브 섬네일 → ① → ②

⑤ ← ④ ← ③

Q10 스토리보드를 바탕으로 필요한 사진과 영상을 온라인에서 모아 내가 맡은 나라를 소개하는 여행 영상을 30초 내외로 만들어봅시다.

Action Tips 여행 영상을 만들 때는 하나의 주제를 중심으로 시작하여 다른 주제도 조금씩 다루는 것도 좋습니다. 예를 들어 이 나라의 음식 문화가 핵심주제라면, 음식을 다루는 전통 시장의 모습과 연결 지어 깊이 있는 영상을 만들 수 있습니다.
- 유용한 영상 편집 도구 : 무비메이커, 키네마스터, 비바비디오
- 섬네일 제작 도구 : 미리캔버스, 망고보드, TYLE

천하제일너튜버대회 -여행편-

Cover Story 6 ★★★ 천하제일너튜브대회 시상식에 가다!

세상에! 우리가 만든 너튜브 채널은 많은 사람들의 좋아요와 구독을 이끌어내며 대성공을 거두었다. 사람들은 너튜브 메인에 소개된 우리 채널의 색다른 여행 영상을 즐겼고, 덕분에 천하제일너튜브대회에서 스페셜 버튼을 받는 영광을 누릴 수 있었다. 너튜브의 초대로 가게 된 대회 시상식에는 스페셜 버튼을 받는 여러 채널의 멋진 작품이 소개되고 있었다. 채널의 영상이 소개될 때마다 채널을 만든 분들은 수상소감을 밝혔다. 우리 채널의 영상 상영 시간도 점점 다가오고 있었다.

"우리는 어떤 수상소감을 말해야 할까?"

우리는 멋진 마무리를 위하여 수상소감을 정리하기 시작했다.

Q11 우리 채널을 다시 한번 알리고 수상의 감동도 듬뿍 담은 멋진 수상소감을 적어봅시다. 이 수상소감은 시상식에서 우리 영상이 상영되기 전 소개될 예정입니다.

Q12 천하제일너튜브대회 시상식에서는 다른 멋진 여행 채널들도 많이 초대받았습니다. 상을 받은 너튜버들은 각각의 채널마다 한 줄 추천평을 써서 서로를 홍보해주기로 했습니다. 채널의 특징을 잘 나타내는 강렬한 추천평을 한 줄씩 써 주세요.

Action Tips Q12의 마지막 감상 활동은 다른 모둠이 만든 세계 여러 나라의 영상을 다양한 주제별로 함께 살펴 볼 수 있도록 구성하였습니다. 모든 퀘스트를 성공적으로 완수한 친구들이 서로 격려하고 열심히 만든 영상을 즐겁게 감상할 수 있도록 과자 파티 등을 곁들여 신나는 축제의 분위기를 내봅시다.

SOLUTION ⑤ **여행을 책으로 만나다.**
"여행 책이 가득한 여행 전문 책방 나들이"

　자신이 기획한 세계여행을 영상으로 제작하는 프로젝트 학습활동 「도전! 천하 제일너튜브대회」처럼 세상에는 자신이 기획한 여행을 글로 담은 책들이 가득합니다. 이러한 여행 책들을 한곳에 모아둔 여행 책방이 있어 소개합니다.

❶ 사이에 : 세계 여러 나라를 소개하는 책과 여행 작가님들의 이야기를 들을 수 있습니다.
- 서울시 마포구 연남동.
- https://www.saie.co.kr/

❷ 지구책방 여행마을 : 여행 이야기를 다룬 독립출판물과 여행 세미나를 만날 수 있습니다.
- 서울시 관악구 봉천동.
- https://blog.naver.com/traveltown_book

❸ 바람길 : 맛있는 음료와 함께 여행 인문 서적을 읽으며 소통할 수 있는 공간입니다.
- 서울시 중랑구 상봉동.
- https://blog.naver.com/baramgilbooks

❹ 비온후 책방 : 비온후 출판사에서 여행을 이야기하는 책방을 운영합니다.
- 부산시 수영구 망미동. 수~토 운영.
- https://www.beonwhobook.com

함께해요! EASY BOOK

SYNOPSIS

글을 읽지 못하는 국민이 거의 없을 정도로 우리나라는 문맹률 제로를 자랑하는 국가입니다. 그에 비해 실질 문맹률 즉 문해율은 매우 낮은 편이죠. OECD 국제 성인 문해 조사에서 4명 중 3명이 문장(글)을 해석하지 못하는 실질 문맹에 있다는 충격적인 발표도 있었습니다. 한글이라는 우수한 문자를 가지고 있음에도 조사국가 중에 최하위의 문해력을 가지고 있다는 건 단순한 우연이 아

세상의 모든 책

닐 것입니다. 성인이 되어서도 일반 연령대 수준의 책을 읽어내지 못하고 동화책밖에 읽을 게 없다면 곤란하겠지요? 학습자는 이번 프로그램을 통해 독서에 어려움을 겪는 이들을 위한 쉬운 이야기책을 만들게 됩니다. 이러한 과정을 통해 깊이 있는 독서활동과 나눔의 기쁨을 함께 느껴볼 수 있을 것입니다.

◆ 적용대상(권장): 초등학교 5학년 – 중학교 3학년
◆ 학습예상소요기간(차시): 6 – 8일(6 – 8차시)
◆ 관련교과 내용요소(교육과정)

교과	영역	내용요소	
		초등학교[5 – 6학년]	중학교[1 – 3학년]
국어	문학	• 이야기, 소설 • 작품의 이해와 소통	• 이야기, 소설 • 개성적 발상과 표현
	쓰기	• 목적 · 주제를 고려한 내용과 매체 선정 • 독자의 존중과 배려	• 감동이나 즐거움을 주는 글 • 표현의 다양성
미술	표현	• 표현방법(제작) • 소재와 주제(발상)	• 표현매체(제작) • 주제와 의도(발상)
	체험	• 이미지와 의미 • 미술과 타 교과	• 이미지와 시각문화 • 미술관련직업(미술과 다양한 분야)

재미교육연구소 시작부터 함께 해온 7년차 연구원입니다. 현장에서 아이들과 교실 속 프로젝트 학습을 실천하기 위해 꾸준히 노력하는 17년차 초등교사이기도 해요. 재미교육연구소에서 여러 분야의 선생님들과 함께 배우고 실천하며, 처음 만든 PBL문제(미래한복패션쇼)로 제자들과 함께 진행했던 첫 PBL수업의 전율을 잊을 수가 없습니다. 생기 있는 눈빛과 누가 시키지 않아도 스스로 문제를 해결하기 위해 고민하며 집에 가는 시간도 잊은 채 활동에 몰입하여 즐기는 아이들의 모습을 보며 프로젝트학습의 매력에 빠지게 되었죠. 새로운 시도를 두려워하던 선생님을 움직인 '교실 속 즐거운 변화를 꿈꾸는' 프로젝트학습. 함께 하실래요?

혜은쌤

Cover Story 1 ★ EASY BOOK을 위한 작가와 작품을 선정하라

안녕하세요? 누구나 어려움을 느끼지 않고 쉽게 읽을 수 있는 책을 만들기 위해 고민하는 잼공출판입니다. 우리 주변에는 글자는 읽을 수 있지만 글에 대한 이해가 어려운, 즉 문해력이 낮은 사람들이 많습니다. 낮은 문해력은 결국 독서 무기력증으로 이어져 연령에 맞는 도서에 대한 접근을 어렵게 만들지요. 이들에게는 보다 쉬운 글로 된 책들이 필요합니다.

그러나 사실 쉬운 책들이라고 하면 유아를 대상으로 한 그림책들이 전부! 우리 잼공출판사는 다양한 문학 작품을 쉬운 글과 그림으로 구성해 문해력이 부족한 사람들도 책 읽는 즐거움을 느끼도록 애쓰고 있습니다. 특히 여러분과 함께하는 'EASY BOOK' 만들기에 기대가 많은 데요. 왠지 예감이 좋습니다.

자, 그럼 EASY BOOK 제작을 시작해볼까요? 우선 주요독자를 정하고, 이들의 관심을 받는 유명작가와 작품을 선정해주세요. 여러분들이 제작할 'EASY BOOK'을 통해 독서에 대한 막연한 두려움을 날려 버리자고요.

함께해요! EASY BOOK

Q1 EASY BOOK으로 만들 후보작가와 작품을 선정해주세요.

후보 작가	후보 작품

최종선정 작가	최종 선정한 작품

선정 이유	

Action Tips 자신을 흠뻑 빠져들게 만든 작가는 누구였는지 그리고 어떤 작품이었는지 떠올려 보세요. 세익스피어나 쥘베른 등 유명 고전작가의 작품이어도 좋고 베르나르 베르베르, 조엔롤링 등 지금 활동하고 있는 작가의 작품이어도 좋습니다. 나에게 매력적으로 다가왔던 작가와 작품이라면 분명 다른이에게도 감동을 줄 수 있을 테니까요.

여러분이 선정한 책을 누가 읽더라도 이해하기 쉬운 글로 표현해 주세요. 새로 각색하거나 창작하는 과정이 아니므로 기존 책이 담고 있는 내용은 달라지지 않습니다. 이야기 전개 과정에 따라 중심인물과 주요사건이나 상황들을 정리해 보세요. 어려운 단어는 좀 더 쉬운 단어로 바꾸고 길고 복잡한 문장은 짧고 간결하게 표현하면서 내용을 구성한다면 독자가 책을 이해하는데 어려움이 없을 거예요. 쉬운 과정은 아니지만 고쳐쓰고 다시 쓰는 과정을 통해 글의 완성도를 높여주세요.

Q2 EASY BOOK의 스토리 완성하기

	등장인물	STORY LINE
#1		
#2		
#3		
#4		
#5		
#6		

Action Tips 본래 작품의 기본 줄거리가 훼손되지 않도록 주의하며 쉬운 단어와 간결한 문장으로 글을 쓰도록 합니다. 어려운 단어는 사전을 찾아 그 의미를 충분히 이해한 뒤 쉬운 표현으로 바꾸어 주세요. 다 쓴 글은 친구와 바꾸어 읽어보고 어렵거나 이해가 안되는 부분은 고쳐쓰기 과정을 통해 다듬고 완성해 가도록 합니다.

함께해요! EASY BOOK

Cover Story 3 ★ EASY ILLUSTRATION 완성하기

어린이를 위한 책은 그림이 차지하는 비중이 큽니다. 그림으로만 구성된 책들도 아이들은 너무나 재미있게 읽죠. 그만큼 그림은 책의 이해를 높이는데 큰 도움을 줍니다. 좀 더 다양한 독자들이 읽을 수 있는 EASY BOOK인 만큼 그림을 적극적으로 활용해 보세요. 여러분이 지닌 미적 표현력을 마음껏 발휘해 본다면 원작보다 더 매력적인 책이 만들어 질 수 있습니다. 여러분에게 주었던 감동을 다른 사람들에게 전달하는데도 도움이 될 것입니다.

Q3 내용에 어울리는 장면 그려 넣기

#1

#2

#3

#4

#5

#6

Action Tips 중심 내용이나 주제가 드러나도록 흐름과 어울리는 삽화를 그리도록 합니다. 손으로 그려도 좋고 만약 그림에 자신이 없다면 그림그리기 프로그램이나 스마트기기 어플등을 활용하여 제작해도 좋습니다.

Cover Story 4 ★★★★ EASY BOOK 완성하기

출판을 위한 작업이 마무리 단계에 도착했습니다. EASY BOOK이 문해력이 부족해 책을 읽지 못하는 사람들뿐만 아니라 책을 좋아하는 사람들에게도 매력적으로 다가 갈 수 있도록 만들어 주세요. 독자의 마음을 사로잡는데 있어서 이야기의 완성도가 가장 중요하지만 책의 첫인상을 좌우할 표지 디자인 역시 무시할 수 없습니다. 인상적인 책표지와 함께 쉬운 이야기로 독자에게 감동을 선사할 최고의 'EASY BOOK'을 기대하 겠습니다. 당신의 진가를 유감없이 발휘해주세요.

Q4 책표지를 디자인 해주세요. 최종적으로 EASY BOOK을 완성해 친구와 가족에게 자랑하세요.

Action Tips 기본적으로 들어가야 할 내용을 구상하고 독자들의 시선이 끌리도록 책표지를 디자인하는 것이 중요합니다. 물론 책표지에는 제목과 원작가 이름, 자신의 이름을 함께 표기되어야 하겠죠? 앞서 수행 한 퀘스트 결과를 종합해 최종적으로 EASY BOOK을 완성해주세요.

잼공 SOLUTION ⑤ 꼬리에 꼬리를 무는 하이퍼링크 독서법

베르나르 베르나르의
「파피용」과 「제3인류」

아들이 좋아하는 작가는 '베르나르 베르베르'입니다. 초등학교 3학년 때 읽은 '파피용'은 읽고 또 읽기를 반복해 책이 너덜너덜해질 정도였지요. 그 뒤로 책장에는 베르나르 베르베르의 소설책들이 하나 둘씩 채워지기 시작했습니다. 그런데 얼마 전부터 아들은 또 다른 책이 읽고 싶어졌습니다. 바로 아이작 아시모프의 '파운데이션'이란 책입니다. 500년이라는 방대한 시간 동안 은하제국의 흥망성쇠를 다룬 작품으로 베르나르 베르베르의 추천 도서였지요. 어른들도 쉽게 읽지

아이작 아시모프의 「파운데이션」

못할 수준의 책 8권을 아들은 몰입하여 읽기 시작했습니다. 이전 다른 책들에 비해 다 읽어내기까지 많은 시간이 걸렸지만 그만큼 아들의 만족감은 컸습니다. 그리고 아들의 하이퍼링크는 아이작 아시모프의 또 다른 작품으로 향하기 시작했습니다.

하이퍼링크 독서법은 책을 읽은 후, 관련된 또 다른 책을 찾아가며 자신의 생각 가지를 뻗어 나가는 독서법입니다. 작가가 좋아지면 작가의 또 다른 책을 읽게 되고, 또 다른 책을 읽다 보면 주제가 비슷한 또 다른 책을 찾아보게 되지요. 관심과 흥미에서 시작된 책 읽기는 꼬리에 꼬리를 물며 또 다른 책으로 이어지게 됩니다. 만약 아이가 공룡에 관심을 보인다면 공룡과 관련된 책을 쥐어 주세요. 공룡의 종류에서 시작된 아이의 책 읽기는 공룡이 살던 시대, 공룡의 멸종에 이어 인류의 진화로 차츰 그 범위를 확장해 나갈 수 있습니다. 아이가 읽을 책이 없어 독서를 포기하게 되는 일이 없도록 아이의 흥미와 관심을 고려하여 다음에 읽을 책 리스트를 함께 만들어 보세요. 책 읽는 시간이 기다려질 정도로 아이들은 분명 행복한 독서에 빠져들 것입니다.

뉴 행성의 동물들

SYNOPSIS

'뉴 행성의 동물들'은 움베르트 에코의 「지구를 위한 세 가지 이야기」 중 〈뉴 행성의 난쟁이들〉이라는 단편에서 모티브(Motive)를 얻고, 플라스틱 줄이기 운동을 이야기에 더해 만든 PBL프로그램입니다. 동화와 마찬가지로 지구에서 출발한 탐사대가 '뉴 행성'을 발견하는 것에서부터 이야기가 시작되는데요. 그 곳에서 뉴 행성의 주인인 난쟁이와 인간의 무심함과 오만함으로 인해 고통 받고 있는 동물들을 만나게 됩니다. 학습자들은 그들의 이야기를 들으며 미션을 하나씩 해결해나가도록 구성되어 있어요. 4가지의 퀘스트를 지나는 동안 학습자들은 플라스틱이 우리 생활에 미치는 영향을 알게 되고, 지속 가능한 발전을 지향하는 삶의 태도를 자연스레 실천하고 다짐하게 됩니다.

◆ 적용대상(권장): 초등학교 4학년 – 초등학교 6학년
◆ 학습예상소요기간(차시): 6 – 8일(6 – 8차시)
◆ 관련교과 내용요소(교육과정)

교과	영역	내용요소	
		초등학교[3 – 4학년]	초등학교[5 – 6학년]
국어	문학	• 동화 • 작품에 대한 생각과 느낌 표현	• 이야기, 소설 • 작품의 이해와 소통
과학	물질의 성질	• 물체와 물질 • 물질의 성질	
	환경과 생태계		• 생태계의 구조와 기능 • 환경 오염이 생물에 미치는 영향 • 생태계 보전을 위한 노력
사회	지속 가능한 세계		• 지구촌 환경문제 • 지속가능한 발전 • 개발과 보존의 조화
실과	기술 활용		• 발명과 문제해결
미술	체험	• 미술과 생활	• 미술과 타 교과
	표현	• 표현 계획 • 조형 요소 • 표현 재료와 용구	• 조형 원리 • 표현 방법 • 제작 발표

창의적	자율활동	• 창의주제활동
체험		
활동	봉사활동	• 환경보호활동 • 캠페인활동

PBL CREATOR

미석쌤

9년차 프로젝트학습에 빠진 초등학교 교사입니다. 나비의 작은 날갯짓이 폭풍우 같은 커다란 변화를 유발한다는 말이 있지요? 정준환 선생님의 옆 반이라는 단순한 이유로 시작하게 되었던 PBL수업은 그 이후 저에게 큰 변화를 가져다주었습니다. 그것은 이제까지의 교육관과 학급운영 방식까지 흔들 만큼 큰 폭풍우 같은 것이었지요. 아직 부족한 게 많고 배울 것도 많지만 저 같은 프로젝트형(?) 교사가 많이 생기기를 바라면서 은근히 옆 반 선생님께 PBL수업을 흘리기도 한답니다. 프로젝트학습에 발 담그고 싶으신 분들, 용기내보세요. 풍덩 빠지는 것도 강추입니다! ☺

Prologue ★★★ 뉴 행성의 발견

"새로운 땅을 발견하라!"

지구 황제의 명을 받고 새로운 행성을 찾아 나선 탐사대. 끝이 없는 우주를 헤매며 새로운 땅을 찾던 도중 은하계의 한 모퉁이에서 근사한 행성 하나를 발견하게 됩니다. 우주선에서 내리자, 그 곳에 사는 조그만 사람들은 미소 지으며 다가와 인사했습니다.

"어서 오십시오. 우리는 '뉴'라고 부르는 이 행성에 살고 있는 난쟁이들입니다."
"우리는 새로운 땅을 찾아 지구에서 온 우주 탐사대입니다. 이곳은 참 아름답고 깨끗하네요. 좀 둘러봐도 될까요?"
"물론이죠."

뉴 행성의 동물들

파란 하늘에는 구름이 둥둥 떠다니고, 물은 어찌나 맑은지 헤엄치는 물고기가 다 보일 정도였습니다. 넓게 펼쳐진 숲은 보기만 해도 기분이 좋아졌습니다. 평화롭게 쉬는 동물들도 보였습니다.

"저 동물들은 우리별의 동물들과 생김새가 같아서 반갑군요. 지구에도 똑같이 생긴 동물들이 있답니다."

"아, 저기 있는 친구들은 지구를 떠난 온 것이 맞습니다. 안타깝게도 당신들의 별에서 더 이상 살지 못하고 우리 뉴행성으로 온 거랍니다."

그 곳에서 난쟁이들이 지구의 동물들을 보호하고 있었다는 사실에 탐사대원들은 깜짝 놀랐습니다.

"새로운 땅을 찾고 있다고 했습니까? 당신들은 중요한 것 잊어버린 것 같군요. 여러분에게 필요한 건 새로운 땅이 아니라, 지금의 지구와 지구의 생물들을 지키는 것입니다. 제가 여러분을 도와드리겠습니다. 이제부터 저의 미션을 하나씩 해결하면 그 방법을 알 수 있을 것입니다."

탐사대원 여러분, 지구를 떠난 동물들의 안타까운 사연을 들어보고, 난쟁이의 미션을 하나씩 해결해 봅시다. 하나씩 성공할 때마다 깨끗하고 아름다운 뉴행성을 지키는 난쟁이들에게 환경 팁을 얻고, 지구의 동물들도 다시 데리고 돌아올 수 있답니다.

Action Tips 프롤로그를 꼭 읽어주세요. 탐사대원으로서 앞으로의 미션을 수행하는데 반드시 알아야 할 내용입니다. 앞으로 제시될 난쟁이의 미션은 과연 무엇일까요?

너무 슬퍼!

(코끼리): 훌쩍훌쩍, 플라스틱이 나 때문에 개발된 거라면서? 1800년대 미국에서는 당구가 유행했는데, 당시 당구공은 나의 뿔, 상아로 만들었다고 해. 사람들은 상아를 대신할 물질을 찾기 위해 여러 가지 실험 끝에 최초의 플라스틱을 만들어 냈대.

물론 그것은 단점이 많아 당구공으로 사용하지는 못했지만, 어쨌든 지금 너희가 사용하는 플라스틱의 최초 발견이라고 할 수 있지. 플라스틱이 지구의 환경을 망치고 있는데 나는 굉장히 슬픔과 미안함을 느껴.

(난쟁이): 코끼리군, 꼭 그런 것만은 아닙니다. 플라스틱은 장점도 많답니다. 플라스틱이 아니었다면 지금 지구의 문명은 이 정도로 발전하지 않았을지도 모릅니다.

Q1 탐사대 여러분! 지금부터 여러분이 하루 동안 사용하는 플라스틱을 기록해 보세요. 그 기록을 통해 실생활에 어떻게 사용되고 있는지, 플라스틱의 고마움을 알 수 있을 거예요. 코끼리군이 더 이상 죄책감 느끼지 않도록 해주세요. 성공한다면 지구의 환경을 지키는 팁을 드리겠습니다.

[나의 플라스틱 하루]

20 년 월 일

시간	장소	물건	용도
오전 7-9시	ex) 우리집 부엌	물병, 물컵	물 마실 때
오전 9-12시			
오후 12시-3시			
오후 3시-5시			
오후 5시-8시			
오후 8시-10시			

뉴 행성의 동물들

● 인류의 문명을 발전시킨 플라스틱에 대하여 알아볼까요? 관련 정보들을 찾아보고,
정리해봅시다.

Action Tips 우리의 일상생활을 들여다보면 플라스틱이 쓰이지 않은 곳이 거의 없습니다. 아침에 눈 뜨는
순간부터, 학교에서 공부하는 시간, 잠자리에 드는 시간까지 플라스틱은 여러분을 둘러싸고 있답니다. 변
화무쌍한 플라스틱 물건들을 기록해 보아요. 특히 플라스틱과 같은 합성섬유(나일론, 폴리에스테르, 아크릴
등)로 되어 있는 물건까지 놓치지 말고 찾아보세요.

Cover Story 2 ★★★★ 플라스틱의 반란

(거북이): 바다를 헤엄치던 내게 큰 시련이 온 것은 무더운 여름의 어느 날이었어. 둥둥 떠다니던 길쭉한 것이 파도에 의해 내 코로 쑥 들어가 버렸어. 인간들은 그것을 "빨대"라고 부르더군. 나를 발견한 인간들이 내 코에서 그것을 빼주긴 했지만 얼마나 아팠는지 지금도 그 당시를 생각하면 몸서리가 쳐져.

(난쟁이): 이런, 정말 안됐어요. 플라스틱이 해양 동물들은 물론 인간의 건강까지 위협한다는 이야기가 이곳까지 들리더군요.

Q2 쓰고 난 플라스틱은 어디로 갈까요? 플라스틱(미세 플라스틱)의 배출과정과 생물에게 어떤 안 좋은 영향을 미치는지 조사하여 카드 뉴스 형식으로 만들어 보세요. 성공한다면 여러분에게 지구 환경 지킴의 팁을 또 하나 드리겠습니다.

● 조사한 내용 정리하기

● 카드 뉴스의 키워드 및 이미지 정하기

Action Tips ● 카드 뉴스란 주요 이슈를 이미지와 간략한 텍스트로 정리한 뉴스입니다. 스크롤을 내리며 읽어야 하는 장문의 기사 대신, 12장 내외의 짧은 글을 사진 여러 장에 얹어 사진을 1장씩 넘겨가며 보는 형식의 뉴스로 이미지를 옆으로 밀어보는 것이 특징인 모바일 맞춤용 뉴스라고 할 수 있습니다. (출처: 트렌드 지식사전 4, 김환표)
● 카드 뉴스는 프리젠테이션 도구(ppt, 한쇼 등)나 미리캔버스(https://www.miricanvas.com) 등과 같은 무료 디자인 툴을 이용하면 쉽게 만들 수 있어요.

뉴 행성의 동물들

Cover Story 3 'No! 플라스틱' - 아무 영상 챌린지

난 몰빌어!

(알버트로스): 내 친구 사진 봤어? 배에 쓰레기가 가득 찬 채 죽어갔어. 우리는 플라스틱이 어디에 쓰이는지도 몰라. 그냥 아기 새를 먹이기 위해 열심히 바다에 떠다니는 알록달록한 것들을 물고 날랐을 뿐이라고. 그렇지만 그걸 먹은 새들은 시름시름 앓다가 쓰러졌지. 난 인간들이 플라스틱을 줄일 수 있다고 믿지 않아. 매년 바다로 버려지는 쓰레기가 얼마나 많은지 알아? 요즘은 저 멀리 북극까지도 플라스틱이 넘쳐난다고 하더군. 다시는 지저분한 지구에 가고 싶지도 않아.

사진출처: 다큐멘터리 '알바트로스' 中 (크리스 조던)

(난쟁이): 이 친구 화가 잔뜩 났군요. 하지만 저는 인간들을 한 번 믿어보고 싶어요. 기회를 한 번 줘 봅시다.

Q3 개별 또는 팀별로 "No 플라스틱 챌린지"를 찍습니다. 소주제를 먼저 정하고 릴레이 챌린지 영상을 찍어서 학급 친구들에게 공유합니다.

● 소주제 정하기

ex) - 플라스틱 없이 하루 살기 프로젝트
    - 플라스틱 없이 장보기 프로젝트 (제로 웨이스트)
    - 장본 후 나오는 플라스틱 쓰레기 줄이기 프로젝트 (플라스틱 어택 운동)
    - 플라스틱 없는 음료 문화 챌린지 등

어디서 찍을까?	필요한 준비물	역할 분담

● 조사한 내용 정리하기

# 시작	(대사)
# 마무리	

Action Tips ● 크리스 조던(Chris Jordan) 감독이 만든 다큐멘터리 '알바트로스'의 예고편(3분 48초)을 시청하면 플라스틱 쓰레기의 심각성을 느낄 수 있습니다.
● 플라스틱 관련 환경 보호 움직임은 동영상 사이트에서 많이 찾아볼 수 있습니다. 참고로 하여 학생으로서 실현 가능한 주제로 선정하도록 합니다.
● 공공장소에서 동영상을 찍어야 할 때는 타인에게 피해가 가지 않도록 주의합니다. 특히 마트나 카페 등의 상점은 누군가의 일하는 공간이기도 하므로 먼저 양해를 구한 후 조용하고 신속하게 찍습니다. 또한 다른 사람의 초상권을 지키도록 합니다.

뉴 행성의 동물들

Cover Story 4 환경 up! 지속 가능한 우리의 노력

노력해줘!

(바다표범): 나도 목에 플라스틱이 끼어서 위험한 고비를 넘긴 적이 있어. 그 때는 무척 화가 났지만 지금은 너희가 지난 퀘스트에서 보여준 노력 덕분에 조금은 마음이 풀렸어. 하지만 너희의 노력은 한 번의 이벤트로 끝나면 안 돼. 그리고 많은 사람들에게 알려졌으면 해.

(난쟁이): 맞습니다. 여러분의 계속적인 노력이 필요한 부분이에요. 그래야 인간과 동물들이 함께 어울려 살 수 있어요. 바로 깨끗한 지구에서 말이에요.

Q2 업사이클링 제품을 만드세요. 낡은 물건을 활용하여 새로운 용도의 제품을 만들거나 아름다운 예술 작품으로 재탄생시켜 주세요. 마지막으로 멋진 작품을 완성해주시면 지구 환경을 위한 마지막 팁을 드립니다.

● 아이디어 스케치

ex) – 낡은 책으로 만든 꽃
    – 재활용 의류로 만든 가방
    – 플라스틱 뚜껑을 모아 만든 벽화 등

● 필요한 준비물

Action Tips ● 개인별로 업사이클링 제품이나 미술 작품을 만드는 퀘스트입니다. 단 규모가 큰 협동작품을 할 경우는 팀별로 진행하는 것도 가능합니다.
● 업사이클링(Up-Cycling)이란, 기존에 버려지는 제품을 단순히 재활용하는 차원을 넘어서 디자인을 가미하는 등 새로운 가치를 창출하여 새로운 제품으로 재탄생시키는 것을 말합니다. 업사이클링의 우리말 표현은 '새활용'입니다. (출처: 시사상식사전, pmg 지식엔진연구소)
● 움베르트 에코의 '지구를 위한 세 가지 이야기' 중 〈뉴 행성의 난쟁이들〉이라는 원작을 보면 화가 '에우제니오 카르미'의 기호적인 삽화들이 하나의 예술 작품처럼 보는 재미를 더해줍니다. 이 책의 삽화가 또 다른 작품을 만들고자 하는 학습자들에게 영감을 줄 수 있을 것입니다.
● 참고할만한 사이트 두 곳을 소개합니다.
　① 서울 새활용 플라자 홈페이지 (www.seoulup.or.kr/) ; 업사이클링 디자인 DIY 키트/
　② 한국환경공단 블로그 (https://blog.naver.com/kecoprumy)
● 마지막으로 만든 결과물을 가지고 전시회를 여는 것도 좋은 방법입니다. 특히 환경과 '플라스틱'에 무관심한 친구들에게 예술로서 우리의 메시지를 전달하는 것은 효과적이랍니다. 그동안 퀘스트에서 알게 된 것, 느낀 것들을 모아 알찬 전시회를 꾸며 봅시다.

〈퀘스트의 미션을 성공한 학습자들을 위한 성공카드〉

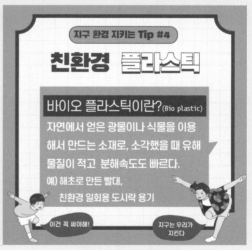

이미지 출처: 미리캔버스(miricanvas.com)

쟁공 SOLUTION ㊳ 카페에서 쿠폰 찍듯, 한 권씩 읽은 책을 기록해요.
"독서 기록 어플"

조금만 눈을 돌려도 매체 속 화려한 영상이 넘쳐나는 디지털 시대를 살아가는 아이들에게 굳이 종이 위에 독서기록을 하라고 할 필요가 있을까요? 손가락 하나로 많은 것을 실행하는 맛을 알아버린 "요즘 아이들"에게 공책을 펼치고 연필을 드는 것 자체가 귀찮은 일로 여겨질 수 있습니다. 그래도 우리 아이가 읽은 책을 기록하는 것은 절대 포기할 수 없다면, 독서기록 어플리케이션을 이용하는 것도 하나의 방법이 될 수 있어요. 앱 스토어에서 검색해보면 많은 어플들이 쏟아져 나오지만 기본적인 기능은 비슷합니다. 읽고 있는 책이나 다 읽은 책을 도서의 고유 바코드를 스캔하거나 제목을 검색하여 간단히 등록할 수 있어요. 읽고 난 책에는 별점이나 코멘트를 남기기도 하고, 기록하고 싶은 페이지를 찍어 저장할 수도 있습니다. 읽은 책들을 차곡차곡 날짜별로 담겨 일정 기간 동안 얼마나 읽었는지 파악하기 쉽습니다. 또 어플에 따라 아이의 독서 성향을 분석하여 한눈에 그래프로 보여주고, 부족한 영역의 도서를 추천해주는 기능도 있어서 독서 밸런스를 맞출 수 있어요. 아이들은 한 권씩 기록하고 채워나가는 것에서 재미를 느끼고, 스스로 읽을 책의 양을 미리 계획하기도 합니다. (예: 일 년에 백 권 읽기)

다독(多讀)이 최선의 방법은 아니지만, 어플 하나로 독서 후 기록하는 좋은 습관도 기르고 즐겁게 독서할 수 있다면 그것 또한 슬기로운 디지털 생활이 아닐까요?

(출처 : 미래엔 '아이북케어')　　　　　(다양한 독서 기록 어플)

강집사가 갑니다

SYNOPSIS

'강집사가 갑니다'는 명작동화 「신데렐라」와 생활 심부름 서비스 업체인 '○집사'에서 영감을 얻어 만든 PBL프로그램입니다. 학습자는 심부름 서비스 업체 직원으로서 고객 맞춤 서비스를 실천하게 되는데요. 고객의 요구조건을 바탕으로 단계별로 제시된 미션을 수행하는 직원교육프로그램에 참여하게 됩니다.

무도회에 가기 위해 밀린 집안일의 수행을 부탁한 신데렐라의 요구조건에 따라 심부름의 종류와 방법을 조사하고, 이를 토대로 직접 실천에 옮겨야 합니다. 이 과정에서 올바른 정리정돈과 재활용의 방법, 옷의 관리법, 물건의 구매와 관련된 방법적 지식을 탐색하고, 실천을 통해 자주적인 생활 태도를 형성하게 됩니다. 아울러 가족생활 공간에서의 다양한 일의 종류를 이해하며, 가정일의 분담과 실행의 중요성을 깨닫고 직접 실천할 수 있는 기회를 제공합니다.

◆ 적용대상(권장): 초등학교 3학년 – 6학년
◆ 학습예상소요기간(차시): 6일(6차시)
◆ 관련교과 내용요소(교육과정)

교과	영역	내용요소	
		초등학교[3 – 4학년]	초등학교[5 – 6학년]
도덕	자신과의 관계	• 시간 관리와 절약 • 근면, 인내	• 자주, 자율
	타인과의 관계	• 효, 우애, 협동	• 봉사, 공감, 존중
실과	자원 관리와 자립	• 옷의 정리와 보관 • 가정생활과 일	• 정리정돈과 재활용 • 가정일의 분담과 실천

PBL CREATOR

선희쌤

재미교육연구소의 2년차 연구원이며, 프로젝트학습의 매력에 푹 빠져 있는 18년차 초등교사입니다. 학부 및 대학원에서는 초등교육 방법을 전공하였고, 새로운 사회현상과 변화에 관심이 많으며, 이와 관련된 프로젝트 활동을 생각하고 구상하는 것을 좋아합니다. 또한 두 아이의 엄마로서 가정이나 일상생활에서 아이들과 함께할 수 있는 가족 PBL활동을 만들어 실천하며 아이들과 즐겁고 의미 있는 시간을 만들어 가고 있습니다.

아버지가 돌아가신 후, 다락방에 지내며 매일 새어머니와 언니들의 심부름을 하면서 생활하는 신데렐라! 어느 날, 무도회가 열린다는 초청장이 도착하고, 언니들과 새어머니는 무도회에 갈 준비를 한다. 언니들과 새어머니가 준비를 마치고 떠나자 신데렐라도 가고 싶은 마음에 눈물을 흘리는데..., 그때 나타난 요정! 멋진 드레스와 장신구, 마차까지 준비되었으나 무도회에 간 새어머니와 언니들이 돌아오기 전까지 밀린 집안일을 다 끝마쳐야 했다.

문득 신데렐라는 며칠 전 문 앞에 붙어있던 '강집사가 갑니다.' 광고지가 생각났다. 세상에 없던 모든 심부름까지 수행하는 고객 맞춤 프리미엄 서비스가 있어 까다로운 요구조건도 들어줄 수 있다고 한다. 기본요금에 추가 요금을 더 내야 한다지만 신데렐라는 너무 무도회가 가고 싶어 비상금을 털어 이용하기로 했다.

'아버지가 돌아가시기 전에 매주 받았던 용돈을 모아두었는데 이렇게 긴요하게 쓰일 줄이야.'

신데렐라는 새어머니와 언니들이 시킨 심부름을 생각하며, 심부름 서비스 센터에 요구하는 특별한 요구 사항을 적기 시작하였다.

Q1 커버스토리에 표현된 신데렐라의 상황을 생각하며, 가족 생활공간에 따른 집안일의 종류를 마인드맵으로 표현해보세요. 가정에서 해야 할 일을 전체적으로 파악해야 심부름 서비스 센터에 요구 사항을 잘 전달할 수 있습니다.

Action Tips 가족 구성원이 함께 모여 생활하는 가족 생활공간(부모님 방, 자녀 방, 거실, 주방, 현관, 욕실, 베란다, 다용도실 등)에 따라 해야 할 일을 찾아봄으로써 부모뿐만 아니라 자녀도 가정일의 종류를 이해하며, 역할분담의 필요성과 중요성을 느낄 수 있습니다.

강집사가 갑니다

Cover Story 2 ★★★ 신데렐라를 위한 특별 교육프로그램에 참여하다

한편, 신데렐라의 전화를 받은 '강집사가 갑니다' 심부름 서비스 센터에서는 신데렐라의 특별요구사항을 반영하여 신데렐라를 위한 맞춤 서비스 프로그램을 계획하기로 하였습니다. 심부름 센터는 고객의 요구 사항을 반영한 특별 교육프로그램을 계획하고, 이 프로그램을 통과한 직원들로 팀을 구성하여 질 높은 서비스를 실시하기로 했습니다.

'강집사가 갑니다'의 직원인 여러분은 프리미엄 서비스의 고객인 신데렐라의 요구 조건을 만족하기 위한 특별 교육프로그램에 참여하여 각 단계의 활동을 수행해야 합니다. 각 단계의 활동을 성공적으로 수행할 때마다 포인트가 주어지고 일정 포인트가 쌓이면 이 교육프로그램을 통과할 수 있습니다. 이 프로그램을 통과한 직원에게는 '최고의 강집사' 배지가 수여되고, 각 단계마다 쌓인 포인트는 기본 월급에 추가로 지급될 예정입니다.

교육프로그램의 각 단계의 내용은 이론과 실전 편으로 구성되어 있습니다. 각 단계의 내용을 멋지게 수행하여 '최고의 강집사' 자격을 획득하길 바랍니다.

Q2 '강집사가 갑니다'의 직원인 여러분은 신데렐라를 위한 특별 교육프로그램에 참여해야 합니다. 교육에 참여하기 전 '최고의 강집사'가 되기 위한 나만의 모토(Motto)를 멋지게 만들어 주세요.

● 성공한 사람들의 다양한 모토(Motto) 찾아보기

● 나의 모토(Motto) 만들기

Action Tips 모토(Motto)는 어떤 일을 하는 데 있어서 신조나 좌우명으로 삼는 말입니다. 성공한 사람에게는 '시간을 소중하게 사용하라.', '일을 미루지 말고 최선을 다하며 움직여라' 등의 모토가 있습니다. 인터넷 및 도서 검색을 통해 다양한 사업가들의 인생 모토를 찾아보며 '최고의 강집사'가 되기 위한 나만의 모토를 작성하며 참여 의지를 다져봅시다.

Cover Story 3 ✦✦✦ **1단계: 나는야 분리수거 마스터!**

신데렐라의 첫 번째 요구 사항은 분리수거를 철저하게 하는 새어머니와 분리수거 한 물품의 사진을 업로드 하여 포인트를 적립하는 언니를 만족하게 하는 것입니다. 분리배출의 4가지 원칙을 지키며 분리수거를 하고, '분리수거 보상 어플리케이션'을 활용하여 분리수거 한 물품을 포인트로 적립해보세요. 첫 번째 단계는 분리수거 방법을 탐색하고, 직접 분리수거를 하는 활동입니다. 성공적인 미션수행을 통해 분리수거 마스터로 거듭나길 바랄게요.

Q3 분리수거의 바른 방법을 이해하여 분리수거를 실천하고, 분리수거 보상 어플리케이션을 활용하여 포인트를 적립해 주세요.

- 이론 편 – 분리배출의 4가지 원칙 찾기

- 이론 편 – 품목(종이류, 금속, 유리병, 플라스틱, 비닐, 스티로폼)에 따른 분리배출요령 찾기

품목	분리배출요령

- 실전 편 – 직접 분리수거를 하고, 분리수거 보상 어플리케이션을 활용하여 포인트를 적립하기

Action Tips 분리수거의 4가지 원칙과 품목에 따른 분리배출요령을 인터넷 검색 및 '내 손안의 분리배출' 어플리케이션을 통해 탐색하고, 올바른 분리수거 방법을 알아봅시다. 분리수거 보상 어플리케이션인 '오늘의 분리수거'에 분리수거 한 물품 사진을 업로드 하여 포인트를 쌓고, 이 포인트로 간식을 구매할 수도 있습니다.

강집사가 갑니다

 Cover Story④ 2단계: 뚝딱뚝딱 정리왕!

신데렐라의 두 번째 요구 사항입니다.

"각종 인형과 책, 문구용품 등을 모으는 취미가 있는 언니들!! 항상 어질러 놓은 언니들의 방을 결벽증이 있는 새어머니가 만족할 수 있도록 깨끗하게 정리해주세요."

이러한 요구 사항을 반영하여 두 번째 단계는 정리정돈과 관련된 내용을 탐색하고, 이를 실천하는 활동으로 이루어집니다.

Q4 물건 정리정돈의 방법을 조사하여 보관 방법대로 물건을 분류하고, 정리해봅시다.

- 이론 편 – 방의 가구(옷장, 책상, 책꽂이, 서랍, 수납장)와 물건의 종류에 따른 정리 방법 조사하기

가구의 종류	수납 가능한 물건	정리 정돈 방법

- 실전 편 – 알맞은 보관 방법대로 물건을 분류하여 직접 정리하기

Action Tips 인터넷 검색을 통해 정리정돈의 원칙과 방법을 찾아 조사할 수도 있고, '정리뚝딱', '미니라이프' 등의 다양한 '정리정돈 수납 도우미' 어플리케이션을 이용하여 재미있게 정리정돈 방법을 이해할 수 있습니다. 물건과 수납장소를 등록하고 필요할 때마다 쉽게 찾을 수 있는 어플리케이션의 다양한 기능을 활용해보는 것도 좋은 방법입니다.

신데렐라의 세 번째 요구 사항은 다음과 같습니다.

"옷을 하루 이상 입지 않는 새언니들 때문에 매일 빨랫감이 쌓여 있는 세탁실의 일을 처리해주세요. 평소 얼룩이나 세탁 후의 옷감의 상태에 신경을 많이 쓰는 새어머니가 만족할 수 있도록 색깔 옷은 선명하고, 흰옷은 얼룩이 남지 않게 깨끗하게 세탁해 주세요."

이러한 요구 사항을 반영하여 세 번째 단계 프로그램은 의류세탁 방법과 관련된 지식을 조사하고, 이를 토대로 직접 세탁을 하는 활동으로 이루어집니다.

Q5 의류세탁의 순서와 방법을 알고, 세탁물을 분류하여 깨끗하게 세탁해 봅시다.

● 이론 편 – 세탁기 또는 손빨래의 순서와 방법을 조사하기

순서	
방법	

● 이론 편 – 색깔 옷을 선명하게 하고, 흰옷의 얼룩을 쉽게 제거할 수 있는 꿀팁 찾기

● 실전 편 – 기준을 세워 세탁물을 분류하고, 깨끗하게 세탁하기

Action Tips 인터넷 검색을 통해 의류세탁 순서와 방법을 찾을 수도 있고, 'Kids Laundry', 'My Laundry Manager' 등의 의류세탁 및 관리와 관련된 게임 어플리케이션을 이용하여 재미있게 세탁 순서와 방법을 익힐 수 있습니다. 부모님 인터뷰 활동을 통하여 얼룩 제거 및 천연 세제 사용에 대한 우리 집만의 비법을 조사하는 것도 좋은 방법입니다.

강집사가 갑니다

 Cover Story 6 4단계: 애니메이션 속 음식을 찾아라.

신데렐라의 네 번째 요구 사항은 다음과 같습니다.

"애니메이션을 너무 좋아해서 항상 애니메이션에 나오는 음식 위주로 먹는 언니들을 위해 애니메이션 속 간식과 음식을 구매해 주세요."

이러한 요구 사항을 반영하여 마지막 교육프로그램은 애니메이션 속 음식 및 구매 방법을 조사하고, 직접 구매하는 활동으로 이루어집니다. 그리고 신데렐라가 특별히 3만원 한도에서 다섯 종류의 음식을 구매해야 한다고 요청했기 때문에 위 조건을 만족할 수 있도록 해야 합니다. 음식가격을 고려하여 구매목록을 작성해주세요. 아울러 현금 및 카드 사용에 따른 물건구매 방법과 영수증과 관련된 내용도 확인해야 합니다.

이번 단계를 통과하면 여러분은 '최고의 강집사'의 자격을 부여받고, 프리미엄 서비스 팀원으로 선발됩니다. 프리미엄 서비스 팀원으로서 능력과 가치를 인정받게 됐다는 점에서 자긍심을 가져도 좋습니다. 마지막까지 최선을 다해 주세요.

Q6 애니메이션 속 Best 5 음식을 찾고, 가격을 고려하여 구매목록을 작성해주세요. 조사한 자료를 바탕으로 마트와 음식점에서 가서 직접 음식을 구매해 봅시다.

● 이론 편 – 애니메이션 속 음식 Best 5 조사하기

1.	2.	3.	4.	5.
선정이유:	선정이유:	선정이유:	선정이유:	선정이유:

● 이론 편 – 애니메이션 속 음식을 살 수 있는 마트와 음식점을 찾아 구매목록과 가격 정리하기

애니메이션 속 음식 Best 5	간식이나 음식 이름	구매 장소	가격

● 실전 편 – 마트와 음식점을 다니며 음식을 직접 계산하고 구매하기

Action Tips 인터넷 검색을 통해 애니메이션 속 음식을 찾고, 현장조사 및 검색을 통해 동네의 마트와 음식점을 찾아봅시다. 구매할 음식의 가격을 알아보고, 같은 음식이라도 동네 식당의 베스트 메뉴를 사는 것이 중요하겠죠. 조사를 토대로 직접 구매할 때는 현금 및 카드 사용법에 따른 주의할 점과 영수증을 확인하는 것도 잊지 마세요.

SOLUTION 54 '앱 제너레이션', 어플리케이션으로 생각의 범위를 넓히다

디지털 기술의 발달로 인해 요즘 젊은 세대는 유튜브로 자신의 취미와 일상을 공유하고, SNS 소통을 통해 관계를 맺으며, 학교 수업도 이제 어플리케이션을 이용하여 참여합니다. 이러한 세대를 하워드 가드너는 '앱 제너레이션'이라 칭하며, 지나치게 디지털 기기에 의존했을 때 고립적이고 수동적인 인간이 될 수 있다고 비판합니다. 하지만 어플리케이션을 유연하고 현명하게 활용할 수 있도록 유도한다면 그들의 잠재력을 깨우는 훌륭한 수단이 될 수 있음을 언급합니다.

'앱 제너레이션'에게 독서와 관련된 다양한 어플리케이션은 습득한 지식을 가공하여 새롭게 창조하고, 또 다른 배움의 욕구를 자극하는 기회가 될 수 있습니다. 어플리케이션을 활용하여 자신만의 서재를 만들고, 독서노트 및 독서 다이어리를 기록하며 언제 어디서든 열어볼 수 있는 나만의 지식 창고를 만들 수도 있습니다. 또한 영상 편집 어플리케이션을 활용하여 책에 대한 생각을 생생하게 전달하고, 타인과 공유할 수도 있습니다. 아울러 책의 내용과 연계된 프로젝트 학습 과정에서도 어플리케이션을 적절히 활용한다면 감각적 즐거움과 재미를 선사하여 활동에 몰입하게 하고, 문제해결을 위한 깊이 있는 사고를 유발하게 할 수 있습니다.

[모바일 서재 '비블리']

[모바일 독서노트 '리더룸']

집안일 수행과 관련된 본 프로그램에서도 다양한 어플리케이션을 활용하여 수행 과정을 놀이처럼 느끼게 하고, 새로운 상황에 유연하게 적응할 수 있도록 합니다. '내 손안의 분리배출' 앱을 통해 복잡한 분리수거를 정확한 방법으로 쉽게 실천할 수 있습니다. '오늘의 분리수거' 앱은 분리수거 한 물품을 사진으로 적립하여 쌓은 포인트로 간식을 구매하거나 나무 심기를 위한 기부로 이어지게 함으로써 자원 재활용이 새로운 수입원이 될 수 있고, 나눔과 자연보호를 실천하는 방법이 될 수 있음을 알게 해 줍니다. 또한 'Kids Laundry' 세탁체험 앱과 '정리뚝딱!' 정리정돈 앱을 통해 생활의 정보와 지혜를 스스로 실천하고, 습관으로 이어질 수 있게 합니다.

학습 및 일상생활과 관련된 다양한 어플리케이션을 적절하게 활용하여 이전에 경험하지 못한 새로운 세계를 만나고 생각의 틀을 넓혀 미래의 창조적인 프로슈머로 성장하게 하는 것은 어떨까요?

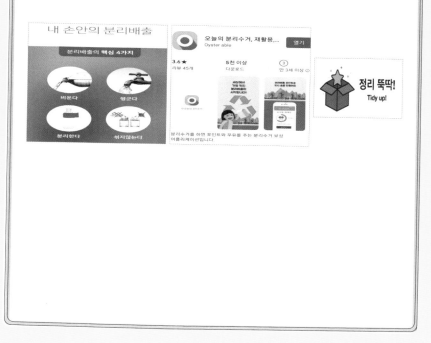

화목마을 친구들 모두 타세요

SYNOPSIS

'화목마을 친구들 모두 태세요.'는 이은정 작가의 「목기린 씨 타세요」에 등장하는 목기린 씨와 다양한 동물 친구들을 위해 꼭 필요한 교통수단을 만들어 주는 PBL프로그램입니다. 어떤 교통수단이 화목마을에 꼭 필요한지를 생각해보고, 마을에 사는 동물들의 특징을 잘 파악하여 멋진 교통수단을 제작하는 활동으로 구성되어 있습니다. 교통수단과 관련된 지식과 다양한 환경에 사는 동물에 대한 지식을 탐색해 세상에 없는 교통수단을 디자인하는 것이 핵심입니다. 아울러 나와 다르다는 이유로 소외되고 차별받는 문제에 대한 올바른 가치관 형성을 기대할 수 있습니다.

◆ 적용대상(권장): 초등학교 3학년
◆ 학습예상소요기간(차시): 3～4일(7～9차시)
◆ 관련교과 내용요소(교육과정)

교과	영역	내용요소
		초등학교 [3학년]
사회	인문 환경과 인간 생활	• 교통수단의 발달과 생활 모습의 변화
과학	생명의 연속성	• 다양한 환경에 사는 동물과 식물

PBL CREATOR

혜성쌤

재미교육연구소 3년차 연구원이며 프로젝트에 미쳐 4년 전부터 프로젝트로 수업하는 초등교사로 살고 있습니다. 너무 늦게 프로젝트의 맛을 알아 버려서 후회하지만 앞으로 남은 교직생활 동안 아이들과 더 흥미진진한 프로젝트학습으로 만날 날을 기대하고 있습니다. 3년 동안 20개 이상의 프로젝트학습을 만들면서 PBL CREATOR로서의 묘미를 느끼고 있습니다. PBL수업 100개 만들기를 목표로 재미교육연구소에서 소장님을 따라 진정한 프덕(프로젝트학습 덕후)으로 거듭나기를 꿈꿉니다.

동물들의 마을인 화목마을에 사는 목기린씨는 늘 회사에 출근하는 것이 힘이 듭니다. 왜냐고요? 목기린씨 집에서 회사까지 가는 마을버스를 탈 수 없기 때문입니다. 그래서 늘 걸어 다니죠. 늘 집에 오면 얇은 다리가 코끼리씨 다리처럼 퉁퉁 부어서 뚱뚱해집니다. 목기린씨는 왜 버스를 타지 못할까요?

맞아요! 목기린 씨는 목이 너무 길어 천장이 낮은 버스에 탈 수가 없습니다. 목기린씨는 매일 마을에 지도자인 고슴도치 관장에게 항의 편지를 썼습니다. 버스를 타게 해달라고요. 늘 걸어 다니니 다리에도 문제가 생겨서 최근에는 관절 약을 처방받았습니다. 고슴도치 관장은 편지를 받을 때마다 스트레스를 받아 온몸에 가시가 곤두서곤 합니다. 목기린씨 뿐만 아니라 코뿔이씨와 무사자씨 등도 계속 편지를 보내오고 있기 때문이죠. 여러 동물주민의 민원에 너무 지친 고슴도치 관장은 마을에 필요한 교통수단을 만들기 위한 제안을 하기에 이릅니다. 급기야 교통수단 디자이너인 당신을 찾아왔네요. 고슴도치 관장은 아직 당신의 능력을 의심하고 있습니다. 지금부터 당신의 실력을 제대로 보여주세요.

Q1 교통수단을 만들기 전에 교통수단의 종류와 특징들을 정리하여 설명해 주세요. 아직 고슴도치 관장이 여러분의 능력을 의심하고 있답니다.

교통수단 종류	특징	좋아요

● 조사한 교통수단 중 가장 추천할 만한 교통수단에 ★개수로 표현해 주세요.

Action Tips 다양한 교통수단의 종류와 특징을 인터넷이나 책을 통하여 찾아보세요. 친구들과 역할을 나눠서 찾아보면 더 쉽게 찾을 수 있을 거예요. 그리고 가장 마음에 드는 교통수단을 고슴도치 관장에게 추천해 주세요.

화목마을 친구들 모두 타세요

Cover Story 2 ★ 화목마을 친구들을 파악하라.

고슴도치 관장은 자신의 실력을 유감없이 보여 준 당신을 믿기 시작하였습니다. 이제 당신은 화목마을에 누가 살고 있는지를 확인해야 합니다. 왜냐고요? 그래야만 화목마을 친구들에게 맞는 교통수단을 제작해 줄 수 있으니까요. 화목마을 주민들은 모두 다른 모습을 가지고 있거든요. 목기린씨 다른 친구들과 다르게 목이 너무 길고요. 무사자씨는 약을 먹고 출근하지 않으면 마음속에서 다른 친구들을 다치게 하려는 마음이 생깁니다. 코뚱이씨의 큰 엉덩이가 버스입구에 끼어 출발하지 못했던 적도 많았습니다. 이렇게 생김새와 성격이 다른데 잘 어울려 살고 있는 것이 신기할 정도입니다. 분명 동물주민을 배려한 새로운 교통수단이 나온다면 모두가 더 행복해질 수 있을 겁니다.

지금 고슴도치 관장이 다행히 주민 명단을 보내 주셨네요. 주민 명단을 잘 살펴보고 화목마을 주민들이 어떤 특징을 가지고 있는지 파악해주세요.

Q2 아래 표에 있는 화목마을 주민들의 특징을 잘 정리해 주세요.

이름	특징	사는 마을 (땅 마을, 사막마을, 물속 마을)
목기린(기린)		
코뚱이(코끼리)		
무사자(사자)		
두다다(두더지)		
뱀순이(뱀)		
혹등이(낙타)		
금민이(금붕이)		
고은이(고양이)		
구구구(비둘기)		
송준이(송사리)		
잠이요(잠자리)		

Action Tips 화목마을 주민들의 특징은 날개가 있는지, 다리가 있는지, 물속에서도 살 수 있는지, 다른 동물을 다치게(먹는지) 하는지 등등 고려할 부분이 많습니다. 새로운 교통수단을 디자인하는데 필요한 부분 중심으로 정리해주세요.

Cover Story 3 ★★★★ 친구들을 위한 교통수단을 완성하라.

화목마을에 사는 주민들을 조사하느라 너무 고생이 많았습니다. 이제 당신은 화목마을 주민들을 만족시켜줄 교통수단을 본격적으로 만들어야 합니다. 고슴도치 관장은 다음과 같은 조건을 요구하였습니다. 아래 조건을 잘 확인해서 새로운 교통수단을 꼭 만들어 주세요.

고슴도치 관장의 조건은 다음과 같습니다.

첫째, 다양한 친구들이 함께 탈 수 있는 교통수단을 만들어 주세요. 화가 많은 무사자씨, 덩치가 엄청나게 큰 코뚱이씨도, 목이 긴 목기린씨도 모두 탈 수 있는 교통수단이 필요합니다.

둘째, 친환경 교통수단을 만들어 주세요. 우리 마을은 자연이 잘 보존된 곳입니다. 자연을 파괴하지 않는 교통수단을 만들어 주십시오.

셋째, 교통수단은 실제 모형으로 만들어 주세요.

Q3 화목마을 친구들을 위한 교통수단을 만들어 주세요. 실제 모형으로 제작해 주세요.

● 교통수단 설계도

```




```

Action Tips 고슴도치 관장이 요구하는 조건에 맞게 만들어야 합니다. 교통수단을 만들 때는 다양한 재료를 이용하여 만들면 좋습니다. 그리고 동물 모형이나 블록을 이용하여 동물을 태워보면서 제작하면 더 좋은 교통수단을 만들 수 있습니다.

화목마을 친구들 모두 타세요

Cover Story 4 새로운 교통수단 설명회를 열어라.

화목마을을 위한 새로운 교통수단이 만들어졌다는 소식을 들었습니다. 마지막 단계로 화목마을 회관에서 열리는 교통수단 설명회에서 고슴도치 관장과 많은 주민 앞에서 당신이 만든 새로운 교통수단을 제시해야 합니다. 설명회를 통해 당신이 만든 교통수단이 선택된다면 고슴도치 관장은 당신을 화목마을 교통장관으로 임명하겠다고 약속했습니다. 설명회에는 대부분의 주민이 참여하겠다고 하네요. 많은 주민의 기대를 충족시키는 멋진 교통수단의 탄생을 기대하겠습니다. 우리는 당신을 믿으니까요.

 당신이 만든 교통수단을 설명할 자료를 만들어 주세요. 자료에는 만든 이유와 장점들이 꼭 들어가게 만들어 주세요. .

• 교통수단을 만든 이유

• 내가 만든 교통수단의 장점

Action Tips 설명 자료를 만들 때는 왜 이렇게 만들게 되었는지에 대한 이유와 자신이 만든 교통수단의 장점이 잘 드러나게 작성해야 합니다. 영상을 촬영하여 발표해도 좋고 사진을 찍어서 설명 자료를 만들어도 좋습니다.

SOLUTION ⑤ 화목 마을 친구들을 위해 방문해보세요.

'화목 마을 친구들 모두 타세요' 프로그램은 화목 마을 친구들을 위해 새로운 교통수단은 만드는 프로젝트입니다.

삼성화재교통박물관(stm.or.kr) 다양한 종류의 교통수단을 직접 보고 체험할 수 있는 공간입니다. 가족과 함께 방문하여 새로운 아이디어를 얻으면 어떨까요?

아울러 국가 생물종 지식 정보시스템 홈페이지(nature.go.kr)는 다양한 동물과 식물을 쉽게 찾아볼 수 있는 곳입니다. 문제에 제시된 동물 이외에도 다른 동물과 식물도 꼭 살펴보세요.

수중로봇 개발 프로젝트, 독도 2만리

SYNOPSIS

　수중로봇 개발 프로젝트 '독도 2만리'는 공상과학소설의 선구자 쥘 베른의 「해저 2만리」를 모티브로 해서 만든 PBL 프로그램입니다. 책 속에 등장하는 노틸러스 호는 지금의 잠수정이 없던 시대에 작가의 과학적 지식과 상상력만으로 그려낸 최첨단 잠수함입니다. 노틸러스 호를 탄 주인공은 전 세계의 바다 밑을 탐험하며 희귀한 심해 생물과 해저 숲을 경험하죠. 정말 흥미진진하게 그려지고 있습니다. 그렇다면 150년이 지난 오늘날은 어떨까요? 현대 과학기술의 발달로 상상 속 심해의 베일이 조금씩 벗겨지고 있음을 우리는 잘 알고 있을 겁니다. 여기엔 최첨단 수중로봇이 그 역할을 톡톡히 해내고 있는데요. 이런 수중로봇개발을 학습자가 직접 해본다면 좋겠다는 생각에서 이 프로그램이 만들어졌습니다.

　독도심해를 탐사하기에 적합한 로봇을 디자인해야 하는 과제를 수행하기 위해 해양생태 및 자원, 수중로봇의 기능을 조사하고, 동해에 매장된 천연에너지 자원과 독도에 관한 각종 이해를 도모하게 됩니다. 이 프로그램은 기본적으로 과학·기술·미술 교과를 중심으로 구성됐지만, 해양 관련 진로체험이나 국립중앙과학관, 해양박물관 현장체험과 연계하여 적용한다면 좀 더 풍부한 학습경험을 기대할 수 있습니다.

◆ 적용대상(권장): 초등학교 5학년 – 중학교 3학년
◆ 학습예상소요기간(차시): 6 – 8일(6 – 8차시)
◆ 관련교과 내용요소(교육과정)

교과	영역	내용요소	
		초등학교[5 – 6학년]	중학교[1 – 3학년]
과학	힘과 운동		• 중력 • 부력
	환경과 생태계	• 환경 오염이 생물에 미치는 영향 • 생태계 보전을 위한 노력	
	고체 지구		• 지구계의 구성요소 • 광물
	대기와 해양		• 해수의 층상 구조 • 우리나라 주변 해류
기술	기술 시스템		• 신·재생 에너지
	기술 활용	• 발명과 문제해결 • 로봇의 기능과 구조	• 기술적 문제해결 • 발명 아이디어의 실현
미술	표현	• 발상 방법 • 표현 방법 • 제작 발표	• 표현 과정과 점검

PBL CREATOR

은미쌤

재미교육연구소 3년차 연구원이자, 박물관연구원으로 일하고 있습니다. 미술교육을 전공했고 창조적인 작업을 좋아합니다. 학교와 미술관, 박물관을 무대로 다양한 프로젝트학습을 기획하는 재미교육연구소 활동에 열정을 갖고 즐겁게 참여하고 있습니다. 앞으로의 활동을 꾸준히 이어가며 먼 훗날에는 학습자에게 따뜻한 감동을 줄 수 있는 교육 창작자이자 설계자가 되고 싶습니다.

재미있고 공부되는 독서
프로젝트15

독도의 바다 밑에는 어떤 보물이 있을까?

Cover Story 1 ★★★★ 독도의 바다 밑에는 어떤 보물이 있을까?

21세기 들어 지구온난화와 화석자원고갈이 심각합니다. 대체에너지 마련과 환경 문제 해결은 전 지구적인 문제가 되었지요. 그 해결 대안으로 해양이 주목받으며 전 세계는 치열한 자원확보 경쟁을 벌이고 있습니다. 특히 우리나라는 에너지를 수입에 의존하고 있어 안정적인 자원 공급원 확보가 절실합니다. 이를 위해 80년대부터 태평양 바다 아래 광물자원 개발사업에 주력해왔습니다.

국내의 동해 독도 인근에서는 차세대 에너지원으로 각광 받는 메탄하이드레이트가 발견되어 시험 생산에 있습니다. 메탄하이드레이트는 금액으로 환산하면 엄청난 가치가 있을 뿐만 아니라 석유의 매장 가능성을 알려줍니다. 이 때문에 일본이 독도 영유권 주장을 해왔다는 의혹이 있습니다. 이처럼 독도는 영토주권의 전략기지일 뿐만 아니라 미래 에너지를 책임질 국가의 희망입니다. 따라서 아직 밝혀지지 않은 독도 해저의 생태계 조사와 자원의 정밀탐사가 시급합니다.

미래해양과학원은 독도 광물자원의 조사와 개발기술의 확보에 중요성을 인식하고 독도를 탐색할 수중로봇개발 프로젝트 '독도 2만리'를 추진하고자 합니다. 당신은 수중로봇개발자로서 새로운 수중로봇을 디자인해야 합니다. 디자인 개발절차는 '자료조사 – 아이디어 탐색 – 디자인개발과 완성-발표'로 진행됩니다.

Q1 독도 심해 관련 자료를 찾아보세요. 수집된 정보는 디자인개발에 중요한 자료로 활용됩니다.

독도	수집한 조사내용
지형 및 환경	
해양생물 종류/ 활용용도	
에너지·광물 자원/ 활용용도	
중요성	

Action Tips 해양다큐멘터리 영상 자료로 수업을 시작하면 심해탐사에 대한 생생한 정보를 얻을 수 있고 학생들의 흥미와 호기심도 자극할 수 있습니다. 독도 해양에 대한 이해와 관심은 광물자원의 필요성뿐만 아니라 강치처럼 멸종된 소중한 독도 생물자원을 지키는 방법이란 것을 안내합니다. 모둠별 자료수집 후에 정보를 공유할 수 있도록 합니다. 조사한 내용에 따라 로봇의 디자인이 달라질 수 있다는 것을 강조합니다.

수중로봇은 바다 깊은 곳, 높은 수압을 견디게 설계되어 사람을 대신해 다양한 작업을 수행합니다. 대서양 한가운데 침몰한 타이타닉을 찾아낸 것도 수중로봇이었죠. 미국, 프랑스, 러시아, 일본은 일찍부터 해양탐사를 진행해왔고, 중국 역시 최근 해양 연구 개발에 적극적인 투자를 하고 있습니다. 중국은 해저 무인기지를 세워 AI 로봇 잠수정이 심해 데이터를 수집하는 계획을 진행하고 있습니다. 이처럼 세계강국들이 수중로봇개발에 박차를 가하는 것은 해양자원확보의 핵심이 심해탐사에 있기 때문입니다. 새로운 수중로봇을 개발하기 위해서는 기존 수중로봇의 작동 원리와 기능을 꼼꼼히 살펴보는 것이 필요합니다. 세계에 내놓아도 손색이 없는 우리나라의 기술력이 과연 어떤 수중로봇을 탄생시키게 될까요?

Q2 수중로봇의 특징을 파악할 수 있는 자료를 수집해보세요.

구분	수중로봇 자료수집 내용
심해의 정의	
잠수의 원리	
수압을 견디는 원리	
필요한 장치와 용도	

국가	수중로봇 이름	특징
한국		
러시아		
미국		
프랑스		
중국		
일본		

Action Tips 해양탐사 핵심 장비인 수중로봇을 제대로 이해하는 것이 중요합니다. 기술적인 부분은 과학적인 접근이 이루어지도록 합니다. KIOST에서 만든 수중건설로봇 URI-T의 실제 작업과정을 체험할 수 있는 게임 앱을 활용하여 수중작업에 대한 이해를 높일 수 있습니다.

수중로봇 개발 프로젝트, 독도 2만리

Cover Story 3 ★★★ 친환경적으로 탐사하는 수중로봇을 개발하라

이제 디자인개발을 위한 기본 자료가 모두 수집되었으니 조사한 내용을 토대로 창의적인 아이디어를 모색할 차례입니다. 기본적으로 수중로봇은 독도 해저를 보호해야 하는 방향으로 개발돼야 합니다. 심해자원 확보도 중요하지만, 해저 생태계에 주는 악영향이 없도록 해야겠죠? 이와 관련해 다음 사례가 도움이 될 것 같군요.

'크랩스터'는 우리나라가 세계 최초로 개발한 보행하는 심해탐사 로봇입니다. 기존 프로펠러로 움직이는 수중로봇을 보완해 만들어졌습니다. 프로펠러 대신 6개의 다리로 서해안과 같이 조류가 강한 지역에서는 휩쓸리지 않고 이동을 합니다. 부드러운 퇴적 토양으로 형성된 해저에 영향을 주지 않으며 근접 정밀탐사 수행도 가능합니다.

Q3 독도 해저에 적합한 수중로봇은 어떤 모습과 기능을 갖추어야 할까요? 수집한 자료를 토대로 아이디어를 모아보세요.

● 브레인스토밍

구분	내용
보완해야 할 점	
새롭게 추가할 점	

Action Tips 커버스토리❶, ❷의 자료조사내용과 연계해서 진행되도록 합니다. 브레인스토밍을 통해 다양한 아이디어가 나올 수 있도록 창의적이고 매력적인 로봇 자료를 제공합니다. 아이디어를 정리하고 기존 로봇과는 다른 차별성을 갖도록 보완할 점, 새롭게 추가할 점을 작성합니다.

구상한 아이디어를 구체화하는 단계입니다. 전문가인 여러분의 지혜를 모아 새로운 독도 탐사 수중로봇을 개발해주세요. 당신의 손에 국가의 미래가 달려있음을 잊지 마세요!

▶ 개발 목적
  – 독도의 생태환경과 해저지형 관측, 해양생물과 퇴적물 샘플 채취
▶ 필수조건
  – 탐사 장소에 적합한 성능
  – 샘플 채취에 우수한 기능
  – 환경친화적일 것
   (해저지형을 망치지 않고, 생태계에 미치는 영향을 최소화하는 형태여야 함)
▶ 선택조건
  – 심해 생물의 특징 적용

Q4 브레인스토밍을 통해 나온 의견을 종합해 디자인을 완성합니다. 반드시 조건을 충족하여 개발해주세요.

	아이디어 스케치		디자인 완성

• 완성한 수중로봇의 설명 적기

구분	내용
이름과 뜻	
특징과 기능	

Action Tips 아이디어 스케치를 한 후에는 주어진 조건을 반영하여 디자인의 완성도를 높입니다. 로봇의 디자인이 완성되면 탑재된 기능과 외관 등을 고려하여 이름을 정합니다. 설명을 첨부하여 개발한 수중로봇의 이해를 돕도록 합니다.

수중로봇 개발 프로젝트, 독도 2만리

Cover Story 5 ★★★★ 프로젝트 '독도 2만리' 결과물 공개하기

드디어 여러분의 피땀 눈물이 담긴 수중로봇 디자인을 공개하는 날입니다. 미래해양과학원의 '수중로봇개발사업' 성과보고회에 참석해주세요. 평가에 따라 수중로봇 제작을 위한 제작지원금이 제공됩니다. 지원금을 받기 위해서는 철저한 발표준비가 필요합니다. 자료를 정리하고 프레젠테이션 시나리오를 작성해주세요. 심사위원을 사로잡기 위해서 파우툰(powtoon.com), 미리캔버스(miricanvas.com) 등 다양한 IT도구를 활용해도 좋습니다. 여러분의 수중로봇 디자인을 멋지게 공개해주세요!

Q5 발표할 자료 정리와 시나리오를 작성해주세요.

● 프레젠테이션 시나리오 작성

● 평가하기

모둠 명	평가 항목	총점
(예시)	☐ 결과물의 완성도는 높은가요? ☐ 필수조건을 충족하여 개발했나요? ☐ 로봇의 이름은 컨셉과 기능에 어울리나요? ☐ 이해하기 쉽게 설명되었나요?	

Action Tips 완성한 로봇 디자인을 공유하는 시간입니다. 개발된 수중로봇의 특징이 잘 드러나도록 자료를 정리하고, 발표시간 내 요점만을 전달하도록 합니다. 평가 항목은 다 함께 설정하고 발표팀을 제외한 모둠이 '수중로봇개발사업' 위원회 심사위원 역할을 맡아 채점합니다. 서로의 아이디어를 존중하며 긍정적인 피드백을 나눌 수 있는 분위기 형성이 중요합니다.

Cover Story 6 독도 심해를 탐색하는 수중로봇의 활약

성과보고회에서 우수한 평가를 받고 실제 제작에 들어간 수중로봇은 성능시험과 보완 과정을 걸쳐 현장 테스트까지 마쳤습니다. 현재 독도로 옮겨진 수중로봇은 2000m 심해에서 본격적인 탐사 임무를 수행 중입니다. 독도의 생태환경 관측과 퇴적물 채취, 해저지형 정밀관측 등 탐사활동을 펼치고 있습니다. 무엇보다 독도의 해저 생태계를 훼손하지 않도록 디자인돼 성공적인 개발이라 평가받고 있습니다. 탐색성능의 탁월성도 인정받아 태평양 해역에 투입이 거론되고 있는 상태입니다. 여러분의 활약 덕분에 우리나라 미래 해양자원의 확보를 크게 기대할 수 있게 되었습니다!

Q6 수중로봇 개발 프로젝트 '독도 2만리' 활동을 진행하며 느낀 점을 성찰 일기로 작성해보세요.

● 이번 활동에서 무엇을 알게 되었나요?

● 문제해결에서의 아쉬운 점과 더 나은 방향이 있다면 적어보세요.

수중로봇 개발 프로젝트, 독도 2만리

● 앞으로 나의 생활에서 어떤 도움이 될까요?

● 문제를 해결하기 위해 나와 팀원은 어떤 역할을 했나요?

● 앞으로의 학습 활동에 대한 나의 참여 태도와 각오를 써보세요.

Action Tips 성찰 일기를 작성해 무엇을 배우고 느꼈는지 정리합니다. 후속 활동으로 로봇 디자인을 직접 구현해보는 제작 활동을 진행할 수 있습니다. 심화 과제활동에는 '수중로봇경진대회'와 '수중로봇챌린지' 대회 참여가 있습니다. 해양과 로봇기술에 관심 있는 학습자에게 좋은 기회가 될 수 있습니다.

<img_1> SOLUTION 56 나는 미래의 수중로봇개발자!

스마트폰으로 수중로봇 조종하기

수중건설 로봇 URI-T가 해저 2,500m에서 작업하는 현장을 스마트폰 게임으로 체험할 수 있습니다. 한국해양과학기술원(KIOST)에서 해양과학기술에 관심을 높이기 위해 만든 애플리케이션으로 해저 지형 맵핑, 케이블 이상 탐지, 파이프 용접과 같은 실제 작업을 해보며 수중작업을 이해할 수 있습니다. 날씨 상황을 설정하면 해류의 영향을 받아 실감 나는 상황 연출도 가능합니다. 학습자가 문제 상황에 몰입할 수 있도록 적극 활용해보세요.

*사진출처:(Google Play) 수중건설로봇 체험 게임 콘텐츠, KIOST 시뮬레이션

'ROV 수중로봇 경진대회'에 도전

로봇제작에 흥미가 있는 학생에게 추천합니다. 대상은 초등학교 4~6학년과 중학교 전 학년의 학생이며 2~3인이 한팀으로 경기를 참가할 수 있습니다. 경기종목은 ROV 수중로봇을 원격 조종해 장애물을 통과하기, 수중자원 많이 채취하기가 있습니다. 중등부의 경우 ROV를 직접 조립해야 합니다. 직접 만든 로봇으로 경기기록을 세워보고 싶은 과학 꿈나무들은 어서 모이세요!

행복을 파는 축제

SYNOPSIS

'행복을 파는 축제'는 이솝 우화 「시골 쥐와 도시 쥐」의 이야기를 사회과의 촌락과 도시 단원과 접목하여 개발한 PBL프로그램입니다. 시골 쥐는 열악한 여건의 시골을 안락하다고 생각합니다. 도시 쥐는 위험이 도사리는 도시를 풍족한 곳으로 바라보죠. 자연환경과 인문환경이 다양하게 어우러진 지역들의 특색은 관점에 따라 긍정적으로도 부정적으로도 볼 수 있습니다. 자신이 사는 지역을 긍정적으로 바라보는 두 쥐처럼, 학생들도 도시와 촌락을 긍정적으로 살펴볼 기회를 주고 싶어 이 PBL을 구상하였습니다. 본 프로젝트에서는 활동 과정 중 SCAMPER 발명 기법 중 결합하기 방법을 활용하였습니다. 학습자는 조사한 각 지역의 특색과 행복했던 경험들을 연결 지어 축제 체험 부스를 기획하고, 기획한 축제 부스를 실제로 운영합니다. 이를 통해 촌락과 도시의 가치를 찾아가도록 프로그램을 구성했습니다.

◆ 적용대상(권장): 초등학교 4학년
◆ 학습예상소요기간(차시): 6일(6차시)
◆ 관련교과 내용요소(교육과정)

교과	영역	내용요소 초등학교[3-4학년]
사회	자연환경과 인간 생활	• 고장별 자연환경과 의식주 생활 모습 간의 관계 • 고장의 지리적 특성과 생활 모습 간 관계, 고장의 생산활동
	인문환경과 인간 생활	• 촌락과 도시의 공통점과 차이점 • 촌락과 도시의 문제점 및 해결 방안
국어	듣기·말하기	• 회의
	읽기	• 경험과 느낌 나누기

PBL CREATOR

재미교육연구소에서 PBL을 만나며 프로젝트학습의 매력에 퐁당 빠져 있는 3년차 연구원이자 10년차 초등교사입니다. 교실에서 학생들과 삶을 가꾸고 함께해서 행복한 시간을 쌓아가며 보람을 느끼고 있습니다. 새로운 것을 접할 때가 즐겁고, 배운 것을 교실에 풀어놓는 것을 좋아합니다. 요즘은 신나게 즐긴 PBL의 경험을 학생들과도 함께하고 싶어 프로젝트학습 프로그램을 열심히 만들고 있습니다. 조금 어설픈 PBL수업마저 사랑해주는 반 학생들이 있어 힘이 납니다!

윤재쌤

안녕하세요! 행복을 파는 사람들, 해피니스입니다! 해피니스는 평범한 일상을 새롭게 바라보고 그 속에서 행복을 찾아주는 회사입니다. 생일이나 결혼식 같은 가족 예식부터 기업의 신제품 발표회, 지역 축제나 대회 개막식과 같은 여러 행사를 더욱 특별하게 기획하며 행복을 나누어주고 있죠.

사람들이 기억하는 행복의 모습은 모두 다릅니다. 가족과 놀러 간 추억, 무서운 영화나 놀이기구를 타며 스릴을 느낄 때, 신나고 재미있는 일, 뿌듯함, 마음이 따뜻해지는 순간에서 저마다의 행복을 느끼기도 하죠. 여러분은 어떨 때 행복한가요? 당신의 이야기를 들려주세요.

Q1 해피니스의 신입사원인 여러분은 첫 업무로 사람들이 행복했던 경험을 조사하게 되었습니다. 여러분과 주변 사람들이 행복했던 경험을 최대한 많이 찾아주세요.

Q2 앞서 조사한 사람들의 행복한 경험을 비슷한 것끼리 무리 지어 같은 색으로 표시해 봅시다. 그리고 색깔마다 분류 기준을 적어봅시다.

Action Tips ● 행복과 같은 감정은 추상적인 개념입니다. 학습자에게 행복이란 무엇인지 묻는다면 굉장히 두루뭉술한 이미지만이 떠오를 것입니다. 따라서 행복이 무엇인지 묻는 것보다 행복했던 경험을 물어 추상적인 감정을 구체적으로 떠올리도록 하였습니다.
● 모둠원이나 본인의 행복했던 경험을 충분히 브레인스토밍한 후 비슷한 유형끼리 분류합니다. 색깔별로 나눈 것은 이어질 활동에서 무작위로 유형을 선택할 때 활용하기 위함으로 색깔로 구분하는 대신 비슷한 유형으로 묶어 번호를 매길 수도 있습니다.
● 학습자가 행복한 경험을 떠올리기 어려워한다면 활동 순서를 바꾸어 진행할 수 있습니다. 행복을 느끼는 경험을 먼저 여러 유형으로 분류한 후, 각각에 해당하는 구체적인 예를 찾아본다면 조금 더 쉽게 행복의 유형을 정리할 수 있습니다.

행복을 파는 축제

Cover Story 2 ✦✦✦ 지역 축제 의뢰가 들어왔어요.

"띠링."

메일 도착을 알리는 알람 소리에 서둘러 메일함을 열어봅니다. 해피니스에 새로운 기획을 의뢰하는 메일이 왔나 봐요.

> 안녕하세요. 이번에 우리 고장에서는 지역 특색을 알리는 축제를 새롭게 만들려고 합니다. 해피니스에서 새로우면서도 행복한 추억을 남길 수 있는 축제를 기획할 수 있다고 들어 연락드렸습니다. 우리 고장에 꼭 맞는 축제를 기획해주신다면 의회의 심의를 거쳐 축제 운영의 기회를 드리겠습니다.

지역만의 색깔을 살려 축제를 만드는 건 우리 회사가 자신 있게 기획하는 일 중 하나입니다. 팀장님은 팀원들을 모아 바로 회의를 시작했어요.

Q3 지역 축제의 핵심은 지역의 특징을 잘 살리는 것에 있습니다. 여러분이 받은 고장이 촌락인지 도시인지 파악하고, 특산품이나 문화유산과 같은 고장의 정보를 모아주세요. 그리고 여러분이 생각하는 이 지역을 대표할 수 있는 특징 3가지를 찾아 표시해 주세요.

> **Action Tips** 모둠마다 농촌(경기도 이천, 충청도 예산, 전라도 순창 등), 어촌(전라도 영광, 경상도 영덕, 강원도 속초), 산지촌(강원도 영월, 강원도 태백, 경상도 함양 등), 도시(서울, 광주, 부산, 세종 등)로 대표될 수 있는 지명을 주고 고장의 특징을 찾아볼 수 있도록 해 주세요. 고장에 대한 정보는 온라인 지도를 통한 지리정보, 백과사전, 지역행정기관(시청, 도청 등)의 홈페이지, 통계청 자료 등을 활용하여 찾아볼 수 있습니다.

Cover Story 3 ★ 한 번도 가보지 않은 길을 찾아요.

"지역 분석을 훌륭히 해 주었군요! 이걸 바탕으로 체험 활동부터 만들어봅시다."

팀장님의 칭찬에 기분이 으쓱해졌어요. 어떤 일을 주셔도 잘 해낼 수 있을 것만 같은 기분이 들었지요. 그런데 갑자기 팀장님이 색깔이 칠해진 커다란 주사위를 들고 성큼 성큼 걸어들어오셨어요.

"자! 이제 우리의 운명은 신입사원님들께 달려있습니다! 제발 좋은 색을 뽑아 주세요!"

"주사위만 잘 굴리면 오늘 점심은 내가 사줄게요! 아자아자!"

팀장님과 선배님들의 뜬금없는 주사위 운명론에 우리는 당황할 수밖에 없었어요. 하지만 아무도 우리에게 이유를 알려주지 않았고 우리는 영문도 모른 채 주사위를 굴렸습니다.

Q4 Quest 02에서 사용한 색들을 면마다 담은 색 주사위를 굴려 주세요. 색깔이 6개 넘게 쓰였다면 주사위를 여러 개 만들어 굴려 주세요. 주사위를 굴려 나온 색으로 표시한 행복의 기준 세 가지를 Quest 02에서 찾아 왼쪽 ○에 적어줍니다. 그리고 Quest 03에서 고른 지역을 대표하는 특징 3가지도 오른쪽 ○에 함께 적어주세요.

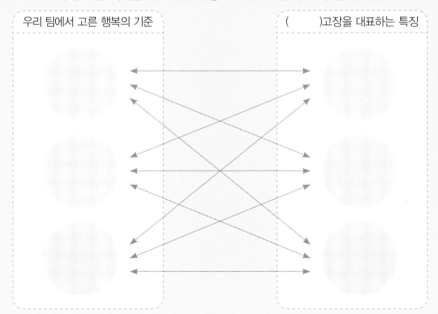

우리 팀에서 고른 행복의 기준   (　　　)고장을 대표하는 특징

행복을 파는 축제

Q5 **Quest 04**의 표에 정리한 행복의 기준과 고장의 특징을 각각 결합하여 재미있는 축제 체험 활동을 기획하여 봅시다. 남들이 한 번도 해 보지 못한 톡톡 튀는 아이디어를 기대합니다!

> [여백]

Action Tips ● 본 활동은 발명 기법인 SCAMPER의 결합하기(Combine)를 활용하여 구성하였습니다. 결합하기 방법은 모자와 옷을 결합한 후드티, 연필과 지우개를 결합한 연필 달린 지우개처럼 보다 나은 일상생활을 만들기 위해 널리 활용되는 방법입니다.
● 퀘스트 활동에 들어가기 전 전혀 어울리지 않은 두 가지를 엮은 활동들을 결합하여 새로운 것을 만드는 연습을 하는 것도 좋아요. 오징어와 예술을 결합하여 축제의 행사를 떠올린다면 어떻게 될까요? 오징어 춤 선발대회, 오징어 먹물로 그림 그리기와 같은 색다른 프로그램을 만들어 볼 수 있겠죠? 에어백과 게임기, 도토리와 바퀴처럼 서로 상관없는 것들을 합쳐 새로운 아이디어를 내는 연습을 먼저 해 본다면 독창적인 축제 체험 활동 아이디어도 더욱더 쉽게 나올 거예요.

"우와! 재미있는 체험 활동들이 많이 나왔네요!"

축제에서 운영할 새로운 체험 활동을 만드는 일은 낯설고 막막하게만 느껴졌지만, 이런저런 생각을 모으다보니 색다르면서도 재미있는 활동들이 많이 나왔어요.

"자, 이 중 한 가지를 골라 실제로 운영할 방법을 계획하고 팀마다 소개해 봅시다."

신입사원들에게도 운영 계획을 세울 기회가 찾아왔어요. 우리는 유독 눈길이 가던 체험 활동을 선택해 계획을 세우기 시작했습니다.

Q6 **Quest 05**에서 만든 체험 활동 중 하나를 골라 실제로 운영할 방법과 계획을 세워 봅시다. 활동 운영을 위해 필요한 준비물, 활동 방법과 순서, 활동 모습의 예시, 운영 후 정리 방법 등을 담은 계획서를 만들고, 발표해봅시다.

Action Tips 실제 운영을 위해 앞서 만든 아이디어를 구체화하는 단계입니다. 발표한 내용을 듣고 각 팀에 도움이 되는 조언이나 생각을 나누는 시간을 가집니다. 이 시간을 통해 팀별로 미처 생각하지 못한 부분을 서로 보완할 수 있습니다.

행복을 파는 축제

Cover Story 5 ★ 모두가 행복해지는 상상이 현실이 돼요.

우리 팀에서 만든 체험 활동 계획은 회사 안에서도 좋은 반응을 얻었고 축제 운영 계획에도 포함되었어요. 해피니스의 이름을 달고 고장에 전달된 축제 기획서는 고장 의회의 심의를 가뿐히 통과했고, 우리는 곧 축제를 운영하게 되었어요.

"우리가 만든 체험 활동을 사람들이 해 보고 행복해졌으면 좋겠어요."

"여러분의 노력이 헛되지 않게 축제를 더 열심히 알려서 더 많은 사람이 올 수 있도록 해 봅시다."

나는 새로운 행복을 찾아 선사하는 멋진 기업, 해피니스에서 일할 수 있어 감사하고 행복했어요.

Q7 지역 축제를 알리는 홍보 포스터를 만들어봅시다. 포스터에는 멋진 지역 축제 이름과 함께 지역의 특색과 여러분이 만든 이색 체험이 꼭 들어가게 해 주세요.

Q8 여러분이 계획한 축제 부스를 운영해봅시다. 팀원들과 역할을 나누어 준비하고, 운영 후에는 깨끗이 정리합니다. 축제 부스를 운영한 소감을 남겨봅시다.

Action Tips 학습자가 기획한 프로그램을 실제로 운영하는 것은 여건에 따라 생략할 수도 있습니다. 하지만 학습자는 처음부터 기획한 내용을 직접 완성해보는 경험에서 성취감을 느낄 것입니다. 학급 내에서 활동을 운영할 수도 있지만, 이웃 반 친구들을 부스 활동의 참가자로 초대할 수도 있고 학년 단위로 운영하여 반마다 농촌, 어촌, 산지촌, 도시로 역할을 나누어 진행할 수도 있습니다.

SOLUTION 57 촌락과 도시를 소개하는 박물관에 가볼까.

도시의 생활 모습과 농촌, 어촌, 산지촌으로 구분되는 촌락의 모습을 좀 더 들여다보고 싶다면, 다음 박물관을 추천합니다.

❶ 인천도시역사관 : 인천의 도시 발전 과정과 특징을 한눈에 볼 수 있습니다.
- https://www.incheon.go.kr/museum/MU050102

❷ 농업박물관 : 농협에서 운영하는 박물관으로 농촌에서 주로 이루어지는 농사와 관련된 역사와 문화, 현대의 농업기술 등을 전시로 소개하고 있습니다.
- http://agrimuseum.or.kr/

❸ 부산어촌민속관 : 부산해양자연사박물관의 분관으로, 낙동강 주변과 부산 앞바다의 어촌의 어업활동과 문화를 다양한 모형과 체험으로 쉽게 소개하고 있습니다.
- http://www.busan.go.kr/sea/onfolkintro

❹ 인제산촌민속박물관 : 농사, 약초 캐기, 양봉, 수렵 등 산지촌 마을의 생활 모습과 의식주의 모습을 소개하고 있습니다.
- http://mvfm.kr

곰돌이 푸, 행복프로젝트

SYNOPSIS

〈곰돌이 푸, 행복프로젝트〉는 「곰돌이 푸, 행복한 일은 매일 있어」의 책을 기반으로 곰돌이 푸의 명언을 활용하여 개발한 힐링 감성 PBL프로그램입니다. 이를 활용하여 탄생한 〈곰돌이 푸, 행복프로젝트〉는 학습자의 현재 마음상태를 확인하고, 국립중앙박물관의 유물과 곰돌이 푸의 명언을 통해 아픈 마음을 헤아릴 수 있도록 설계되었습니다. 곰돌이 푸를 통해 자신의 현재 마음 상태를 글과 그림으로 나타내고, 마음에 드는 유물을 직접 찾아다니며 유물이 말해주는 마음의 소리를 들어봅시다. 더불어 유물을 관찰하면서 나에게 힘이 되는 명언/문구도 새롭게 만들어 상처받았던 마음을 치유하고, 나의 미래와 꿈(행복) 스토리를 완성해 보는 것은 어떨까요?

곰돌이 푸의 명언과 연계하여 상처받았던 마음을 유물로서 치유하는 특별한 감성프로그램, 아무쪼록 나의 미래, 꿈(행복)을 깨닫게 해주는 시간이 되길 바랍니다.

- ◆ 적용대상(권장): 중학교 1 – 3학년
- ◆ 학습예상소요기간(차시): 3차시(1차시당 2시간)
- ◆ 학습예상소요기간(차시): 녹음파일, 이어폰, 스마트폰, 스케치북, 싸인펜, 색연필, 필기도구, 포춘쿠키 명언, 가방, 활동지 등

◆ 관련교과 내용요소(교육과정)

교과	영역	내용요소
		중학교[1-3학년]
국어	듣기·말하기	• 의미 공유 과정 • 대화 • 발표
	읽기	• 문제 해결 과정 • 정보 전달, 설득, 친교 및 정서 표현 • 참고 자료 활용
	쓰기	• 문제 해결 과정 • 감동이나 즐거움을 주는 글 • 표현의 다양성
미술	체험	• 이미지와 시각 문화
	표현	• 주제와 의도 • 표현 과정과 점검
	감상	• 미술의 변천과 맥락 • 작품 해석
도덕	자신과의 관계	• 나는 어떤 사람이 되고자 하는가? • 삶의 목적은 무엇인가?
진로와 직업	자아이해와 사회적 역량 개발	• 자아 존중감과 자기효능감 • 자신의 특성(적성, 흥미 등) 탐색

PBL CREATOR

주연쌤

안녕하세요. 저는 박물관 교육프로그램은 학습자가 재미있고 흥미롭게 체험할 수 있어야한다는 신념을 갖고 있는 박물관 학예사이자, 재미교육연구소 4년차 연구원 이주연입니다. 저는 학부에서 역사교육, 일반사회교육, 문화재보존과학을 전공하였고, 대학원(석사)에서는 교육학(박물관·미술관교육)을, 현재 교육학(교수학습공학)박사과정을 공부하고 있습니다.

저는 앞으로 박물관에서 교육분야 전문가로 성장하고 싶습니다. 박물관이라는 공간에서 역사학 전공자뿐만 아니라, 교육학을 전공한 전문가의 역할이 꼭 필요하다고 생각하며, 이를 실현하기 위해 꿈을 향해 나아가고 있습니다. 저는 앞으로 박물관교육 분야에서 늘 항상 감사하고 한층 성장하는 쌤, 감성쌤으로 역량을 키워 나가겠습니다.

곰돌이 푸, 행복프로젝트

Cover Story 1 ★★★★ 안녕하세요! 저는 곰돌이 푸입니다.

안녕하세요. 저는 아주 아주 사랑스러운, 마음이 따뜻한 노란색 곰돌이 푸입니다. 저의 외모를 보면 배가 이렇게 불뚝 나와 있고, 살이 포동포동하게 찐 순진한 곰이라고 할 수 있죠. 저는 매일 빨간색 셔츠를 입길 즐겨하고, 꿀을 세상에서 가장 좋아해요. 그래서 저는 항상 이 꿀단지를 가지고 다니죠. 저의 성격은 언제나 낙천적이고 느긋한 성격을 가지고 있어요. 행복한 일이 매일 있다고, 오늘의 나를 좀 더 힘껏 끌어 안아주자고 얘기해요. 저는 평상시 친구들을 가끔 섭섭하게 만들기도 하지만, 친구들을 위해서라면 모든 것을 다하는 희생적인 곰이라고도 할 수 있죠. 늘 진심을 가지고 친구들을 위하는 마음을 갖고 있어요. 그래서 그들에게 어려움이 닥쳤을 때, 모든 것이 잘 해결되도록 열심히 도와줘요. 제가 누구인지 잘 아시겠죠?

오늘은 제가 산책을 하다가 국립중앙박물관에 들어왔어요. 난생 처음으로 보는 진기하고 신기한 유물들이 다양하게 전시되어 있더라고요. 저와 함께 국립중앙박물관에서 여러분들의 마음의 소리를 들으며 힐링하고 위로를 받아보는 것은 어떨까요? 지금부터 〈곰돌이 푸, 행복프로젝트〉를 본격적으로 시작해볼까 합니다.

Q1 커버스토리에 표현된 곰돌이 푸의 모습을 상상하며 내 친구 곰돌이 푸를 그림으로 나타내어 보세요. 곰돌이 푸는 여러분에게 많은 도움을 주는 매개체입니다. 여러분들이 체험하는 활동은 '곰돌이 푸, 행복프로젝트' 행복 활동지에 담겨집니다.

● 곰돌이 푸를 그림으로 표현하기

Action Tips 이야기에 나타난 곰돌이 푸의 이미지가 떠오르지 않는다면 인터넷으로 곰돌이 푸의 사진을 찾아보거나 책의 이미지를 활용해 보세요. 나에게 힐링을 줄 수 있는 곰돌이 푸를 그려보고, 그 특징을 생각하면서 떠오르는 단어도 적어보세요. 추후 곰돌이 푸 명언을 쉽게 이해할 수 있을 거예요.

Cover Story 2 ★★★★ 나의 마음을 말해줘!

안녕, 나는 곰돌이 푸야. 지금부터 너의 이야기를 들어볼까 해. 지금 네가 고민하고 있는 너의 마음의 소리를 듣고 싶어. 나에게 꼭 이야기해 줄거지? 내가 미리 너에게 궁금했던 질문들을 녹음해 두었어. 눈을 감고 이 녹음 파일을 들으면서 질문에 대한 답을 하나씩 마음속으로 대답해보고, 그림이나 글로 표현해봐.

〈녹음 질문〉

– 너는 어떤 사람이야? 나에게 알려줘.

– 현재 너의 마음은 어떤 상태야?

– 최근 가장 행복했던 일과 슬펐던 일은 언제였어?

– 마음이 가장 아팠을 때는 언제였어?

– 가장 울고 싶거나 상처받았을 때는 언제였어?

– 네가 지금 가장 듣고 싶은 말은 무엇이야?

– 너 자신에게 꼭 전하고 싶은 말은 무엇이야?

– 나에게 꼭 말하고 싶은 것은 무엇이야?

Q2 커버스토리 1에 그려진 '곰돌이 푸'에게 나의 마음을 전달해보세요. 눈을 감고 곰돌이 푸가 직접 녹음한 파일을 들으면서 질문에 대한 답을 마음속으로 이야기해 보세요. 그리고 질문에 대한 답을 그림이나 글로 표현해보세요.

• 곰돌이 푸에게 나의 마음을 그림과 글로 전달하기

Action Tips 커버스토리❶의 곰돌이 푸를 생각하면서 곰돌이 푸가 녹음하여 남긴 질문에 대해 진중하게 마음속으로 답해보세요. 누구에게도 깊게 말할 수 없었던 것을 아주 솔직하게 이야기해보세요. 정리를 한 후 질문에 대한 답을 글이나 이미지로 맘껏 표현해보세요.

곰돌이 푸, 행복프로젝트

Cover Story ③ 곰돌이 푸의 명언을 뽑고 유물을 찾아줘!

안녕, 나는 곰돌이 푸야. 지금까지 너의 이야기를 잘 들었어. 나는 너에게 해 줄 이야기가 많아. 그래서 너에게 도움이 되는 명언을 남겨 놓았어. 이 명언을 받기 위해서는 조건이 있어. 이곳에서 마음에 드는 유물 10개를 선택해야 해. 나에게 기쁨을 주거나 위로가 되는 유물을 신중하게 선택하도록 하자. 선택한 유물들은 서로 달라야 하고, 국립중앙박물관 3층 조각·공예관에서 도자공예-백자실, 도자공예-분청사기실, 도자공예-청자실에서만 찾는 걸로 할게. 너에게는 유물을 하나씩 찾을 때마다 나의 명언을 뽑을 기회가 제공돼. 이 명언은 포춘쿠키로 되어 있는데, 너는 총 10개를 뽑을 수 있어. 제공되는 포춘쿠키를 하나씩 뽑아 부수면 그 안에 나의 명언이 숨겨져 있을 거야. 그 명언들을 읽어보고 의미를 떠올려보며 마음의 안정을 얻길 바랄게. 그래야 네가 행복을 찾을 수 있을 테니까.

〈활동 순서〉

① 마음에 드는 유물을 한 개씩 총 10개를 찾아보세요. 유물을 찾았다면 유물의 특징을 살펴보면서 유물과 나를 연결하는 것이 필요합니다. 유물의 어떤 부분이 나와 닮았는지 찾아보세요.

　※ 국립중앙박물관 3층 조각·공예관 도자공예-백자실, 도자공예-분청사기실, 도자공예-청자실 유물에 한정

② 행복 활동지에 찾은 10개의 유물 이미지를 각각 그려보세요.

③ 눈을 감고 유물이 나에게 말해주는 마음의 소리를 귀기울여 보세요. 유물을 보면서 느껴지는 생각 등을 나에게 힘이 되게 명언/문구로 새롭게 만들어 보는 겁니다.

　※ 명언/문구는 총 5개 미만으로 만들어 주세요.

④ 유물을 한 개씩 찾을 때마다 포춘쿠키 1개를 획득합니다.

⑤ 포춘쿠키 안에 있는 곰돌이 푸 명언을 5번 마음속으로 읽어보면서 위로를 받아보세요.

⑥ 내가 뽑은 포춘쿠키의 곰돌이 푸 명언은 행복 활동지에 꼭 붙입니다.

Q3 내가 마음에 드는 유물 10개를 찾아보고, 나와의 닮은 점을 연결해보세요. 찾은 유물의 이름을 적어보고, 스케치를 해보세요. 유물이 나에게 말하는 마음의 소리 등을 듣고서 나에게 힘이 되는 명언/문구를 새롭게 만들어보세요. 포춘쿠키 곰돌이 푸 명언을 획득하여 행복 활동지에 붙이고 마음속으로 읽어보면서 위로를 받아보세요.

유물명	유물명
유물 스케치	유물 스케치
곰돌이 푸 명언	곰돌이 푸 명언

유물명	유물명
유물 스케치	유물 스케치
곰돌이 푸 명언	곰돌이 푸 명언

유물명	유물명
유물 스케치	유물 스케치
곰돌이 푸 명언	곰돌이 푸 명언

유물명	유물명
유물 스케치	유물 스케치
곰돌이 푸 명언	곰돌이 푸 명언

유물명	유물명
유물 스케치	유물 스케치
곰돌이 푸 명언	곰돌이 푸 명언

곰돌이 푸, 행복프로젝트

● 나에게 힘이 되는 명언/문구 5개 만들어보기

1. 하고 싶은 것을 간절하게 떠올려보세요.
2. 남을 위하기 전에 나를 먼저 돌보세요.
3. 행복은 매일 느낄 수는 없지만 한 번의 행복이 내 삶을 의미 있게 해줘요.
4. 목표를 높게 잡았으면 이제 아래는 내려다보지 마세요.
5. 나를 사랑한다면 어쨌든 즐겁게 살 수 있어요.
6. 가끔은 좋아하는 것에 흠뻑 빠져보세요.
7. 다른 사람의 기분을 지나치게 신경 쓰지 마세요.
8. 무엇을 하고 싶은지는 내가 가장 잘 알고 있어요.
9. 실수했더라도 너무 자책하지 말아요.
10. 일의 가치는 돈으로 결정되지 않아요.
11. '멋진 하루를 보냈어'라고 말할 수 있는 삶
12. 가장 좋은 것도, 가장 나쁜 것도, 사실 별거 아니에요.
13. 몸은 거짓말을 하지 않아요.
14. 좀처럼 마음이 잡히지 않을 때는 잠시 생각을 내려놓으세요.
15. 잠재된 가능성을 잊지 마세요.
16. 아무런 생각없이 말하고 있는 건 아닌가요.
17. 다른 사람의 말에 흔들리지 말아요.
18. 부정적인 감정을 너무 자주 드러내지는 말아요.
19. 가끔은 아이처럼 생각해보세요.
20. 나를 향한 비난에 나를 맡기지 마세요.
21. 나의 길은 나만이 정할 수 있어요.
22. 눈에 보이는 것이 항상 진실은 아니에요.
23. 남이 말하는 대로 사는 삶은 의미가 없어요.
24. 좋은 일을 함께 기뻐해주는 사람이 진정한 친구예요.
25. 편견을 버리면 더 많은 것이 보여요.
26. 친해지고 싶은 사람이 있다면 일단 말을 걸어 보세요.
27. 아는 것이 많지 않을 때 오히려 자유로울 수 있어요.
28. 다정한 사람은 상대에게 수치심을 느끼게 하지 않아요.
29. 괴로워하고 고민하는 사이 마음은 단단해져요.
30. 지금 겪는 괴로움은 어쩌면 사소한 것일 수

31. 한없이 깊이 파고드는 태도도 필요해요.
32. 누구나 자기 자신을 가장 사랑합니다.
33. 행복은 우리를 바라보고 있어요.
34. 앞으로 나아가기 위해서 과거의 나를 버리세요.
35. 자립한 사람은 주변의 말에 쉽게 흔들리지 않아요.
36. 나중을 위해 힘을 아껴두세요.
37. 사랑은 받는 것이 아닌 하는 거예요.
38. 첫 번째는 나를 사랑하는 거예요.
39. 이미 선택한 것에 미련을 두지 마세요.
40. 상식이라는 말을 자주 하는 사람에게 휘둘리지 마세요.
41. 혼자 괴로움을 끌어안지 마세요.
42. 좋은 기억은 붙잡고 나쁜 기억은 흘려보내고
43. 작은 행복이 쌓이고 쌓여 큰 행복이 돼요.
44. 눈에 보이지 않는 것에 흔들리지 마세요.
45. 위기를 이겨내는 일은 마음먹기에 달려 있어요.
46. 세상에 휩쓸리지 않는 방법은 잠시 멈추는 거예요.
47. 멋지지 않으면 어떤가요? 눈앞의 행복을 잡 아요.
48. 적어도 스스로에게는 정직하세요.
49. 타인의 행복을 흉내 내지 마세요.
50. 인생의 문을 열고 앞으로 나아가세요.
51. 어설프게 아느니 차라리 모르는 편이 나아요.
52. 다른 사람을 인정하지 않으면 성장할 수 없어요.
53. 이제 한계라고 느끼는 순간이 한 번 더 도전 할 때예요.
54. 내가 힘들다고 다른 사람을 탓하지 마세요.
55. 닮고 싶은 사람을 찾아보세요.
56. 남이 다가오기를 기다리지 말고 먼저 다가가 세요.
57. 때로는 즉흥적으로 목적지를 정해도 돼요.
58. 자신이 옳다고 믿는 길이 최선의 길이에요.

있어요.

출처 : 「곰돌이 푸, 행복한 일은 매일 있어 (알에이치코리아)」

Action Tips 커버스토리❷에서 나의 마음을 말했던 것에 대한 처방으로 곰돌이 푸는 10개의 명언을 포춘 쿠키에 숨겨 놓았습니다. 유물을 찾는 미션을 하나씩 완수해야 포춘쿠키를 받을 수 있어요. 내가 마음에 드는 유물을 직접 찾아보세요. 나와 유물의 닮은 점을 면밀히 살펴보아야 유물이 나에게 말해주는 마음의 소리를 들을 수 있어요. 유물과의 진지한 대화는 나에게 힘이 되는 명언/문구가 될 수 있어요.

곰돌이 푸, 행복프로젝트

Cover Story ④ 곰돌이 푸와 함께 행복을 찾아봐!

안녕, 나는 곰돌이 푸야. 우리는 지금까지 너의 마음의 소리도 들어보고, 네가 마음에 드는 유물도 찾으면서 너의 새로운 문구/명언도 만들어 보았지. 그리고 포춘쿠키 안에 숨겨둔 내 명언을 뽑아서 아주 큰 위로도 받았을 거야. 마지막으로 포춘쿠키의 내 명언 2개와 네가 만든 명언 2개를 합쳐 하나의 스토리를 완성하려고 해. 이 스토리 안에 너의 미래, 꿈(행복)이 담겨 있었으면 좋겠어. 너의 미래, 꿈(행복) 스토리를 통해 네가 힘들었던 기억, 상처받았던 일들에게서 치유되면 좋겠어. 평생 네가 힘들 때나 슬플 때, 행복해지고 싶을 때, 이것을 펼쳐봐. 나는 네가 앞으로도 행복했으면 좋겠고 미래를 향해 당당히 나아갔으면 좋겠어. 그리고 나와 함께한 오늘의 추억은 마음속에 소중히 담아두는 거야. 행복을 기다리는 우리에게 행복한 일은 매일 있다는 사실을 명심해.

Q4 곰돌이 푸와 내가 만든 명언을 각각 2개씩 뽑아 하나의 꿈(행복) 스토리를 완성해 보세요. 박물관에서 만났던 유물을 활용하여 나의 미래, 꿈(행복)이 어떻게 펼쳐질지 상상하며 꿈(행복) 스토리를 스케치해 보세요. 이 모든 것을 행복 활동지에 담아 〈곰돌이 푸, 행복프로젝트〉를 마무리해 보세요.

• 〈곰돌이 푸, 행복프로젝트〉 나의 미래, 꿈(행복) 스토리 완성하기

Action Tips 나에게 가장 마음에 와닿는 곰돌이 푸 명언과 내가 만든 명언 중에서 각각 2개를 신중하게 골라보세요. 이 명언들은 나에게 앞으로 행복한 삶을 살 수 있는 소중한 자산이 됩니다. 상처받거나 힘들었던 기억을 박물관에서 유물로서 치유하고 새로운 삶을 살 듯 앞으로의 나의 미래, 꿈(행복)의 이야기를 자유롭게 상상하여 〈곰돌이 푸, 행복프로젝트〉를 마무리해 보세요.

잼공 SOLUTION 58 수동활판기와 활자를 이용해 인쇄할 수 있는 특별한 박물관

출처 : 책과인쇄박물관 홈페이지

강원도 춘천에 위치하고 있는 '책과인쇄박물관'은 건물의 외관부터 눈에 띈다. 건물이 여러 크기의 책들이 꽂혀 있는 모습을 하고 있으며, 위에서 건물을 내려다보면 고이 접은 쪽지편지의 모습을 갖추고 있다. 건물 한가운데와 전시실 내부는 자연과 함께 살아 숨 쉬는 듯한 느낌을 받을 수 있는데, 전시실은 인쇄 전시실과 책 전시실로 구성되어 있다.

책과인쇄박물관은 우리의 책과 인쇄문화의 소중함을 배울 수 있는 뜻 깊은 곳이다. 옛날 방식의 인쇄 개념과 방식을 이해할 수 있으며, 책의 역사와 인쇄 방식의 발달을 살펴볼 수 있다. 특히, 수동활판기를 이용하여 인쇄를 할 수 있는데, 조판된 문장에 내 이름을 넣어 인쇄를 해보는 옛날 방식의 인쇄체험을 해볼 수 있다(체험비 5,000원). 또한, 활자를 이용해 느리게 만들어내는 나만의 글이 담긴 엽서 만들기 체험도 가능한데, 〈곰돌이 푸, 행복프로젝트〉 교육프로그램에서 활용되었던 「곰돌이 푸, 행복한 일은 매일 있어」 책의 푸 명언을 활자를 이용해 직접 체험하면서 인쇄의 순서도 알 수 있고, 명언의 의미도 생각하면서 뜻 깊은 시간을 가질 수 있다(체험비 15,000원).

세상에서 가장 어려운 고민

SYNOPSIS

　'세상에서 가장 어려운 고민'은 전래동화 「토끼의 재판」에서 아이디어를 얻어 개발한 PBL프로그램입니다. 이 책에서 토끼는 은혜를 모르는 호랑이 대신 억울함을 느끼는 사람을 돕기 위해 재치를 발휘합니다. 이야기에 등장하는 다른 동식물은 갈등의 본질보다는 사람에 대한 선입견을 토대로 편파판정을 하지만, 토끼는 갈등 상황에 대한 객관적인 판단을 통해 사람을 도와주죠. 다양한 설화에서 영리한 동물로 등장하는 토끼의 이러한 슬기로운 대처는 마치 솔로몬이나 판관 포청천에 버금갈 정도로 다양한 갈등 상황을 합리적으로 해결할 중재자에 어울립니다.

　함께 살아가다 보면 서로 생각이나 입장, 이해관계가 다르기에 불가피하게 갈등이 발생합니다. 그 양상도 개인적인 것부터 국가적이거나 전 지구적인 것에 이르기까지 다양하며, 해결을 위해서는 다양한 노력과 고민이 필요하죠. 학습자들은 토끼라는 중재자와 함께 4가지 수준(내적 갈등, 개인-개인 갈등, 개인-집단 갈등, 집단-집단 갈등)의 갈등 상황을 겪으며 이를 해결하기 위한 과정을 경험하게 됩니다.

◆ 적용대상(권장): 초등학교 3학년 – 초등학교 6학년
◆ 학습예상소요기간(차시): 6 – 8일(6 – 8차시)

◆ 관련교과 내용요소(교육과정)

교과	영역	내용요소	
		초등학교[3 – 4학년]	초등학교[5 – 6학년]
국어	듣기 · 말하기	• 회의, 예의를 지켜 듣고 말하기	• 토의(의견 조정), 발표, 공감하며 듣기
	읽기	• 중심 생각 파악 • 경험과 느낌 나누기	• 주장이나 주제 파악 • 내용의 타당성 평가
	쓰기	• 의견을 표현하는 글 • 마음을 표현하는 글	• 의미 구성 과정 • 설명하는 글, 주장하는 글
	문학		• 일상 경험의 극화
도덕	자신과의 관계		• 감정 표현과 충동 조절
	타인과의 관계	• 효, 우애, 우정, 협동	• 공감, 존중, 봉사
	사회 · 공동체와의 관계	• 공정성, 존중	• 인권 존중, 공정성, 존중, 인류애
	자연 · 초월과의 관계	• 생명 존중 · 자연애	• 자아 존중, 긍정적 태도, 윤리적 성찰
사회	일반사회	• 사회 변화와 문화 다양성	• 인권을 존중하는 삶 • 지구촌의 평화와 발전 • 지속 가능한 지구촌

PBL CREATOR

홍문쌤

프로젝트학습과 15년째 친구로 지내고 있는 초등교사입니다. 첫 발령지에서부터 프로젝트학습과 운명적으로 만나 지금 이 순간까지 다양한 시도를 하며 지내고 있습니다. 솔직히 많은 시행착오를 거치며, 때때로 '내가 하고 있는 게 맞는 건가?', '이걸 계속할 수 있을까?' 등의 고민에 흔들린 적도 있지만, 대학원에서 교수학습공학을 전공하면서, 무엇보다 좋은 스승을 만나 프로젝트학습에 대한 믿음과 나름의 철학을 세울 수 있었습니다. 소중한 인연으로 재미교육연구소의 시작을 함께할 수 있었고, 혼자였다면 하지 못했을 다양한 일에 도전하며, 재미와 의미로 채워진 PBL수업을 만들기 위한 삶으로 채워가고 있습니다.

세상에서 가장 어려운 고민

Cover Story 1 ★★★★ 토끼야, 내 고민 좀 들어줄래? (내적 갈등)

다양한 동물들이 함께 어우러져 살아가는 티어랜드에 걱정근심거리가 생겼다고 합니다. 호시탐탐 기회를 노리던 호랑이가 티어랜드의 왕 사자가 병으로 눕게 되자 나쁜 본색을 드러냈기 때문이죠. 호랑이에게 힘들게 구한 먹이를 빼앗기거나, 온갖 괴롭힘에 겁을 잔뜩 먹은 여러 동물들이 다른 곳으로 이주하기에 이르렀답니다. 이런 호랑이의 횡포는 토끼의 지혜로운 재판으로 멈추게 되었는데요. 함정에서 자신을 구해준 나그네까지 잡아먹으려던 호랑이의 본색이 드러나면서 정의로운 심판이 내려졌습니다. 이 소식은 티어랜드 곳곳으로 퍼져 나갔고, 온 세상이 토끼의 지혜로운 재판에 대해 알게 되었습니다. 사자는 토끼에게 감사인사를 전하며 자신이 건강을 회복할 때까지 새로운 고민해결사 역할을 맡아달라고 부탁했습니다. 과연 온갖 고민거리로 가득한 티어랜드가 다시 예전의 행복하고 아름다운 곳으로 돌아갈 수 있을까요? 지금부터 여러분은 토끼와 더불어 세상에서 가장 어려운 고민 해결에 도전해야 합니다.

Q1 행복한 동물들의 나라 티어랜드에 오신 것을 환영합니다. 아직 낯설겠지만 이곳 친구들은 당신에게 관심이 많답니다. 성격이나 평소 행동 등을 떠올려보고 나와 어울리는 동물을 골라 그림과 키워드로 표현해 보세요. 같은 동물이라도 크기, 색깔, 표정, 동작 등 저마다 다른 모습일 겁니다. 그렇게 표현한 이유를 친구들에게 소개하며 서로에 대해 조금씩 알아가 봅시다.

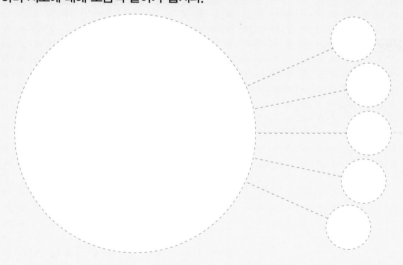

Q2 '짜장이냐 짬뽕이냐... 그것이 문제로다.' 지금 당장 내 앞에 놓인 사소한 고민부터 차마 남들에게 털어놓지 못한 고민, 미래의 진로에 대한 고민까지 누구나 다양한 고민거리를 안고 살아갑니다.

'토끼같이 지혜로운 동물이라면 좋은 해결방법을 알고 있을 거야!' 토끼의 소식을 들은 수많은 동물들이 각자의 고민에 대한 조언을 듣기 위해 편지를 보내고 있습니다. 여러분의 고민은 무엇인가요? 혼자서 고민하지 말고 토끼에게 편지를 써보세요. 지혜로운 토끼가 여러분의 고민을 해결해 줄 겁니다.

잼공독서
프로젝트18

세상에서 가장 어려운 고민

Q3
"토끼야 큰일났어! 너에게 온 편지 때문에 우체국이 마비될 지경이라고."
우체국에 도착한 토끼는 눈앞에 쌓인 편지더미를 보고는 입이 떡 벌어졌습니다.
'친구들이 이렇게나 많은 고민을 하고 있다니... 이걸 다 어떻게 한담.'
한참을 궁리하던 토끼는 지혜로운 동물들을 모아 함께 이 문제를 해결할 방법을
찾기로 했습니다.
"모두가 들을 수 있게 라디오 방송으로 고민을 읽고 상담해주면 어떨까?"
"커다란 나무에 고민을 걸어놓고 누구나 해결방법을 적을 수 있게 하면 어때?"
"비슷한 고민거리를 갖고 있는 동물들끼리 모여서 같이 얘기하면 좋지 않을까?"
어떻게 하면 친구들의 고민을 잘 해결해 줄 수 있을지 궁리하다보니 토끼에게 새로운
고민이 생겨버렸네요. 여러분도 함께 좋은 방법을 고민해 보고, 토끼와 함께 친구
들의 고민을 해결해 봅시다.

Action Tips ● 퀘스트1은 각자 동물 캐릭터를 선택해 티어랜드의 일원이 됨과 동시에 가면 혹은 익명성을
갖게 하기 위한 활동입니다. 고민을 이야기하는 건 누구에게나 쉬운 일이 아닙니다. 특히나 자신의 속 이야
기라면 더 그렇겠지요. 학년이나 가용시간 등을 고려해 선택적으로 적용할 수 있으며, 학교나 학급 단위로
KEDI 인성검사(http://insung.kedi.re.kr/kedi/kedi02.do)를 활용해 진행할 수도 있습니다.
● 퀘스트2는 익명성에 기반한 활동으로, 퀘스트1에서 선정한 동물 혹은 무기명으로 편지를 쓰도록 하는 것
이 좋습니다. 개인적인 고민과 관련된 구체적인 상황이나 느꼈던 감정, 고민과 관련해 지금까지 했던 생각
등이 담길 수 있도록 안내합니다.
● 퀘스트3은 고민 편지를 활용한 단체 활동입니다. 토의를 통해 효과적인 상담 방법을 결정하고, 학생이
주도하는 실제 상담 활동으로 이어질 수 있도록 진행합니다. 모둠 단위로 각기 다른 상담 방법을 적용해
고민 해결 과정을 발표하는 형식으로 진행할 수도 있습니다.

"역시 지혜로운 토끼는 대단해!"

"혼자서만 고민하고 있었는데 함께 이야기하니 이렇게 쉽게 해결되는구나."

새로운 고민해결사 토끼의 등장으로 티어랜드의 동물들은 오랜만에 기분 좋은 날들을 보내고 있습니다. 서로의 고민을 나누며 즐겁게 이야기하는 모습을 보니 행복했던 예전의 티어랜드로 돌아가고 있는 것 같아 토끼도 어깨가 으쓱해지네요.

"아~ 피곤해. 집에 가서 좀 쉬어야겠다."

그동안의 고민상담으로 피곤한 토끼는 집으로 돌아와 몸을 눕히고는 잠시 잠을 청했습니다. 하지만 꿀맛 같은 낮잠도 잠시. 토끼의 집 문을 두드리는 소리와 함께 다급한 목소리가 들려왔습니다.

"토끼야 빨리 좀 나와봐. 쟤네 또 싸운단 말이야!"

이번에는 무슨 일이 일어난 걸까요? 헐레벌떡 뛰어가보니 여러 동물들이 모여 웅성거리고 있습니다. 그 사이에서는 이미 큰 소리가 오가고 있네요. 서로 상대방이 먼저 잘못했다는데 이대로는 해결될 것 같지 않네요. 이제 토끼가 나설 차례인 것 같습니다. 함께 무슨 일인지 알아보고 해결방법을 찾아봅시다.

Q4 서로 생각이나 입장, 이해관계가 다른 이들이 모여 살기에 개인 간의 갈등은 언제든 생길 수 있습니다. 특히 가족이나 친구, 이웃처럼 가까운 사이일수록 함께 얽힐 일이 많기에 이런 일이 자주 생기지요. 여러분도 이런 경험이 많이 있을 겁니다. 가만히 그때의 일을 떠올려보고 무엇이 문제가 돼서 서로 갈등이 생겼는지, 그때 어떻게 해결했는지, 해결하지 못했다면 지금이라도 어떻게 하면 좋을지 적어보세요.
여러분의 소중한 경험이 토끼에게 큰 도움이 될 겁니다.

Action Tips • 자신의 경험을 쓰기 어려워하는 경우 주변에서 관찰한 갈등 사례를 객관적으로 표현하도록 안내합니다.
• 갈등 상황을 시나리오로 쓰고 역할극으로 표현하거나 또래 중재 활동의 소재로 삼아 연습하는 것도 좋습니다.

세상에서 가장 어려운 고민

Cover Story 3 ★ 토끼야, 아무도 내 편이 되어주지 않아! (개인-집단 갈등)

쉴 새 없이 여기저기 다니며 티어랜드의 동물 친구들 이야기를 들어주는 게 여간 힘든 일이 아니군요. 핼쓱해진 토끼의 얼굴이 안쓰럽게 느껴집니다. 그래도 서로 입장을 바꿔 다시 화해하는 모습을 볼 때면 그간의 힘든 일을 잊을 정도로 뿌듯해진답니다.

하루는 토끼와 친구들이 햇살 언덕으로 소풍을 갔습니다. 마을에서 멀리 떨어진 외진 곳이지만 아름다운 꽃들이 언덕 가득 피어올라 가지 않을 수가 없었어요.

"저기 언덕 위에 있는 커다란 나무 아래에 자리를 잡자."

토끼와 친구들은 각자 준비해온 도시락 자랑을 하며 커다란 나무로 향했습니다. 그 런데 그곳에는 이미 누군가 자리를 잡고 있었어요. 자세히 보니 누군가 혼자 웅크리고 앉아 울고 있는 것 같네요.

"친구야 괜찮니? 혼자 여기 온거야?"

토끼를 보자 무슨 서러운 일이라도 있었는지 펑펑 울기 시작하네요.

"토끼야, 아무도 내 편이 되어주지 않아. 내가 몸집도 작고 생김새도 특이하다고 말 이야. 원숭이나 늑대처럼 모여 사는 동물들은 넌 친구도 없냐며 놀리는데 아무리 설명해 도 나 혼자서는 도저히 말이 통하질 않더라구. 난 원래 혼자 사는 동물인데 말이야."

이야기를 들은 토끼와 친구들은 어떻게 하면 좋을지 난감한 상황입니다. 이런 일은 처음이라 지혜로운 토끼도 선뜻 도와줄 방법이 떠오르지 않네요. 여러분의 도움이 필요 합니다.

Q5 왕따 문제, 소수 의견 무시 등 자신과 의견이나 성향이 다르다고 여럿으로부터 차별 받는 일이 우리 주변에는 아직도 많이 있습니다. 여러분이 경험한 일이나 신문, 뉴스 등에서 이런 사례를 찾아보고 그들이 겪고 있는 어려움을 조사해 함께 이야기를 나눠봅시다. 어디엔가 다 같이 행복할 수 있는 좋은 방법을 찾은 경우도 분명 있을 겁니다. 여러분의 고민이 이 문제를 해결하는 데 큰 힘이 될 겁니다.

Action Tips 이 유형의 갈등은 학생들이 다양한 사례를 찾는데 어려움을 느낄 수도 있습니다. 개인-집단 간의 갈등에서 '개인'의 의미를 1명이라고 제한적으로 생각하는 경우가 많기 때문입니다. 필요에 따라 소 수-다수 간의 갈등을 포함해 찾아보도록 안내합니다.

티어랜드의 왕 사자가 건강을 많이 회복했다는 소식이 들려왔습니다. 그동안 호랑이의 횡포로 잔뜩 예민해져 작은 일에도 서로 갈등을 일으키던 동물들도 차츰 안정을 되찾아 갔습니다. 예전처럼 모두가 어울려 행복한 티어랜드가 될 수 있도록 보이지 않는 곳에서 동분서주하며 애쓴 토끼의 노력이 없었다면 아마도 지금의 모습은 어려웠을 겁니다.

"티어랜드가 더욱 살기 좋은 곳으로 발전할 수 있도록 서쪽 숲에 새로운 도시를 만들겠습니다. 높고 멋진 건물들이 들어서면 모두들 우리 티어랜드로 이사 오고 싶어 할 겁니다."

건강을 회복한 사자는 티어랜드의 동물들 앞에서 그동안 자신이 생각한 계획을 깜짝 발표했습니다. 급작스러운 발표에 어떤 동물들은 만세를 외치며 한껏 기대에 부푼 모습을 보이기도 했지만, 한편으로는 근심 가득한 표정으로 어쩔 줄 몰라하는 동물들도 있었습니다.

"새로운 길도 생기고 놀러 갈 곳도 더 많아지겠는걸. 빨리 생겼으면 좋겠다."

"서늘한 서쪽 숲에서만 나는 열매를 먹고 살아왔는데 우린 어떻게 하라고!"

모두가 좋아할거라 생각하며 발표한 계획은 사자의 기대와 달리 점차 동물들을 둘로 갈라놓고 말았습니다. 서로의 말이 맞다며 여기저기서 다툼이 계속 생기자 다급해진 사자는 토끼에 다시 도움을 요청했습니다.

"토끼야, 호랑이를 물리쳤던 것처럼 이 문제를 해결할 좋은 방법이 없겠니?"

고민하던 토끼는 재판을 열어 서로 입장이 다른 동물들의 말을 자세히 들어본 후 결정을 내리는 것이 좋겠다고 말했습니다. 그렇게 티어랜드 최고 재판소가 열리게 되었고 동물들의 새로운 고민이 시작되었습니다. 생각이 다른 동물들을 어떻게 설득해야 할까요? 여러분도 논리적인 주장과 자료를 준비해 티어랜드 최고 재판소에 참석해 주세요.

Q6 성 차별, 인종 차별, 종교 갈등, 경제 발전과 환경 보호 등 커다란 문제는 서로의 생각이 다를수록 해결방법을 찾기가 어렵습니다. 이런 갈등의 예를 찾아보고 서로 어떤 생각을 갖고 있기에 해결이 어려운지 정리해 보세요. 자신과 다른 생각을 가진 사람의 입장을 이해하려 노력하면 오히려 쉽게 해결될 수도 있습니다. 이번 일은 모두의 지혜가 필요합니다. 모두가 행복한 티어랜드를 위하여!

Action Tips 피라미드 토론: 토론 참여자들이 1:1→2:2→4:4→전체 순으로 토론하며 의견을 수렴해 가는 기법
① 주제 제시 및 개별 의견 정리
② 1:1 토론하며 더 좋은 의견 선택하기
③ 선택한 의견에 따라 2명씩 한 편이 되어 2:2 토론하기
④ 선택한 의견에 따라 4명씩 한 모둠이 되어 4:4 토론하기
⑤ 선택된 의견을 각 팀에서 발표하고, 그 의견에 대해 전체 토론 후 다수결로 결정하기
〈출처: 김혜숙 외 「생각을 키우는 토론 수업 레시피」(서울: 교육과학사, 2011)〉

잼공 SOLUTION ㊾ 서로의 성향을 알면 갈등을 줄일 수 있어요!

갈등은 서로 다름에서 출발합니다. 잘못되거나 틀린 것이 아니라 다르기 때문에, 표현하고 받아들이는 과정에 자신뿐만 아니라 상대방에 대한 이해가 필요합니다. 이를 위해 활용할 수 있는 검사 도구 중 손쉽게 접근할 수 있고 게다가 무료로 이용이 가능한 검사 도구를 소개합니다.

● **KEDI 인성검사**(http://insung.kedi.re.kr/kedi/kedi02.do)

학생들의 인성 수준 분석을 위한 표준화된 검사도구로, 다양한 덕목별 지표를 통해 인성수준을 점검할 수 있고 학교 및 학급 단위로 실시할 수 있습니다. 더불어 KEDI 인성교육지원센터 홈페이지 내 정보마당 자료실에는 다양한 인성교육 프로그램이 탑재되어 있답니다.

● **16가지 성격유형검사**(https://www.16personalities.com/ko/)

MBTI 성격유형 분류를 기반으로 한 검사도구로, 회원가입이나 인증 없이 온라인으로 손쉽게 실시할 수 있습니다. 성격유형별 특징을 이해하기 쉽게 설명하고 있으며, 유형별 강·약점, 구체적인 역할, 같은 성격유형을 가진 유명인사 등의 내용을 확인할 수 있습니다.

● **DISC 성격유형검사**(http://disc.aiselftest.com/)

설문 결과를 토대로 자신의 행동 경향성을 분석해 주도형, 사교형, 신중형, 안정형의 4가지 행동유형 및 세부 역할유형을 알아볼 수 있습니다. 분석 결과가 그래프와 텍스트로 제시되므로 고학년 이상의 대상에 적합합니다.

빛고을 사물들의 5월 이야기

SYNOPSIS

그림동화 '씩스틴'은 1980년 5월 광주이야기를 M16총이 주인공이 되어 이야기하는 동화입니다. 우리는 이 책을 통해 계엄군의 상징인 씩스틴의 관점에서 자유와 평화를 갈망하던 광주시민들의 모습을 바라보게 됩니다. 그리고 아프고 무거운 사건이지만 씩스틴이 변화하는 마음과 오월광장에 피어오르는 씨앗망울의 탄생으로 민주화의 성장과정을 느끼게 합니다.

프로젝트를 시작하기 전에 읽기 전과 읽기 중 활동을 진행하여 이 과정에서 5.18광주민주화운동의 역사적 사실과 광장에서 피어난 평화와 자유의 씨앗망울들에 대한 이야기를 충분히 나눌 필요가 있습니다.

이어서 '빛고을 사물들의 5월 이야기' 책 만들기 프로젝트를 독서 읽기 후 활동으로 진행하는 것이 좋습니다. 이 PBL과정을 통해 학생들은 5월 광주에 있었던 다양한 사물들의 눈과 귀와 목소리를 통해 역사적 상상력이 살아나 과거의 그날과 연결될 것입니다. 빛고을 시민들의 민주주의와 자유에 대한 갈망과 따뜻한 정과 민주주의에 대한 염원과 희망을 이 잼공독서프로젝트 활동을 통해 체험하길 기대해봅니다.

◆ 적용대상(권장): 초등학교 5학년 – 중학교 2학년
◆ 학습예상소요기간(차시): 6 – 8일(6 – 8차시)

◆ 관련교과 내용요소(교육과정)

교과	영역	내용요소	
		초등학교[5-6학년]	중학교[1-2학년]
사회	정치	• 민주주의, 국가기관, 시민 참여	• 정치, 민주주의, 정부 형태, 지방자치 제도
	정치·문화사	• 자유민주주의 발전과 시민 참여	• 감동이나 즐거움을 주는 글 • 표현의 다양성
국어	문학	• 작품의 가치 내면화하기 • 이야기, 소설 • 작품 속 세계와 현실 세계의 비교 • 작품의 이해와 소통	• 문학을 통한 성찰 • 이야기, 소설 • 비유, 상징의 효과 • 재구성된 작품의 변화 양상
	쓰기	• 의미 구성 과정	• 감동이나 즐거움을 주는 글
미술	표현	• 표현방법 • 제작 발표	• 주제와 의도 • 이미지와 시각 문화
	감상	• 작품과 배경 • 감상 방법	• 작품 해석 • 미술과 다양한 분야

PBL CREATOR

독년쌤

재미교육연구소의 수석연구원이자 PBL수업 17년차인 초등학교 교사입니다. 다양한 분야의 열정적인 능력자들의 협업 공간인 재미교육연구소는 저의 아이디어 충전소이자 에너지 충전소입니다. 최고령 연구원이지만 연구소 덕분에 새내기 교사시절의 무모한 도전을 즐기는 똘끼 넘치는 교사로 살고 있습니다.

프로젝트학습을 할 때마다 학생들의 상기된 얼굴, 진지하게 몰입하는 모습, 자유롭게 탐구하며 행복해하는 모습, 토론하느라 점심시간을 훌쩍 넘기는 마법같은 일, 성취감에 우쭐대는 성장하는 모습, 생동감이 넘치는 교실을 보면서 학생보다 제가 더 설레고 행복합니다.

지금은 설레는 프로젝트학습에 교사들을 초대하고 싶은 1년차 수석교사로 살고 있습니다. 공저로 참여한 「교실 속 즐거운 변화를 꿈꾸는 프로젝트학습(상상채널)」 세상을 꿈꾸면서 말입니다.

빛고을 사물들의 5월 이야기

Cover Story 1 ✦✦✦ '씩스틴' 동화 속 사물 찾기

안녕하세요? '씩스틴'의 작가 OOO입니다. 동화 '씩스틴'은 아픈 역사를 보듬고 살아온 사람들의 희망을 담았습니다. '씩스틴'이 현재를 사는 우리들에게 민주주의와 평화와 희망의 씨앗을 전해 드렸으면 합니다. 올해는 5.18 민주화운동 40주년이 되는 특별한 해입니다. 40주년을 맞이하여 학생들이 참여하여 만드는 '빛고을 사물들의 이야기' 책 만들기 캠프를 준비하였고, '씩스틴'과 함께 있었던 씨앗망울을 품은 여러 사물들이 들려주는 5.18 광주이야기를 엮어보려고 합니다.

캠프에 참가한 학생들은 팀단위로 '빛고을 사물들의 이야기'를 공동으로 창작하게 될 것입니다. 우리 역사를 사랑하고 5,18에 관심있는 학생은 누구나 환영합니다.

책 만들기 첫 시간은 씩스틴 동화 속 사물찾기 활동입니다. 그림을 찬찬히 살펴보면서 동화 속에 주인공이 될 사물들을 찾아봅시다.

*빛고을 – 광주의 순우리말

Q1 '씩스틴' 동화 속 빛고을의 숨은 사물 찾기
– 동화책 속 삽화를 보며 숨은 그림 찾기 하듯 사물을 찾아봅시다.
– 5.18민주화운동과 관련된 자료나 이야기 속에서 발견한 사물도 적어봅시다.

Action Tips '씩스틴' 동화를 꼼꼼히 들여다 보면 삽화에 등장하는 사물들이 매우 많습니다. 주인공이 될 사물을 선정할 때 평소에 흔한 물건들 운동화 안경, 이불, 옷, 모자, 기타, 주먹밥과 같은 물건도 좋습니다. 찬찬히 살펴보고, 광주의 역사적 사건, 들려줄 이야기가 많이 담긴 사물이 무엇인지 살펴보세요. 동화 속 그림을 자세히 살펴보면, 자신에게 말을 거는 사물을 발견하게 될 것입니다. 그림동화에 없는 빛고을 사물도 선정할 수 있습니다.

　빛고을 광주의 5월 이야기를 들려줄 사물들을 찾아보았나요? 사물들의 이야기는 '아씨방 일곱동무 이야기'처럼 여러 개가 등장하여 대화하는 스토리도 좋고 한두 개의 사물이 주인공이 되어 5월의 이야기를 들려주는 방식도 좋습니다.

　그럼 여러분이 쓸 책의 주인공이 될 특별한 사물을 선정했나요? 그렇다면 사물들의 프로필을 작성해보도록 할게요. 프로필을 작성하다보면 관련된 5.18 이야기들이 가슴을 치며 머리에 떠오를 거예요. 당시 사물들이 있었을 만한 장소나 보고 들었거나 직접 겪었을 경험을 상상하며 프로필을 만들어봅시다. 이야기가 재미와 감동을 주기 위해선 사물의 프로필이 흥미롭고 관심가질 법한 이야기로 채워져야겠지요? 매력적인 동화의 탄생을 기대하겠습니다.

*프로필 – 일반적으로 인물에 대한 주요정보가 담긴 소개서라고 할 수 있다. 여기서는 동화책의 주인공이 될 사물에 대한 주요 정보이며, 관련된 이야기라고 볼 수 있다.

Q2 사물 선정하기

사물이름	선정이유

Q3 사물의 프로필 작성하기 – 상상하여 작성하기

사물이름	( )
태어난 곳	
살던 장소	
누구 물건	
본 것	
들은 것	
경험한 것	
기타(특별한 사연)	

Action Tips 　프로필 작성은 역사적 사실을 바탕으로 사물들에 대한 상상력을 동원하여 이야기가 시작되는 중요한 활동입니다. 5.18이 있기 이전에 어디에 있었고 어떤 사람의 물건이었는지 생각해보고, 사물들이 보고 듣고 경험한 것을 상상해보며 작성해봅니다. 팀원들과 활동할 때는 브레인스토밍하듯이 모두 적어두고 이야기를 구성할 때 참고하세요. 사물들의 프로필을 작성할 때, 5.18을 경험한 사람들의 이야기나 증언들을 읽어보면 도움이 됩니다.

빛고을 사물들의 5월 이야기

Cover Story 3 이야기 초안쓰기

'빛고을 사물들의 5월 이야기'의 스토리를 작성하려고 합니다. 사물들의 프로필을 참고하여 이야기 초안을 써봅시다. 역사를 다룬 이야기라고 무겁고 진지할 필요는 없습니다. 책을 읽을 독자들은 대부분 여러분과 같은 학생들입니다. 독자들이 책 이야기에 푹 빠질 수 있도록 5월 이야기를 담고 있으면서 감동과 재미가 있는 매력적인 이야기를 써봅시다.

책은 초안 작성 후 여러 번의 퇴고과정을 거쳐 완성됩니다. 처음부터 완성도 있는 글을 쓰기는 어렵습니다. 글을 잘 쓰기 위해서는 '일단 쓰고 보자'는 마음으로 시작해야 됩니다. 저도 동화를 쓸 때 수백 번의 수정과정을 거칩니다. 초안 작성은 책을 스케치를 하는 것처럼 가볍게 쓰는 글쓰기입니다. 자 이제 생각나는 대로 느낌대로 막 써볼까요?

'창작의 고통!' 어쩌면 책 만들기 캠프에서 가장 힘든 작업이 될 것입니다. 캠프참가자 여러분! 힘내세요

Q4 이야기 초안쓰기

발단 (도입단계, 인물, 배경,사건암시)	
전개 (사건이나 갈등들이 벌어지는 단계)	
절정 (사건의 갈등이 최고조, 극적인 변화)	
결말 (사건이 끝나고 갈등이 해소됨)	
에필로그	

Action Tips 모방은 창조의 어머니입니다. 여러분이 알고 있는 동화의 내용을 조금 참고해도 좋습니다. 그리고 그 당시의 사건이나 사람들의 증언이 담긴 영상을 살펴보세요. 사물들이 들려주는 이야기이니 큰 사건들보다는 5월 이야기가 담긴 소소한 사건들 다루는 것이 좋을 듯합니다.

표지그림에 그려진 '씩스틴'을 자세히 보면, 일반 총과는 다른 모습입니다. 책을 모두 읽고 표지그림을 다시 보면 총 표면의 무늬에 담긴 의미를 비로소 이해할 수 있게 됩니다. 이렇듯 동화에서 주인공 캐릭터와 삽화는 이야기를 전달하는 매우 중요한 장치입니다. 그럼 여러분이 선정한 주인공 사물의 캐릭터와 이름을 만들어볼까요? 여러분이 만든 캐릭터의 표정, 무늬, 색깔만으로도 의미 있는 이야기를 담아낼 수 있습니다. 캐릭터에 딱 맞는 이름도 지어주세요. 그리고 이렇게 제작한 캐릭터는 '씩스틴'처럼 동화 표지 디자인으로 사용될 것입니다.

Q5 사물의 캐릭터 그리기

● 마인드맵 그리기
프로필 작성을 참고하여 사물의 성격, 느낌, 관련 사건 등 떠오르는 것을 적어봅시다.

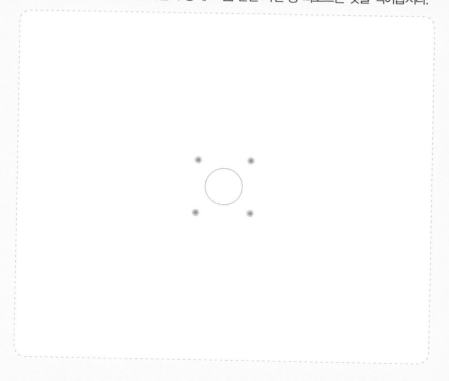

빛고을 사물들의 5월 이야기

• 사물 중에서 가장 특징적인 것을 선택하여 간략하게 캐릭터로 그려봅시다.

• 캐릭터 이름짓기

Action Tips 캐릭터 작성을 위해 주인공 사물의 사진을 보거나 인터넷에서 캐릭터화한 것을 참고할 수 있습니다. 책 만들기는 카드뉴스, 전자책, 종이책 등 팀원들과 상의하여 선택할 수 있습니다. 컴퓨터로 작업한다면 그림판이나 캐릭터제작 앱을 활용하여 만들면 되겠죠? 만일 운동화가 주인공이면 운동화를 얼굴로 하고 사람처럼 몸을 만들 수 있을 겁니다. 사물이 마치 살아 움직이는 것처럼 말이죠.

Cover Story 5 ★★★ 책 홍보 영상만들기

캠프 참가자 학생 여러분! 드디어, '빛고을 사물들의 이야기'가 출판되었습니다. 그동안 정말 수고 많으셨습니다. 책 속의 감동을 여러 사람과 나눌 수 있도록 여러분이 만든 책을 홍보하는 영상을 간단하게 만들어보려고 합니다. 지금부터 어린 독자들의 마음을 사로잡을 홍보영상을 만들어봅시다!

Q6 홍보 영상 콘티 짜기

	사진, 이미지	자막 / 효과음
#1		
#2		
#3		
#4		

Action Tips 책 홍보 영상은 5초~10초 분량정도가 적당합니다. 멸치앱이나 비바비디오와 같은 앱을 사용한다면 간단한 작업으로 효과적인 홍보영상을 제작할 수 있습니다.

빛고을 사물들의 5월 이야기

Cover Story 6 출판기념행사 준비

'빛고을 사물들의 5월 이야기'의 출판기념행사 날을 앞두고 있습니다. 책의 탄생은 마치 씩스틴에서 나온 씨앗 망울들이 결실을 맺는 것 같아 마음이 뭉클해집니다.

여러분이 창작한 동화는 다양한 사물들만큼이나 여러 목소리와 감정이 전달되어 묵직한 울림과 감동이 가득한 작품입니다. 정말 상상했던 것 이상의 멋진 동화책들이 탄생했습니다. 정말 수고 많으셨습니다.

출판기념행사의 주인공은 여러분들입니다. 행사내용은 책 홍보영상 상영을 시작으로 낭독의 시간과 작가와의 만남으로 진행될 것입니다. 이외에도 좋은 아이디어가 있으면 제안해 주시기 바랍니다. 자! 캠프의 마지막 프로그램인 출판기념행사를 준비해볼까요?

Q1 책 속의 보물 선정 및 낭송준비

낭송할 부분	

• 작가와의 만남준비하기

작품의도 설명 요약하기	

• 다른 작품에 대한 질문 만들기

질문만들기	
질문만들기	
질문만들기	

Action Tips 출판 기념행사는 '빛고을 사물들의 5월 이야기'를 홍보하고 작가와의 만남을 통해 책을 풍성하게 이해할 수 있는 축제의 자리입니다. 행사를 위해 책갈피, 굿즈(Goods)같은 기념품도 준비할 수도 있습니다. 제안한 내용 외에도 더 재미있고 창의적인 프로그램을 추가로 준비하셔도 됩니다.

카드뉴스 제작 프로그램 타일(Tyle)로 손쉽게 출판할 수 있습니다. 프로젝트 활동으로 책을 제작할 때도 유용합니다. 책 출판을 카드뉴스형태로 만들어 웹으로 공유하거나 인쇄해서 종이책으로 엮을 수 있습니다. 다양한 템플릿에 배경과 예쁜 글씨체로 멋진 책을 만들어 보세요. 간단한 작업으로 결과물의 질이 좋아서 학생들의 만족도가 높습니다. 카드뉴스 완성 후 주소를 링크하여 작품을 공유할 수 있고 동영상 형태로 저장도 가능합니다. 배경 음악과 재생시간 설정으로 입체적인 책 출판이 가능합니다. 카드뉴스 제작 프로그램 타일(Tyle) 꼭 이용해보세요.

동영상 편집 어플 중 쉽고 빠르게 전문적인 영상을 제작할 수 있는 템플릿기반 멸치 어플을 소개합니다. 5초부터 2분이상의 완성도 높은 다양한 템플릿이 많아서 초보자도  쉽게 제작할 수 있습니다. 멸치 어플 사용방법은 템플릿 선택 후 사진과 글씨만 수정하면 완성됩니다. 손쉽게 전문가처럼 영상제작이 가능합니다.

저작권 걱정없이 이미지, 영상, 음악 등을 맘껏 사용할 수 있어.

인터넷 검색을 통해 원하는 이미지나
영상, 음악 등을 찾더라도 저작권 우려 때문에
사용하지 못할 때가 많지?
지금부터 저작권 걱정 없이 이용할 수 있는
방법을 알려주도록 할게.

먼저 소개할 곳은 픽사베이(pixabay.com),
절대 무료이미지라고 무시하면 곤란해.
질도 상당히 우수한 편이니까 말이야.

픽사베이에서 천팔백만 개의 이미지와
일러스트, 벡터, 비디오 소스를
저작권 걱정없이 이용할 수 있다고
하더군. 정말 대단하지 않아?

pixaboy.com

픽사베이는 회원가입을 하지 않아도 이미지 다운로드가
가능하지만 원활하지 않을 수 있어.
회원가입 후 이용하는 것을 추천할게.

회원가입 추천 추천!

어디에나 쓸 수 있는 무료 이미지와 비디오들

Pixbay 가입

한국어
선택

홈페이지 하단 부분
언어 설정탭에서
한국어를 선택하고
이용하면 더욱 편리하니
참고해.

자주묻는질문

Pixabay는 무엇인가요?

픽사베이는 저작권이 없는 이미지와 동영상을 공유하는 활발한 창작자 커뮤니티다. 모든 콘텐츠는 픽사베이 라이센스로 출시되며, 이 라이센스는 심지어 상업적 목적에도 불구하고 예술가에게 허가나 신용을 제공하지 않고 안전하게 사용할 수 있도록 해준다.

이미지를 그냥 사용하면 되는 건가요?

사용자는 어떠한 허가 요청이나 지불 없이 상업적/비상업적 목적으로 이미지를 복사, 수정, 배포 및 이용할 수 있습니다. 그러나 컨텐츠는 상표, 광고, 개인정보보호 권리에 따라 보호될 수 있습니다. 자세히 보기 ...

이미지를 페이스북 혹은 다른 소셜 플랫폼에서 이용할 수 있습니까?

소셜 미디어 플랫폼에서도 이미지를 자유롭게 이용할 수 있습니다.

픽사베이 홈페이지 '자주묻는질문' 코너에서 확인할 수 있듯이 사용자는
저작권 걱정없이 자유롭게 이미지를 복사하고 수정, 배포할 수 있음을 알 수 있어.
자유롭게 이용해보라고.

영상제작에 있어서 배경음악은 너무나 중요하지. 그런데 막상 음원을 찾으려고 하면 쉽지 않아. 마음에 든다고 해도 저작권 때문에 쉽사리 사용할 수도 없지. 무료음원만 있다면 이런 고민은 없을 텐데 말이야. 그래서 소개할게. 오디오 라이브러리 (Audio Library)!

여기에 가면 저작권 염려 없는 무료음원을 찾을 수 있다고?

저작권 걱정없이 이미지, 영상, 음악 등을 맘껏 사용할 수 있어.

audiolibrary.com.co

오디오 라이브러리
홈페이지 화면에 이미지 가운데
플레이버튼과 다운로드버튼이
위치해 있어. 플레이버튼을 누르면
오른쪽 상단에 플레이창이 떠서
바로 음악을 들을 수 있어.

다운로드 버튼을 누르면 옵션 창이 떠
오디오 라이브러리에서 직접 다운로드를
진행할지 여부를 결정하면 돼.
음악을 사용한 콘텐츠에는 라이센스 표기는
해야 해. 'CLICK TO COPY LICENCE'를
클릭해서 음원이 공개된 사이트에 표기해줘.

오디오 라이브러리는 일종의
음원중개 역할도 해. 그럴 때는 음원이
위치한 사이트에 가서 회원가입하고
이용하면 되니까 부감 갖진 말자고.
번거롭지만, 무료음원을 확보하는데
그 정도는 해야겠지? 참고로 대부분의
음원이 '사운드 클라우드(sound cloud)'에
등록되어 있어.

사운드 클라우드에서는 'Free Download ♥'를
클릭하면 무료로 음원을 받을 수 있어.

유튜브(youtube.com)에 저작권 문제가 없는 음원을
제공하는 채널이 있어. 앞서 살펴 본 오디오 라이브러리에
수록된 곡하고 중복되는 경우도 있어.
어떤 곡이든지 라이선스 표기는 필수니까 잊지 말라고.

유튜브에서도
저작권 걱정 없는 음원을
쉽게 구할 수 있구나!

저작권 걱정 없이 이용 가능한 영상클립인데, 게다가
무료라면 얼마나 좋을까? 영상의 배경으로 사용하기 적합한
테마별 영상클립까지 가득하다면 정말 유용하겠지?
커버(coverr.co)는 회원가입 없이 원하는 영상클립을
검색하고, 다운받아 사용할 수 있는 것이 특징이야.

저작권 걱정없이 이미지, 영상, 음악 등을 맘껏 사용할 수 있어.

홈페이지 메인배경영상 다운로드 버튼 ↑

흥미로운 점은
홈페이지 메인화면 자체가
무료영상을 배경으로 하고 있는데,
하단 부분의 다운로드 버튼을 클릭하면
메인화면의 영상클립을
곧바로 컴퓨터에 저장할 수 있어.

검색 창에 필요한 영상의
핵심키워드
입력해야 하는데 반드시
영어로 검색해야 해.

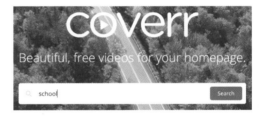

'Coverr free' 항목이
곧바로 다운로드 가능한
무료영상클립, 'Shutterstock'
항목 영상클립은 대부분
유료 니까 참고해.

무료영상클립의 섬네일을 클릭하면
아래와 같이 팝업레이어가 나타난다고.
상단 오른쪽 'DOWNLOAD FREE'
버튼 누르면 원하는 영상클립을
확보할 수 있어.

애니메이션은 스토리를 재미있게 표현하는데 매우
효과적이지. 만약 영상을 제작하는데 있어서 주제에 맞는
애니메이션을 자유롭게 활용할 수 있다면 얼마나 좋을까?
비드러리(vidlery.com)는 고맙게도 저작권 걱정없는
애니메이션 소스자료를 무료로 배포하는 곳이야.

비드러리 홈페이지 갤러리에
전시된 마음에 드는 애니메이션을 클릭해서
별도의 회원가입 없이 곧바로 다운로드
받아 활용할 수 있어. 홈페이지에 들어가서
'Animations' 버튼을 클릭하도록 해.

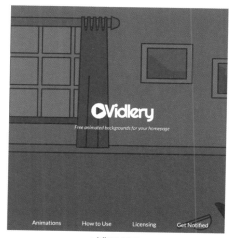

vidlery.com

저작권 걱정없이 이미지, 영상, 음악 등을 맘껏 사용할 수 있어.

Animations

음~ 이걸루

요걸루

애니메이션 주요장면이 보여 지는 섬네일(Thumbnail) 가운데 하나를 선택하겠어. 어떤 걸 선택할까?

Playing Guitar

👁 See it as a Cover　　⬇ Download

아자!

팝업레이어에서 다운로드 버튼을 클릭하면 선택한 애니메이션 소스자료를 확보할 수 있어. 저작권 걱정없이 맘껏 활용하라고.

다양한 유형의
온라인 출판물을 제작하는데
유용한 망고보드
(mangoboard.net)를 소개할게.
회원가입을 하면 무료로
이용 가능해.

유료로 이용하면 워터마크
표시없이 사용할 수 있네.
회원가입은 SNS계정과 연계해
손쉽게 진행할 수 있구나!

예스

템플릿 메뉴로 들어가면
각종 디자인들을 만날 수 있어.
사용처와 템플릿 유형을
미리 선택해 작성하면 편리해.

저작권 걱정없이 이미지, 영상, 음악 등을 맘껏 사용할 수 있어.

마음에 드는
템플릿 섬네일을 클릭하며
해당 템플릿이 확대되어서
보여 지고, 오른쪽에
[이 템플릿 편집하기] 버튼을
누르면 편집화면으로
넘어가.

편집화면은 매우 직관적으로
구성되어 있어.
각각 목적에 맞게
텍스트와 이미지 등을
모두 수정할 수 있으니
도전해보라고.
상당히 많은 디자인 템플릿을
보유하고 있으니 유용하게
활용해보자. 프로젝트학습
등과 같은 활동에서
학습도구로서 유용하게
활용될 거야.

미리캔버스(miricanvas.com)는
서비스 전체가 무료로 망고보드보다
선택의 폭이 넓어. 각종 템플릿을
저작권 걱정 없이 맘껏 사용할 수 있다고.

회원가입은 망고보드처럼
SNS계정과 연계해 손 쉽게
진행할 수 있어.

회원가입 후, 로그인해서 들어가면
'새 디자인 문서' 화면과 버튼이
있을 거야. 여기를 클릭하면 템플릿을
분류한 카테고리가 나타나는데,
이 중에서 하나를 선택하면 돼.

저작권 걱정없이 이미지, 영상, 음악 등을 맘껏 사용할 수 있어.

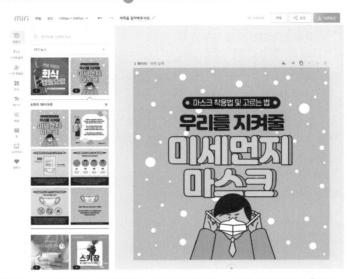

카드뉴스 카테고리를 선택했다면, 여기에 묶여 있는 수많은 템플릿이 노출되고,
선택한 템플릿의 레이아웃 전체를 확인할 수 있도록 썸네일을 제공해줘.

모든 템플릿은 텍스트, 이미지, 배경 등의 모든 요소를 수정할 수 있고,
그대로 저장할 수 있어. 상업적인 목적으로 서비스하는 곳이 아니라서
일체의 광고표기도 없을뿐더러 저작권 걱정 없이 맘껏 사용할 수 있는 것이 특징이야.

프로젝트학습 활동에서 저작권 걱정 없는

자료를 활용해 메이킹(Making)해 보자!

주난쌤

과연 '잼공(재미있는 공부)'이라는 표현이 독서교육의 수식어로 적합할까. 과거의 경험을 떠올려 봐도, '잼공'과 '독서교육'은 왠지 어색한 조합처럼 느껴진다. 더욱이 학교공부에 필요한 언어능력, 시험점수를 높이는데 필요한 독해력, 논술능력 등의 향상을 목적으로 삼는데 초점을 둔 학부모나 교육실천가로서는 동의하기 어려울지도 모르겠다.

'독서는 이래야 한다'라고 여겨왔던 생각들, 독서에 대한 고정관념을 형성하고 있는 독서방법들과 독서상식들을 하나부터 열까지 다시 들여다 볼 필요가 있다. 거꾸로 뒤집어 보고, 모조리 의심하며 비틀어 깨야 비로소 창의적인 해법이 보이는 법이다.

– 정준환, 「잼공독서프로젝트 1탄」(상상채널), 프롤로그 중

이제 우리는 생산적이고 창의적인 독서활동을 위해 독서법이라는 이름의 견고한 형식적 틀, 강력한 믿음으로 자리 잡고 있는 독서상식들로부터 벗어나 새로운 도전을 벌여나갈 필요가 있다. 이는 대안적인 독서교육프로그램을 개발하고 지속적으로 실천해야만 가능하다. 잼공독서 프로젝트는 바로 이런 생각에서 출발한다. 재미와 게임으로 빚어낸 신나는 프로젝트학습이 얼마든지 독서교육의 대안이 될 수 있다고 확신한다.

그렇다면 'Serious Fun! Serious Play!'를 외치며 크리에이터로서 작지만 의미 있는 시도들을 벌이는 재미교육연구소의 연구원들은 어떤 생각을 가지고 있을까. 메르헨랜드 입주에 성공한 크리에이터들의 뒷이야기에 주목해보자.

사회수업에서 5·18을 가르칠 때 많이 힘들었습니다. 너무나도 아프고 부끄럽고 자랑스러운 역사이기에 어떻게 전해야할지 고민이 되었습니다. 그러던 중에 5·18민주화 운동을 학생들의 눈높이에 맞게 담담한 어조와 동화적 상상력으로 들려주는 '씩스틴'을 만났습니다. 과거 속 빛고을 시민들이 우리에게 희망이 말을 걸어오는 듯했습니다. 평화와 희망의 울림이 오래도록 남아있었습니다.

이 감동을 이어가고 싶은 마음에 '빛고을 사물들의 5월 이야기'를 독후 프로젝트로 계획하였습니다. 학생들에게 5.18민주화운동이 역사적 사실을 넘어 가슴으로 경험되어 씨앗망울이 하나씩 맺히길 기대해봅니다. 그리고 사물의 시선으로 말하는 학생들이 생각하고 느끼는 5.18은 어떤 것인지 궁금하시죠? 1980년 광주의 이야기를 학생들과 함께 만들어보세요!.

– 잼공독서 프로젝트⑲ 빛고을 사물들의 5월 이야기

메르헨랜드 독서프로젝트를 고민하며 딸아이에게 재미있게 읽었던 책을 몇 권 추천해 달라고 했습니다. 그중 「엘 데포」라는 책이 이 프로젝트를 구상하는 과정에 많은 아이디어를 주었습니다. 청각 장애를 가진 주인공이 보통 학교에 다니면서 겪게 되는 여러 경험과 감정을 토끼 캐릭터로 표현해 쉽게 공감할 수 있도록 만든 책이었습니다. 장애라는 자칫 무거울 수 있는 주제를 우화 형태로 표현하니 복잡해 보이는 문제의 본질이 더 쉽게 다가왔습니다. 그래서 우

리 사회에서 벌어지는 다양한 갈등과 가치 판단의 문제를 우화 형식으로 풀어보면 좋겠다는 생각에 이르게 되었습니다.

어떤 동물을 이야기의 주인공으로 삼을지 고민하던 중 마침 「토끼의 재판」에 등장하는 토끼가 떠올랐습니다. 체구도 작고 더없이 약자인 토끼가 숲의 왕인 호랑이와 위기에 처한 나그네 사이의 갈등을 지혜롭게 해결하는 모습이 매력적으로 느껴졌습니다. 마치 새로운 영웅이 등장해 다양한 갈등의 중재자 역할을 하는 것 같았지요.

다양한 갈등 상황 중 어떤 것을 선택할지도 큰 고민거리였습니다. 여러 자료를 찾아보면서 교우 관계, 성 역할에 대한 고정관념, 개발과 환경 보존, 인종차별 등 다양한 갈등 상황을 수집하고 이 중 몇 가지를 시나리오로 표현해 보았습니다. 하지만 한정적인 예를 제시하는 것보다 학생들의 경험이나 관심사를 반영할 수 있도록 스스로 다양한 양상의 갈등을 찾아보도록 하는 방향이 더 적합하다고 판단해 열린 형태의 접근방법을 택하였습니다.

– 잼공독서프로젝트 ⑱ 세상에서 가장 어려운 고민

미석쌤

동화 속 주인공들을 메르헨랜드로 입주시켜야 한다는 독서 프로젝트의 시작은 흥미로웠습니다. 왠지 길을 잃고 방황하고 있을 것만 같은 주인공을 안정적인 집으로 데리고 와야 할 것 같은 책임감도 생기고요.

가장 먼저 제가 한 일은, 10살짜리 딸의 책장 앞에 서서 동화책을 선정하는 것이었습니다. 책장 속의 수많은 동화책 주인공들은 서로 자기를 입주시켜 달라고 저에게 손짓하는 것 같았고,

몇 번이고 동화책 결정을 번복하기도 했습니다. 그만큼 동화책들이 프로젝트 개발에 훌륭한 재료라는 이야기일 것입니다. 평소 아이들이 읽는 단순한 스토리와 그림이라고 생각했는데, 자세히 들여다보니 무한한 상상력과 재미가 더해져 창의력을 이끌어 낼 수 있는 작품이라는 것을 이번 기회에 깨닫게 되었습니다. 이번 프로젝트에 탄력 받아 동화책을 연계한 프로젝트 수업을 좀 더 구상해보고 싶습니다. 독서는 좋아하지만 독서록은 끔찍하게 싫어하는 딸을 생각하면서요.

– 잼공독서프로젝트 ⓬ 뉴 행성의 동물들

혜은쌤

재미교육연구소 선생님들과 함께 사회적 기업 '피치마켓'에 다녀온 적이 있습니다. 피치마켓은 느린 학습자를 대상으로 한 쉬운 책과 잡지를 출판하여 전국학교 도서관 및 교육기관에 배포하는 곳인데요. 다양한 콘텐츠를 소재로 만든 RE;BOOK도 재미있고 흥미로웠지만 제 눈을 사로잡은 건 반대쪽 서가에 꽂인 문학작품들이었습니다. 이들 책은 본래 작품이 훼손되지 않는 선을 지키며 느린 학습자들도 충분히 이해할 수 있도록 쉽고 편안하게 구성되어 있더라고요. 문장구조가 단순하고 이야기하듯 쉽게 써져 있는데다가 중간 중간 재미있는 삽화가 있어서 좋았습니다. 어른이든 어린이든 쉽고 재미있게 읽을 수 있는 책이더군요.

독서프로젝트를 구상하면서 제일 먼저 떠오른 것이 바로 이런 '쉬운 책 만들기'였습니다. 혼자 읽기엔 아까운 매력적인 책을 골라 문해력이 낮은 학생들도 쉽게 읽을 수 있도록 책을 만드는 활동 자체가 프로젝트학습으로 보였습니다. 이런 활동을 통해 작품에 대한 좀 더 깊이 있는 이해도 가능하지 않을까요? 그런 의미에서 매년 학교 제자들과 함께 쉬운 책 만들기 프로젝트에 도전해야겠어요. 아들과 딸에게도 임무를 줘서 책장을 샅샅이 살펴보며 쉬운 책 만들기를 실천해야겠네요.

– 잼공독서프로젝트 ⑪ 함께해요! EASY BOOK

저학년 담임교사를 하며 학부모님들의 가장 큰 고민이 '독서 교육'이라는 것을 알게 되었습니다. 아이가 어릴 때부터 독서하는 습관을 기르고 꼼꼼하게 책을 읽었으면 하는데 엄마 마음처럼 안 된다는 고민이 참 많았죠. 어떤 도움을 줄 수 있을까 고민하다가 독서프로젝트 아이디어가 떠올랐습니다. 곧바로 1~2학년 권장도서를

윤주쌤

살펴본 뒤 우리 반 아이들에게 도움이 될만한 책을 선정하였습니다. 책 선정 후에는 저학년 아이들이 할 수 있는 재미있고 의미 있는 독서 프로젝트 활동을 개발하여 '집에서 하는 독서교육' 안내 영상을 만들었습니다. 선택과제로 집에서 영상을 보고 독서프로젝트를 한 뒤 선생님께 확인을 받도록 했죠. 반응은 정말 폭발적이었고 제시한 프로젝트학습에 완전히 몰입하는 매니아 학생들도 나타났습니다. 교사로서 정말 뿌듯한 경험이었습니다.

이번 메르핸랜드 독서프로젝트를 하면서 '집에서 하는 독서교육'이 떠올랐습니다. 우리 반 아이들을 생각하며 아이들에게 꼭 들려주고 싶은 동화

를 선정하고 집에서도 쉽게 할 수 있는 프로젝트 활동을 개발하였습니다.
이번 기회로 저학년 아이들이 매월 할 수 있는 잼공독서 프로젝트를 기획,
운영해보고 싶습니다.

– 잼공독서프로젝트 ❽ 나는야 어린이 청소차!

지혜쌤

코로나-19 바이러스로 인해 재미교육연구소 또한 사회
적 거리두기를 실천해야 했습니다. '온라인으로 교류해
야 하는 지금 이 시기에 할 수 있는 생산적인 교육 연
구 활동은 무엇일까?'라는 고민에서 '메르헨랜드 입주
를 위한 PBL프로젝트'를 시작했죠. 독일어인 '메르헨
(Märchen)'은 어린이를 위하여 만든 공상적이고 신비한 이
야기를 뜻하는데, '메르헨랜드'는 그 이야기의 주인공들이 살아가길 꿈꾸
는 삶의 터전을 의미합니다. 꿈 많은 어린이들을 위해 여러 문화, 민족에
걸쳐 대대로 전해져온 이야기 속에는 초자연적인 존재들과 고유의 문화적
요소들이 곳곳에 스며있습니다. 이 프로그램을 기획하면서 가장 기대했던
점은 참여자가 세계 각지의 이야기 속에 깃든 문화요소에 대한 몰입된
경험을 하는 것입니다. 문학작품 혹은 영화 속의 등장인물이 되어 퀘스트
를 완료하다 보면 박물관도 그 이야기도 완전히 색다른 모습으로 마음에
남을 것 입니다.

이제부터 박물관·미술관에 가기 전에 가장 좋아하는 소설, 영화, 뮤지
컬 등의 이야기 중 한 가지를 선정하여 작품 속 등장인물이라는 생각을
안고 방문해보는 것은 어떨까요?

– 잼공독서프로젝트 ❾ 모즈의 마법사–모즈은행을 부탁해

코로나-19 바이러스로 인해 재미교육연구소, 박물관은 교육을 실제로 운영하기보다는 새로운 프로그램을 개발하거나 온라인 교육자료를 만드는 데 힘쓰고 있습니다. 〈메르헨랜드 입주를 위한 PBL 프로젝트〉에서 출발하여 4주에 걸쳐 개발된 다양한 프로그램은 각각

주연쌤

의 책과 연계하여 재미있는 프로그램으로 탄생하였습니다. 재미교육연구소 연구원 선생님들이 개발하는 프로그램을 통해 내가 개발한 것과 어떻게 다른지를 비교해보면서 PBL에 대한 시야를 넓힐 수 있었던 좋은 기회였습니다.

〈곰돌이 푸, 행복프로젝트〉는 곰돌이 푸를 통해 나의 마음 상태를 확인해보고, 곰돌이 푸 명언을 통해 유물과 연계하여 힐링하면서 최종적으로 나의 미래와 꿈(행복)을 생각해 볼 수 있는 힐링 감성 프로그램입니다. 일상에 지친 사람들에게 「곰돌이 푸, 행복한 일은 매일 있어」 책과 박물관의 유물을 활용하여 힘든 일 속에서도 꿋꿋하고 행복하게 살아갈 수 있는 힘을 주고 싶다는 의도에서 개발되었습니다. 박물관의 유물이 사람에게 큰 의미를 줄 수 있다는 취지에서 확장하여 박물관이 힐링의 공간으로 활용될 수 있다는 것을 보여주고 싶었습니다. 앞으로 독서프로젝트를 통해 그림을 활용한 힐링 감성 미술관 연계 프로그램이나 문학관 연계 힐링 감성 프로그램을 개발해보고 싶습니다.

– 잼공독서프로젝트❶ 곰돌이 푸, 행복프로젝트

메르핸랜드 독서 프로그램을 통해 자연스럽게 책을 읽게 되고 주인공을 바탕으로 새로운 PBL 프로그램을 개발한 것이 참 즐겁고 행복했습니다. 우리 주변에는 '목기린씨 타세요' 책의 주인공들처럼 다르다는 이유로 소외되고 차별받는 사람이 많습니다. 이 책을 읽고 프로젝트에 도전하는 학생들이 다른 사람을 차별하지 않는 아이들로 성장하길 기대해봅니다.

이번 PBL프로그램을 만들면서 독서를 즐겁게 하기 위한 새로운 아이디어가 바로 프로젝트 수업이라는 확신을 갖게 됐습니다. 목적을 가지고 스스로 문제를 해결하는 과정 속에서 책의 내용을 더 깊게 이해하게 되고 주인공과 더 가까워 질 수 있는 계기가 될 거라 생각합니다. 프로젝트학습을 통한 독서 교육을 적극 추천합니다.

– 잼공독서프로젝트❶❹ 화목마을 친구들 모두 타세요

"동화책으로 프로그램 개발해보기 어때요?" 잼공 카페에서 진행되는 온라인활동 주제를 잡기 위해 제안된 의견 하나가, 선생님들의 풍부한 아이디어가 더해져서 동화책 주인공들의 청약을 건 입주활동까지 세계관이 확장되었습니다. 미션이 진행되자 바로 운영이 가능한 멋진 독서활동 프로그램들이 개발되었고, 독서활동이 신나고 재미있을 수 있다는 것에 PBL의 힘을 다시 한번 확인할 수 있었습니다.

개인적으로 이번 프로그램 개발을 위해 자료조사를 하며 관심이 없었던 해양과학기술 분야에 흥미를 갖게 되었습니다. 저와 비슷한 학생들에게 새로운 경험이 되길 바라며 문제를 개발했습니다.

– 잼공독서프로젝트 ⓕ 수중로봇 개발 프로젝트, 독도 2만리

윤재쌤

많은 학생이 사회 과목을 따분하고 어렵다고 느낍니다. 용어가 낯설고, 외워야 할 지식이 많이 나오며 직접 경험하지 못한 추상적인 내용을 많이 배우기 때문입니다. 독서프로젝트로 다룬 제재인 촌락과 도시 역시 학생들에게는 막연한 단원일 것입니다. 열 살 남짓의 어린 나이에 여러 지역에서 살아 본다는 건 흔치 않은 일일 테니까요. 그렇다고 각 지역을 직접 가보며 경험할 기회를 교실에서 갖기는 더욱 어려운 일이고요.

도시에 사는 친구들을 가르치다 보니, 촌락에 대한 오해나 편견을 접하는 경우가 생깁니다. 도시 쥐가 시골을 바라보았던 모습처럼요. 지금은 많이 사라졌지만, 몇십 년 전만 해도 도시는 눈 뜨고도 코 베이는 세상처럼 여겨지기도 했습니다. 서로가 잘 모르기에 생기는 오해를 지역을 알아가며 풀고, 각 지역을 내가 행복했던 기억과 연결하는 경험을 해 보며 내가 살아보지 않은 지역도 긍정적으로 바라볼 수 있었으면 하는 마음에 이번 프로젝트 수업을 개발하게 되었습니다.

– 잼공독서프로젝트 ⓖ 행복을 파는 축제

코로나19로 인해 학교뿐만 아니라 박물관, 미술관, 여행사 등 많은 시설들이 멈추었습니다. 그중에서 가장 어려운 산업이 여행 분야라 여겨지는데요. 그래서일까요. 여행에 대한 관심을 지속시켜줄 독서프로젝트를 생각해보게 되었습니다. 80일간의 세계 일주라는 흥미로운

지호쌤

책을 바탕으로 아이들이 짧게나마 여행을 기획하고 여행 장소를 알아보는 과정을 통해 여행의 진정한 가치와 의미를 느끼게 해주고 싶었습니다. 개인적으로 누군가의 계획에 따라 무작정 떠나는 여행보다 스스로 여러 조건을 따져 여행지를 선정하고 계획을 세워보는 경험이 중요하다고 생각합니다. 머릿속의 생각으로 그치지 않고, 그 생각이 실현되도록 계획하고 행동으로 옮기는 경험들이 누적될수록 진정한 삶의 주인공이 될 수 있지 않을까요? 앞으로 제가 만들 프로젝트들이 우리 아이들을 삶의 주인공으로 성장시킬 밑거름이 되면 좋겠습니다.

– 잼공독서프로젝트 ❿ 도전! 천하제일너튜브대회

선희쌤

요즘 코로나 19로 인해 가정에서 아이들과 같이 생활하는 시간이 늘어나고, 이에 따라 집안일에 대한 역할분담의 중요성이 더 커지고 있습니다. 그러나 아이들이 집안일에 대한 정확한 방법과 순서를 알지 못한 채 분주히 움직이고, 결국은 '그냥 가만히 있는 것이 도와주는 것'이라는 상황이 되고 맙니다.

하지만 〈유대인 엄마의 힘〉의 저자 사라 이마스의 '집안일은 아이에게

가장 좋은 공부이다.'라는 말에서도 잘 드러나듯이 집안일에 대한 교육은 아이의 생활력을 키우는 첫걸음으로 노동의 가치를 체험하고 성취감을 맛보게 하는 데 꼭 필요한 과정입니다.

이러한 교육을 가정이나 학교에서 재미있게 실천할 수 있는 방법이 무엇일까 고민하다 6살 딸이 푹 빠져있는 신데렐라 책을 생각하게 되었습니다. 매일 쉴 새 없이 집안일을 해야 하는 신데렐라의 상황이 요즘 새로운 업종으로 자리 잡은 심부름 서비스 센터의 일과 연결되더라고요.

아무쪼록 동화 속의 배경과 인물의 성격을 가져와 개발한 PBL프로그램을 통해 아이들이 가정의 다양한 일들을 배우고 실천할 수 있길 바랍니다. 집안일 자체가 달성하고 싶은 매력적인 목표로 수용되어 모든 과정에 의욕적인 태도로 참여한다면 더할 나위 없이 행복할 것 같아요.

– 잼공독서프로젝트 ⑬ 강집사가 갑니다

재미와 게임으로 빚어낸 프로젝트학습을 만들기 위해 열혈남녀들이 까다로운 과정을 거쳐 재미교육연구소(이후 잼랩)의 일원이 되었습니다. 이들은 초·중등학교, 특수학교, 박물관·미술관 등 각기 다른 교육현장을 무대로 프로젝트학습을 실천해왔던 숨은 실력자들이기도 합니다. 다르게 생각하고 새롭게 접근하는데 익숙한 개성 강한 이들의 좌충우돌 스토리가 흥미진진하게 펼쳐지는 잼랩엔 뭔가 특별한 것이 있습니다.

"경계를 넘나들며 통합의 길을 모색하다!"

초·중등교사, 특수교사, 학예사(에듀케이터), 교수설계전문가, 박물관·미술관교육전문가 등이 잼랩에 폭넓게 참여할 수 있는 것은 핵심적인 지향점을 '통합'에 두고 있기 때문입니다. 국민공통기본교육과정(10학년) 안에서 교과를 넘어 학년, 학교 간 통합을 추구하고, 형식교육과 비형식교육의 경계를 허물기 위한 생산적인 활동이 협업을 통해 이루어지고 있습니다. 잼랩이 추구하는 무학년은 대상과 장소를 인위적으로 섞어버리는 물리적인 결합이 아닌 콘텐츠 중심의 자율적인 통합을 전제로 합니다. 'PBL CREATOR BAND', 무엇보다 잼랩은 다양한 분야의 PBL 크리에이터가 모여 변주곡을 연주하듯 창의적인 작품을 구현해내는 하모니 밴드를 지향하고 있습니다.

"잼랩의 심장! 잼공팩토리"

‘잼공(재미있는 공부 or 재미공작소의 약자)’은 잼랩이 구현하고자 하는 재미와 게임으로 빚어낸 프로젝트학습의 고유 명칭입니다. 잼공이라는 이름 자체가 학습자의 관점에선 ‘재미있는 공부’, 교육실천가 관점에선 ‘재미공작소’라는 의미를 내포하고 있습니다. 잼랩은 세 가지 성격의 재미(3S-Fun)를 기반으로 하는 학습환경을 구현하고자 게임화를 전제로 다양한 교육방법의 통합을 추구합니다. 교실이라는 제한된 공간에서부터 박물관이나 특정지역 등의 광범위한 공간에 이르기까지 주제에 따라 규모를 달리하며 다채로운 잼공프로그램이 탄생하고 있습니다. 더욱이 잼공은 주제나 실시된 공간에 따라 부가적인 이름이 더 해집니다. 이를테면 삼청동이나 정동과 같이 특정 지역(동네)를 무대로 프로젝트학습이 진행될 경우에는 잼공타운, 박물관일 경우엔 잼공뮤지엄 등으로 불리는 식입니다. 참고로 잼공프로그램의 대표적인 유형은 다음과 같습니다.

잼공프로젝트 유형

잼공뮤지엄, 박물관, 미술관 등의 매력적인 공간을 활용한 PBL 프로그램

잼공클래스, 학교교육과정과 연계한 다양한 주제의 PBL교실수업 프로그램

잼공타운, 특정지역(주로 마을 단위)을 무대로 펼쳐지는 PBL 프로그램

잼공플레이, 보드게임을 비롯해 각종 놀이와 연계한 PBL프로그램

이러한 잼공프로그램은 '실행공동체(Community of Practice)'를 뜻하는 CoP팀과 특정 과제수행 중심의 TF팀을 통해 만들어집니다. 이들 팀 하나 하나가 바로 잼랩의 심장! '잼공팩토리'인 것입니다. 지금 이 순간에도 잼공팩토리에선 교실을 무대로(잼공클래스), 때론 박물관과 미술관을 무대로(잼공뮤지엄), 특정지역을 무대로(잼공타운), 보드게임+놀이를 접목시킨(잼공플레이) 다채로운 PBL프로그램들이 만들어지고 있습니다.

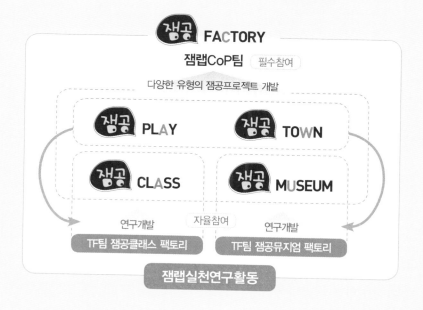

"CPR로 무장한 연구원이 있다!"

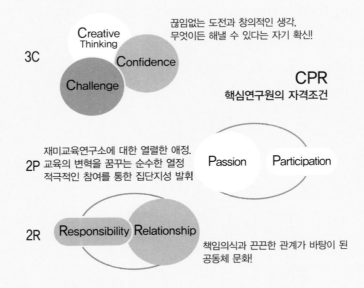

연구원들은 잼랩의 구성원이기에 앞서 각자 자신의 삶의 터전이 있는 어엿한 직업인이기도 합니다. 이들은 자신의 소중한 시간과 경제적인 부담을 감수하면서 자발적인 참여를 지속하고 있습니다. 잼랩의 모든 활동은 연구원들에게 창의적인 생산성을 끊임없이 요구합니다. 특히 재미와 게임으로 빚어낸 프로젝트학습을 팀별 혹은 개별로 구현하다보면, 자연스레 연구원들의 역량 강화로 이어지기 마련입니다. 단, 이 과정에서 'CPR'이라는 핵심연구원의 자격조건이 기본적인 전제가 됩니다. 근본적으로 'CPR'을 갖추지 못한 사람은 잼랩의 문화에 빠져들 수가 없습니다.

진지한 재미로 가슴 뛰는 교육세상을 만들고자 하는 잼랩의 시도들, 그 밑바탕엔 CPR(일반적으로 심폐소생술을 의미한다)로 무장한 연구원들이 있습니다. 지금 이 순간도 다채로운 잼공프로그램들이 이들에 의해 탄생되고 있습니다. 잼랩의 구성원들이 써 내려가는 작지만 의미 있는 도전의 역사들은 앞으로도 쭉 계속될 것입니다.

"잼랩의 일은 진지한 놀이다!"

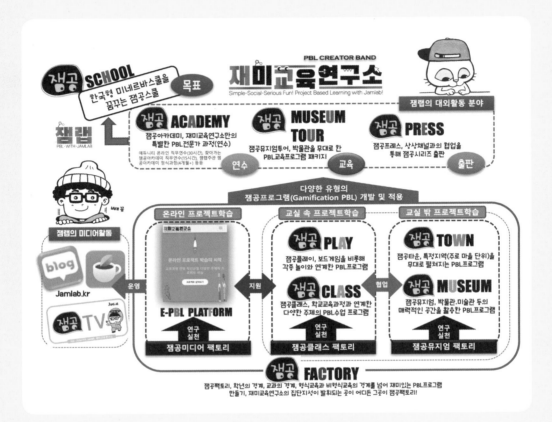

진지한 재미에 빠지면 노력을 앞세우지 않더라도 놀라운 생산성을
보여주기 마련입니다. 그래서 잼랩에서 벌이는 대내외활동은 늘 창조적
인 사고를 기반으로 한 진지한 놀이, 그 자체라고 할 수 있습니다. 만약

어떤 일이 노력만이 요구될 정도로 심각해지거나 엄숙해지게 되면 가던 길을 멈추고, 원점부터 다시 시작하는 것도 주저하지 않을 겁니다. 놀이엔 실패란 없는 법이니까요. 모든 과정이 소중하고 아름다운 경험일 뿐입니다. 그렇기에 잼랩의 문화 속엔 다르게 생각하고 새롭게 접근하는 모든 도전들이 언제나 환영받습니다. 잼랩만의 특별한 문화가 만들어내는 놀이터가 어떻게 진화해 갈까요? 전문분야도, 교육현장도, 출발점마저 다른 사람들이 모였지만 잼랩이라는 '매직서클(Magic Circle)'안에 너나 할 것 없이 푹 빠져 지내고 있는 것만은 틀림없습니다.

"잼랩의 공식적인 창을 만들다!"

2015년 3월 28일, 잼랩과 상상채널이 MOU를 체결했습니다. 이후로 잼랩에서 생산한 다양한 저작물과 사례들이 상상채널을 통해 지속적으로 출판되고 있습니다. 이어서 2017년 9월 잼랩의 온라인 연수과정(30시간)도 에듀니티 행복한 연수원에 개설됐습니다. 이제 「재미와 게임으로 빚어낸 신나는 프로젝트학습(상상채널)」을 책뿐만 아니라 동명의 연수로도 만나 볼 수 있습니다.

에듀니티 행복한 연수원(happy.eduniety.net)

더불어 잼랩의 다양한 소식들은 블로그(jamlab.kr), 카페(cafe.naver.com), 유튜브(잼공TV) 등의 잼랩미디어 활동을 통해 매일매일 접할 수 있습니다. 아무쪼록 새로운 교육을 향한 갈망, 열정으로 똘똘 뭉친 사람들 간의 활발한 교류의 장이 되어주길 바래봅니다. 자, 그럼 이 책을 통해 잼랩과 함께 잼공할 준비를 해보는 것은 어떨까. 마음이 움직인다면 과감히 실천으로 옮겨보자.

◆참고문헌◆

책의 이론적 근거들은 대부분 「재미와 게임으로 빚어낸 신나는 프로젝트학습(2015)」과 「교사, 프로젝트학습에서 답을 찾다. 01. THEORY(2019)」에 체계적으로 정리되어 있습니다.

▷ 강인애. (2003). 우리시대의 구성주의. 서울: 문음사.
▷ 강인애, 정준환, 정득년. (2007). PBL의 실천적 이해. 서울: 문음사.
▷ 강인애, 정준환, 서봉현, 정득년. (2011). 교실 속 즐거운 변화를 꿈꾸는 프로젝트학습. 서울: 상상채널.
▷ 김유미. (2002). 두뇌를 알고 가르치자. 서울: 학지사.
▷ 김은미, 강상현, 김수아, 김영주, 나보라. (2011). 한국 사회의 디지털 미디어와 문화. 서울: 커뮤니케이션북스.
▷ 류태호. (2018). 성적 없는 성적표. 서울: 경희대학교 출판문화원.
▷ 박선무, 고서윤 역. (2004). 해마. 이케가야 유우지, 서울: 은행나무.
▷ 서유헌. (2010). 내 아이의 미래가 달라지는 엄마표 뇌교육. 서울: 아이트리.
▷ 서유헌. (2015). 뇌의 비밀. 서울: 살림출판사.
▷ 석임복, 강이철. (2007). Csikszentmihalyi의 몰입 요소에 근거한 학습 몰입 척도 개발 및 타당화 연구. 교육공학연구, 23(1), 121-154.
▷ 이은미 역. (2019). 아이의 뇌에 상처 입히는 부모들. 도모다 아케미, 서울: 북라이프
▷ 장상수. (2014). 가족배경과 학습시간, 성적: 국제비교의 관점에서 본 한국. 한국청소년연구, 25(2), 291-318.
▷ 정준환. (2015). 재미와 게임으로 빚어낸 신나는 프로젝트학습. 서울: 상상채널.
▷ 정준환. (2018a). 부모, 프로젝트학습에서 답을 찾다. 서울: 상상채널.
▷ 정준환. (2018b). 설레는 수업, 프로젝트학습 PBL달인되기2: 진수. 서울: 상상채널.
▷ 정준환. (2019a). 설레는 수업, 프로젝트학습 PBL달인되기1: 입문(개정판). 서울: 상상채널.
▷ 정준환. (2019b). 교사, 프로젝트학습에서 답을 찾다. 01. THEORY. 서울: 상상채널.
▷ 정준환. (2020a). 잼공 독서 프로젝트 1편 기존 독서상식을 비틀어 볼까. 서울: 상

상채널.

▶ 정준환. (2020b). 설레는 수업, 프로젝트학습 PBL달인되기3: 확장. 서울: 상상채널.

▶ 정준환, 강인애. (2012). 학습의 재미에 대한 개념적 탐색을 통한 재미발생구조 도출. 학습자중심교과교육연구, 12(3), 479-505.

▶ 정준환, 강인애. (2013a). PBL에 나타난 학습의 재미요소 추출과 상호관계에 관한 연구. 교육방법연구, 25(1), 147-170.

▶ 정준환, 강인애. (2013b). 학습자 관점에서 드러난 PBL의 재미요소에 대한 질적 연구. 학습자중심교과교육연구, 13(3), 291-324.

▶ Adler, A. (1964). Social interest : A challenge to mankind. NY : Capricorn.

▶ Anderson, L. W., Krathwohl, D. R., Airasian, P. W., Cruikshank, K. A., Mayer, R. E., Pintrich, P. R., Raths, J. and Wittrock, M. C. (2001). A taxonomy for learning and teaching and assessing: A revision of Bloom's taxonomy of educational objectives. Addison Wesley Longman.

▶ Andersen, S. M., Berk, M. S. (1998). Transference in everyday experience: Implications of experimental research for relevant clinical phenomena. Review of General Psychology, 2(1), 81-120.

▶ Antonio, M. B., Kurt, W. F., Pierre, J. L. (2003). 마음, 뇌, 교육의 연결고리를 찾아, 김유미 역(2009), 서울: 학지사.

▶ Atkinson, P. (1992). Understanding ethnographic texts. Newbury Park, CA: Sage.

▶ Bamberger, J. (1991). 'The laboratory for making things: developing multiple representations of knowledge', In Schön, D. A. (Eds.) The reflective turn - case studies in and on educational practice, New York: Teachers Press, Columbia University, 37-62.

▶ Bloom, B. S. (1956). Taxonomy of Educational Objectives: The Classification of Educational Goals. Handbook 1; Cognitive Domain. NY: David McKay Co. Inc.

▶ Bernard, D. (2008). Social bridge with serious fun. Philadelphia: Trans-Atlantic.

▹ Boud, D., Feletti, G. E. (1997). The Challenge of Problem Based Learning. London: Kogan Page.

▹ Caroll, J. B. (1963). A Model of school learning. Teachers College Record, 64. 김호권 역(1994). 완전학습이론의 발전. 서울: 문음사.

▹ Carter, R. (1999). Mapping the mind. CA: University of California Press.

▹ Cattaneo A., Teyssier R. (2007) AGN self-regulation in cooling flow clusters. Monthly notices of the Royal Astronomical Society, 376(4), 1547-1556

▹ Chen, J. (2007). Flow in games(and everything else). Communication of the ACM, 50(4), 31-34.

▹ Cialdini, R. B., Trost, M. R. (1998). Social influence: Social norms, conformity, and compliance. In D. T. Gilbert, S. T. Fiske, & G. Lindzey (Eds.), The handbook of social psychology (Vol 2, pp. 151-192). Boston: McGraw-Hill.

▹ Csikszentmihalyi, M. (1975). Beyond boredom and anxiety. San Francisco: Jossey Bass.

▹ Csikszentmihalyi, M. (1990). Flow : The psychology of optimal experience. New York: Haper & Row.

▹ Csikszentmihalyi, M. (1996). Creativity: Flow and the psychology of discovery and invention. New York: Harper Collins.

▹ Csikszentmihalyi, M. (2000). Beyond boredom and anxiety: Experiencing flow in work and play. San Francisco: Jossey Bass.

▹ Deci, E. (1975). Intrinsic motivation. NY: Plenum.

▹ Deci, E., & Ryan, R. (1985). Intrinsic motivation and self-determination in human behavior. New York: Plenum.

▹ Dewey, J. (1910). How we think. Boston: Heath.

▹ Dewey, J. (1913). Interest and effort in education. NY: Houghton Mifflin Company.

▹ Dewey, J. (1933). How we think: A restatement of the relation of reflective thinking to the educative process. Boston: Heath.

▹ Duffy, T., Jonassen, D. (1992). Constructivism and the technology of instruction: A conversation. NJ: Lawrence Erlbaum Associates.

▷ Edward. O. W. (1998). Consilience: The unity of knowledge. NY: Vintage books.

▷ Fosnot, C. T. (1995). 구성주의 이론, 관점, 그리고 실제, 조부경외 3인 역(2001). 서울: 양서원.

▷ Gazzaniga, M. S., Heatherton, T. F.(2003). Psychological science. New York: W.W.Norton, & Company.

▷ Goleman. D. (1995). Emotional intelligence. New York: Bantam Books.

▷ Collins, A. (1991). Cognitive apprenticeship and instructional technology. In Idol, L & Jones, F. (Eds.), Educational values and cognitive instruction : Implications fo reform (pp. 121-138). Hillsdale, NJ : Lawrence Erlbaum Associates.

▷ Gottschall, J. (2012). The Storytelling Animal: How Stories Make Us Human. New York: Houghton Mifflin Harcourt.

▷ Harris, P. (2004). 흥미로운 유아의 상상력의 세계 (전경원 역). 서울 : 교문사. (원저 2000 출판)

▷ Hein, H. (1968). Play as an Aesthetic Concept, The Journal of Aesthetics and Art Criticism, 27(1).

▷ Holen, A. (2000). The PBL group: self-reflections and feedback for im-proved learning and growth. Medical teacher, 22(5), 485-488.

▷ Huizinga, J. (1955). Homo ludens: a study of the play-element in culture. Boston: Beacon Press.

▷ Izard, C.E. (1991). The psychology of emotions. New York: Plenum Press.

▷ Jensen, E. (1998). Teaching with the brain in mind. VA: ASCD.

▷ Jensen, E. (2000). Music with the brain in mind. CA: The Brain Store.

▷ Kagan, J. (1972). Motives and development. Journal of Personality and Social Psychology, 22, 51-66.

▷ Kare, L. (2012). A Rebuttal of NTL Institute's Learning Pyramid. Education, 133(1).

▷ Keller, J. M. (1983). Motivational design of instruction. In C.M. Reigeluth (Ed.), Instructional-design theories and models: An overview of their current status (pp.383–434). Hillsdale, NJ: Erlbaum.

▶ Kilpatrick, W. H. (1918). The project method. Teachers College Record, 19(3), 319–335.

▶ Kilpatrick, W. H. (1924). The project method: The use of the purposeful act in the educative process. NY: teachers college, columbia university.

▶ Kolb, D. (1984). Experiential learning. Englewood Cliffs, NJ: Prentice Hall.

▶ Kolb, B., Taylor, L. (2000). Facial expression, emotion, and hemispheric organization. In R. D. Lane, & L. Nadal (eds.), Cognitive neuroscience ofeontion. Oxford: Oxford Unicersity Press.

▶ Korthagen, F. A. J. (1985). Reflective teaching and preservice teacher education in the Netherlands. Jounal of Teacher Education, 9(3), 317–326.

▶ LeDoux, J. E. (1996). The Emotional brain. New York: Simon & Schuster.

▶ Loyens, S, M., Magda, J., Rikers R. M. (2008). Self-directed learning in problem-based learning and its relationships with self-regulated learn- ing. Educational psychology review, 20(4), 411–427.

▶ Lubart, T. I. (1994). Creativity. In R. J. Sternberg (ed.), Thinking and problem solving(pp. 289–332). San Diego: Academic Press.

▶ Maturana, H., Varela, F. (1982). 인식의 나무. 최호영 역(1987). 서울: 자작아카 데미.

▶ Olds, J. (1956). Pleasure centers in the brain. Scientific American (October, 1956). Reprinted in S. Coopersmith (ed.), Frontiers of Psychological Research, (54–59). San Francisco: W.H. Freeman & Company(1966).

▶ Piaget, J. (1952). The origins of intelligence in children. New York: W. W. Norton.

▶ Piaget, J. (1970). Structuralism. New York: Basic Books.

▶ Piaget, J. (1977). Equilibration of cognitive structures. New York: Viking.

▶ Piaget, J. (1981). Intelligence and affectivity: Their relation during child development. Palo Alto, CA: Annual Reviews. (Originally published 1954)

▹ Ratey, J. J. (2001). A user's guide to the brain. New York: Pantheon Books.

▹ Routtenberg, A. (1978) The reward system of the brain. Scientific American. 154-164.

▹ Salovey, P., Mayer, J. D. (1990). Emotional Intelligence. Imagination, Cognition, and Personality, (9), 185-211.

▹ Schank, R. (1990). Dynamic Memory Revisited. New York: Cambridge University.

▹ Schank, R. (1994). Tell Me a Story Evanston, IL: Northwestern University Press.

▹ Schulz, L.E., Bonawitz, E. B. (2007) Serious fun: Preschoolers engage in more exploratory play when evidence is confounded. Developmental Psychology, 43(4), 1045-1050.

▹ Schwartz, P., Mennin, S., Webb, G. (2001). Problem-based learning: Case studies, experience and practice. London, UK: Kogan Page Limited.

▹ Spiro, J., Coulson, L., Feltovich, J., & Anderson, K. (1988). Cognitive flexibility theory: Advanced knowledge acquisition in ill-structured domains. In The tenth annual conference of the cognitive science society. Hillsdale, NJ: Lawrence Erlbaum Associates.

▹ Tsai C. W., Shen P. D. (2009). Applying web-enabled self-regulated learning and problem-based learning with initiation to involve low-achieving students in learning. Computers in human behavior. 25(6), 1189-1194.

▹ Von Glasersfeld, E. (1995). Radical constructivism: A way of knowing and learning. London: Falmer.

▹ Vygotsky L. (1978). Mind in society: The development of higher psychological precesses. Cambridge, MA: Harvard University Press.

▹ Wenger E. (1998). Communities of Practice: Learning, Meaning, and Identity. New York: Cambridge University Press

▹ White, R. (1959). Motivation reconsidered: The concept of competence. Psychological Review, 66, 297-333.

▷ Wilson, E. (2005). 통섭 : 지식의 대통합 (최재천, 장대익 역.). 서울: 사이언스북. (원저 1998 출판)

▷ Zeichner, K. M. (1983). Alternative paradigms of teacher education. Journal of Teacher Education, 34(3), 3-9

▷ Zimmerman, B. J. (1989). A social cognitive view of self-regulated academic learning. Journal of Educational Psychology, 81, 329-339.

▷ Zimmerman, B. J., Lebeau, R. B. (2000). A commentary on self-directed learning. In D. Evensen, C. E. Hmelo (Eds.), Problem-based learning: A research perspective on learning interactions(299-313). Mahwah, NJ: Lawrence Erlbaum.

▷ Zull, J. E. (2002). The art of changing the brain. VA : Stylus.

◆잼공SOLUTION LIST◆

◆찾아보기◆